U0010110

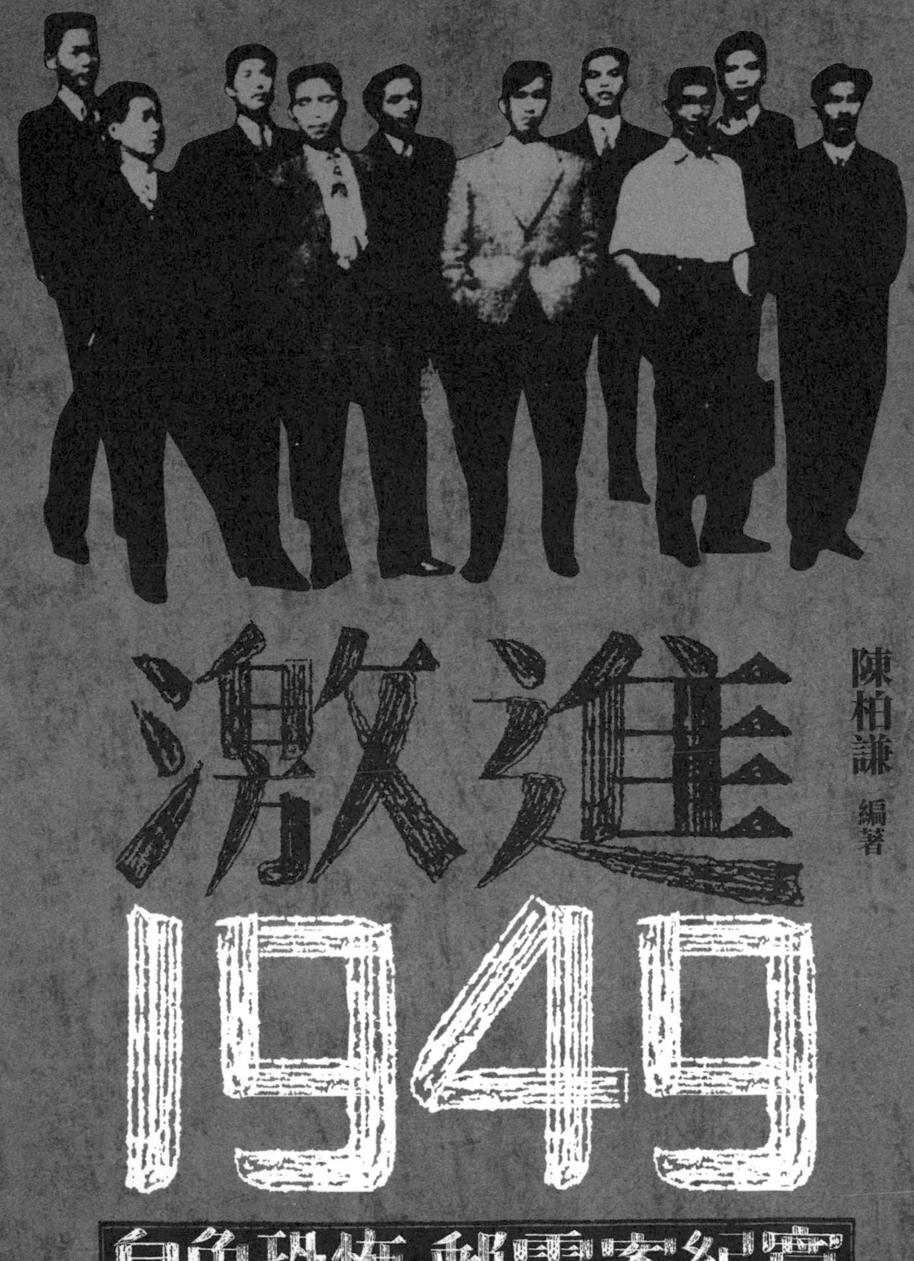

激進1949

白色恐怖 郵電案紀實

陳柏謙 編著

本書部分內容係依據國家人權博物館
「五〇年代白色恐怖郵電管理局案調查研究暨口述歷史」
的研究成果改寫而成，謹致謝忱。

目次

第三部 《野草》選讀 273

推薦序

民主行動的機會與方法

顧玉玲（作家、社運工作者）

與其說計老師吸收我加入地下工作，倒不如說，她給了我一個機會。同時，也給了我一個方法。這樣的機會跟方法，讓我可以想得更完整。至於有人問我，會不會為這樣的經歷感到後悔？不會。我當然不會。我這一輩子，從年輕到現在，仍然為此感到光榮。

——劉建修

陳柏謙編著的《激進一九四九：白色恐怖郵電案紀實》，打破過往以個人為主、偏向「時序縱軸式」的口述歷史書寫，改以案件為中心的研究取徑，依「案件橫軸式」重建史實，將個別案件鑲嵌在更大的政治、經濟局勢中。全書共分三部分，第一部分以郵電案為核心，梳理二戰結束至戒嚴前密集的工人抗爭風潮，建立「省籍為表、階級與民主為裡」的歷史詮釋，定性其為台灣民主運動中不可忽視的一環。第二部分的口述歷史訪談，以及第三部分精選的郵電工人文章，以郵電工人作為發聲主體，改寫過往白色恐怖受難者無知、無助的單一形象，呈現戰後青年積極學習、建立思想、團結行動的歷程，並留下光復初期的社會現況及勞動者心聲。

左翼工人組織推動台灣民主運動

序言就從一九四九年三月二十六日的郵電工人大遊行的畫面開始，微雨中拉著布條與標語的郵電工人，從台北郵局遊行至台灣省政府，爭取台灣員工「歸班」，納入郵電局的正式編制，與外省籍員工同工同酬。

這場戒嚴前最大規模的群眾行動，回溯自一九四六年甫成立的郵務工會所設立的「國語補習班」，促成工人自主結盟組成「補習班同學會」，發行《野草》刊物，積極參與工會活動。遊行結束後，郵局與電信局正式分家，歸班問題也獲解決。但同年五月《台灣省戒嚴令》正式公告，隨後施行《懲治叛亂條例》、《戒嚴期間防止非法集會結社遊行請願罷課罷工罷市罷業實施辦法》、《檢肅匪諜條例》等，政府強力鎮壓社會進步力量。一九五〇年起，郵電案人員陸續被逮捕，計梅真、錢靜芝兩名江蘇籍的國語教員遭到槍斃、三十三名台灣籍郵局與電信員工獲判七至十五年不等刑期。

在那個時代，郵電工人抗爭並非偶然的孤立事件。本書的研究團隊爬梳一九四六至一九五〇年間《民報》、《公論報》、《和平日報》所刊載的重大勞資爭議事件，整理出總計五十六起的工人抗爭行動：包含清潔工、垃圾工、醫院員工、學校教職員、公部門職員、國營企業工人、礦工、廠工、司機、船工等，以各式激烈手段在職場罷工、罷教、罷診、怠工。他們的訴求以薪資、年終考績、歸班等勞動條件為主，但也不乏米價、鼠疫等社會議題，更有多起抗議軍警憲兵毆打工人。從列表得以看出，彼時普遍性的社會不滿，一來是因為嚴重的通貨膨脹，幣值快速下滑，原有薪給入不敷出，二來則源自國府來台接收國營企業後，將本省籍員工留用多年未能歸班，導致本外省籍薪水相距五、六倍。

脫離殖民統治後，台灣已出現各行各業工人積極組建工會，見諸二二八事件處理委員會中，也曾提列罷工權及勞動保護議題，延續至上述的工運剪報佐證，在在說明了戰後至戒嚴間曾有一波重要的工運風潮，在台灣爭民主的歷程中占據主力，卻遭當代史家輕忽、遺忘。

這本書的關鍵作用即在於此：以郵電案為中心的研究取徑，既重建白色恐怖鎮壓工運的史實，也連結二戰前後不曾缺席的左翼戰鬥史，豐富台灣轉型正義的視域，積極與當代社會對話。

工人作為主體的組織與行動

身為工運組織者，郵電案史料中最觸動我的，是扎扎實實的組織工作及方法。

戰後脫離殖民統治，台灣人民自發性學習中文的熱潮，促成了郵務工會開設「國語補習班」。組織經驗豐富的計、錢兩位老師，選讀魯迅、巴金、老舍、高爾基等人的作品，帶動工人從閱讀文學，反思自身經驗，經由對話與現實分析，建立全新的價值觀與世界觀。歷經一年半的課堂討論、日常拜會等密集接觸後，成立「補習班同學會」。針對一般成員，以研究、編輯、團康的任務編組，藉著郊遊、爬山、海水浴場、音樂欣賞會等軟性活動，或討論會、座談會等研究學習，保持人與人的接觸與思想提升。針對核心成員，則有計劃性地發展工作，一方面由許金玉等人進入省郵務工會，直接介入工會運作；一方面編輯出版《野草》刊物，向全台灣的郵電員工徵稿，並製作歸班運動專題及員工問卷調查。最終這兩條路徑匯聚在工人的集體請願行動。

也就是說，組織的先決條件，在於創造符合工人需求的機會。補習班滿足工人的現實需求（學習國語），語言教材取自歌詞、電影、文學等作品，引發學員對自身處境（階級與社會不平等）的認識，建立思想與知識配置。工人的學習需求是組織的初步機會，但還得繼續挖掘共通的勞動困境，才得以推動進一步的集結。要求「歸班」、「同工同酬」以解決台籍工人遭受不平等的待遇，就是一個足以召喚全省郵電工人的機會。

至於組織方法，則是在教學與日常生活中融入思辨的對話，促成學員間的相互提問與討論，尊重工人的發言主體，而非單向灌輸進步理念。劉建修是電信局的事務員，他提及「**每一堂課計老師會讓同學盡量發表意見**」，並經常到宿舍找他談話，「**談話的內容從家庭到生活日常，無所不談。……了解彼此的出身背景，漸漸地擴大到對於社會與時局的看法。**」透過課堂討論與私下的心得報告，「**這個過程，我逐漸明白了什麼是階級與不平等。**」他的轉變歷程，幾乎也是許多核心成員的共通經歷，從口述記錄中，都可以找到具體互動的證詞，非常細膩且動人。

組織工作的繁複、細密，個別的人在其中所受的啟蒙、所下的決心，絕非官方判決文所言：「**渠等素受日治時代奴化教育，對於政治認識膚淺，易於被人誘惑。**」當個別的成員入黨後，也開始發展組織工作，既要動腦筋在同學會辦活動，也要花力氣觀察適合發展的對象，並在接觸中作出風險判斷，而這個歷程是由老手帶新手的就地鍛練，既是智識上的補強，也是能力上的精進。

語言作為溝通的工具，也同時承載著思想與價值觀。《野草》的出版，讓初學中文的工人們有一個練習寫作的平台，同時也發揮團結郵電工人、凝結行動共識的作用。若說《野草》以文學作為掩護，實則是為了推動工人運動，倒不如說，在一個通膨、米荒嚴重的壓迫年代，任何文化、藝術、教育活動，都不可能脫離就地反抗的政治性，一如彼時串連文學、戲劇、歌舞、美術的地下黨文藝戰線，以及郵電工人的鄉土藝術團演出。

壓迫從來不曾停止

距今已超過七十年的郵電案，對現今的台灣社會有什麼啟發呢？

回到一九四九年三月春雨時節，郵電工人走上街頭，進行突襲式的大遊行，包圍省政府。四百多名郵電工人，步出「台灣省郵務工會解決歸班問題各地各級代表大會」會場，高舉布條與標語，大聲喊口號，沿途陸續加入支持與聲援的群眾，到了省政府前已有兩千多人了……可見得郵電工人的抗爭，鼓動了一般民眾的熱烈聲援，成為戒嚴前台北街頭最後一次的大規模群眾運動。

隨後是長達三十八年的戒嚴，立法抑制人民結社，特務系統在各地吸收線民布建眼線，進行全民情報工作。解嚴後至今三十餘年，也幾乎與戒嚴等長了，許多檔案尚未解密，新的史料改寫舊的史觀，人民組織與議題的發展也各有不同。回顧過往，新世代經常陷入「現在已經民主化了」的迷思，譴責過往的國家暴力，慶幸身處民主時代，彷彿歷史的黑暗適足以襯托如今的光亮，而不是學習前人的反抗精神，對於現在進行式的社會壓迫有更多的反思。

但凡最保守的年代，正源於自覺民主已然完成，自滿的情緒使人漠視當下的壓迫，甚且抑制其他不滿的聲音。壓迫從來不曾停止，對現狀的自滿，從來就是民主運動的最大阻力。郵電工人抗爭的歷史，標誌在最黑暗的時代仍不放棄集結，有尊嚴地爭取權益，爭取各種機會、窮盡一切方法組織起來，以行動改造社會。

推薦序

「自己的權益一定要自己爭取」：談《激進一九四九：白色恐怖郵電案紀實》的工人自主、左翼群像與多重史觀

李淑君（高雄醫學大學性別研究所副教授）

《激進一九四九：白色恐怖郵電案紀實》一書的出版，具有白色恐怖、工人自主、左翼運動、文化思潮等多面向的重要性。書中運用官方檔案、口述史料、報紙新聞、《野草》刊物等多重資料相互比對、交叉印證，扎實地鋪陳、論述國語補習班的解放教育、工人權益的自主抗爭、郵電案的縱橫始末、左翼思想的激盪匯流，從中鋪陳與建立起郵電工人的行動群像。這本書從多層次的史觀與視野，交織談論運動者的生命史、工會的組織史、左翼的思想史、階級的發展史、白色恐怖案件史等多層次面向。本書作者群不但整理詳實的工人行動、工運年表，更收錄了多位當事者一手訪談、《野草》原文、文獻導讀，帶讀者重返振奮人心的一九四九，除了保存重要史料，文中更詮釋印證、互文對話，讓一九四九以立體、複雜、激越的樣貌浮出歷史地表。

這本書具有運動者的生命史、工會的組織史、左翼的思想史、階級的發展史、白色恐怖案件史等多層次面向。從運動者的生命史上來談，這本書呈現了計梅真、錢靜芝、許金玉、劉建

修、王文清等行動者的生命軌跡，從國語補習班、郵務工會、歸班遊行凸顯行動者明確的思想與行動的堅定。其中計梅真與錢靜芝兩位國語補習班老師，便曾在難民收容所工作，並組織女工參加夜校學習文化、教育中年婦女[1]，來台則組織國語補習班並協助歸班行動，從串聯工人、女性、難民到工會行動。書中提及兩人在國語補習班除了教授國語，也與學生談論國際情勢、社會問題、婦女問題，並鼓勵員工，要爭取自我的權益。許金玉受訪時提及面對郵電工人薪資上省籍的同工不同酬，「計老師先是嚴肅地對大家說，自己的權益一定要自己爭取，自己如果不去爭取，是沒有人會替你爭取的。然後她建議我們可以充分利用工會，通過工會爭取發言權，並且爭取我們應有的權益。」[2]計梅真的言論呼應了馬克思「工人階級的解放應由工人階級自己爭取」的工人主體與受壓迫者主體的行動模式。其次，計梅真所提及「通過工會爭取發言權」，也點出集體行動的重要性，看似個人的困境鑲嵌的其實是社會結構，因此必須加入組織、集體行動來改變不平等的社會現狀，也更是本書中多位受訪者口述所呈現的行動者的初衷。如本書所收錄的劉建修先生的口述：

我從小家裡就窮，就覺得這個社會存在著相當多的不平等。我一直是這樣想，也一直在找答案。所以我的思想根源並不是說計老師跟我講幾句話，我就聽她的。不是這樣子的。現在有人覺得，我們這些人都是被騙的、被害了，那也不是事實。我會說，「你錯了」。

與其說計老師吸收我加入地下工作，倒不如說，她給了我一個機會。同時，也給了我一個方法。這樣的機會跟方法，讓我可以想得更完整。至於有人問我，會不會為這樣的經歷

感到後悔？不會，我當然不會。

倘若將加入地下黨視為是認識不清而受到共黨蒙騙，是淺薄地解釋地下黨人的行動。劉建修這段紀錄說明他的階級意識是來自於對於生活的體悟，而加入地下工作是藉此具備明確清晰的分析工具與行動方式。同可印證，身為養女且擔任過女工的許金玉，因為原生家庭感受到女性生育與孤兒問題，女工經驗讓她體悟到工資不高的女工經常面臨具高度危險性、分工的零碎化、工作的重複性。[3]許金玉從自身身體的勞動體悟女工工作的危險性、零碎化與重複性，亦從這些勞動經驗埋下日後走向勞工運動的路，然而在結識計梅真之後，更將個人苦難以社會問題來思考，找到詮釋的框架與行動的方式。

從工運的組織史上談，這本書記錄極少被討論的一九四六至一九五〇年之間的工會組織與工人運動，是至今難得對於此階段罷工、怠工、遊行、工人權益爭取的重要論述。本書不僅關注台灣工運史長期欠缺的一頁，更透過論述一九四九讓讀者更能重新理解過去與當下。書中不僅整理了詳盡的工人行動年表，也呈現二二八之後依然蓬勃的工會成立。書中所言：「**二二八前的一個多月，我們可以從《民報》的報導中發現到，一口氣出現了印刷工人、機械工人、板金工人、水土工人、汽車司機、鐵器製造工人等，紛紛積極籌備成立工會。較早成立的印刷工會，則是透過動員大規模的會員大會，提出各種爭取工人權益的要求**」，此時期可以看到工人自發自主的階級行動。然而，一九四六到一九五〇年之間，工會組織除了蓬勃的自主性，另一層面，也看見國民黨政權對於工會組織的控制，包含特務系統的網絡以及線民進入到工會組織中，包含郵務工會也是在爭取權益與線民監控中展開行動策略。

一九四九年，郵電工人的歸班運動，是戰後重要的工人遊行行動。根據本書作者陳柏謙另一篇研究指出：戰後郵電管理局內部存在著兩種工資制度，一種是國民黨交通部規定適用於中國大陸各省的郵電員工；另一種則是台灣郵電管理局沿用日本政府的遞信省規定適用於台灣籍職工的制度。[4]許金玉提到台灣省郵電管理局內部存在著兩種工資制度，在接收三年之後，「台灣省籍員工的待遇還和日據時代一樣，始終沒有改善，可是同樣職等外省人的待遇卻比台灣人好很多，最高的差距幾乎達到十比一之多。」[5]在差別待遇下，計梅真鼓勵許金玉參與工會，工會著重歸班，即取消「留用台籍員工」編制，改為正式編制。[6]在計梅真的鼓勵下，許金玉投入戰後第一場爭取勞權的遊行「歸班」行動。[7]本書收錄的陸象賢訪談也為此寫信呼籲全國郵電工人應團結起來，並於一九四六年八月十日成立「台灣省郵務工會」。本書指出這場以工人為主體的爭取歸班的遊行，正是二二八事件後兩年，當時的政治氛圍、威權肅殺下，台灣郵電工人以集體遊行的方式行進至省政府實為不易，二二八之後工人行動與人民抗爭更非空白的一頁。我認為當時「外省人」與「本省人」的差別待遇，使得不同族群擁有不同的經濟酬勞，為族群階級化的現象。然而，本書提及一九四六至一九五〇的重要命題：「是省籍衝突還是左右之爭？」本書所論述的歸班行動上，不僅超越省籍分野的串聯，更從社會結構、口述訪談中，看見行動串聯中鮮明的階級性格。

左翼的思想史上，這本書呈現中國大陸左翼與台灣本土左翼作家的匯流。如本書提及從郵電工人的閱讀與寫作，可以窺見戰後所興起的一波「魯迅熱」，包含工會國語補習班閱讀魯迅寫的〈聰明人和傻子和奴才〉、亦有巴金、老舍等人的文章。國語補習班組織發行的《野草》雜誌也介紹巴金的文章強調與舊制度、舊觀念抗爭的內容。[8]另一方面，計梅真於國語補習班中教授的簡國賢的〈壁〉與楊逵的〈送報伕〉，可以看見左翼文化與思想，跨越省籍匯流於台灣這塊土地上，豐厚戰後初期的左翼思潮。在左翼思想的發展上，郵務工會第一任理事長陸象賢寫到錢靜芝在郵工補習學校中，「**不分課內課外，校內校外，日以繼夜地工作，啟迪青年工人的心扉，提高工人的覺悟。她把《新民主主義論》、《怎樣做一個共產黨員》、《大眾哲學》等書籍，秘密地介紹給進步學生閱讀。**」[9]計梅真也拿《論人民民主專政》、《唯物論》等書籍給郵局台灣籍員工閱讀。[10]上述皆可以從這本書讀到更仔細的左翼思想史的發展。

此外，這本書更將國語補習班、歸班遊行、郵務工會與世界左翼思潮與運動互文對話，指出國語補習班如何呼應受壓迫者教育學的理念，工人並非等待啟蒙的被動者，而是意識到自身受壓迫經驗，且具備自主性的行動者。本書企圖展開白色恐怖郵電案的橫軸研究，也建立郵電案的橫向關係、人際網絡、政治系譜的立體與整體，其中多人遭判刑的郵電工人，他們既是白色恐怖受難者、也是工會的參與者、工人權益的爭取者、左翼思想的發展者多面向樣貌。這一本書的出版，開拓理解郵電案新的里程碑，也拓展白色恐怖受難史、運動者的生命史、工會的運動史、左翼的思想史等縱橫多樣的樣貌。

序言　重建一個激情年代

一九四九年三月二十六日，軍人出身、蔣介石心腹的陳誠接任台灣省主席一職未滿三個月，他遵循著蔣的指示，忙著將台灣島部署為國共內戰中一路潰敗的國民黨政府最後的容身之處。當日，約莫下午四點半，春分未久的台北城上空，飄著綿綿細雨，來自台灣各地超過四百名憤怒的郵電工人代表，步出了原本正在進行中的「台灣省郵務工會解決歸班問題各地各級代表大會」會場，他們拿出事先準備好的布條與標語，浩浩蕩蕩喊著口號，無畏地一路從台北郵局遊行至台灣省政府（今行政院）。沿途陸續加入支持與聲援的群眾漸增，到了省政府前，以台灣郵電工人為主體的兩千名群眾，已經包圍了省府大樓，衝突一觸即發……

這場由台籍郵電工人發起的爭取「歸班」[1]與「同工同酬」的請願遊行，是經過兩年前慘烈的二二八事件後，台北街頭再一次爆發大規模的群眾運動。

事件不久，由於國共內戰戰局與政治局勢丕變，台灣省政府在同一年的五月宣布台灣地區戒嚴，隨後公布施行《懲治叛亂條例》、《檢肅匪諜條例》，針對光復初期以來的工會力量、進步人士、地下黨進行逮捕、審訊、關押與刑殺。

一九五〇年二月，隨著計梅真、錢靜芝兩位台灣郵務工會國語補習班老師被捕，光復初期一批投身郵電工人運動的郵局與電信局員工也相繼被捕入獄。同年十月，計、錢兩位江蘇籍的女老師被槍決，許金玉、劉建修等台灣籍郵局與電信局員工共三十三人被判處七至十五年不等的徒刑。至此，戰後台灣工潮的第一朵浪花被遏制在襁褓之中。

本書所要講述的，就是隱藏在這個塵封七十多年的白色恐怖案件背後，這一群郵電工人和他們抗爭的故事。

故事要從台灣省郵務工會設立的國語補習班說起。

郵電工人的國語補習班

一九四六年九月，剛成立一個多月的台灣省郵務工會，開設了「國語補習班」，上課地點就在台北北門郵局內的大禮堂，由兩位來自大陸的江蘇籍年輕女老師計梅真、錢靜芝擔任教員。計梅真負責教導台北郵局與電信局的員工，而錢靜芝則是針對郵電管理局的員工進行教學。對於當年參加國語補習班、日後因「郵電案」判刑入獄並倖存下來的郵電員工來說，計梅真和錢靜芝絕非僅僅只是「國語老師」而已，她們對郵電員工的思想啟發和關懷鼓勵，深刻地影響了這些郵電員工的人生觀、價值觀與世界觀。

郵電案中遭判刑十五年的電信局員工劉建修就提到：「計老師在上課時，曾經讓我們讀過一篇叫〈牆〉[2]的文章。她透過解說文章，告訴我們這個社會有一堵看不見的牆，牆的這邊是做官的跟富有的人家，牆的另一邊則是像我們這樣的窮困的、受壓迫的人們。這個過程，我逐漸

1949年，台北電信局員工劉建修（後排左二）、李熒台（前排中）至苗栗電信局串聯「歸班運動」時與該局台籍員工合影。（劉建修提供）

明白了什麼是階級與不平等。」

《野草》的發行

一九四八年三月，計梅真與錢靜芝經過一年半對每一位同學深入觀察與理解後，便鼓勵補習班的同學們組織起「補習班同學會」，並發行同學會刊物《野草》。

《野草》由補習班同學會成員劉建修、李熒台等人自主編輯，自一九四八年四月二十五日發行第一期，一直至一九四九年八月二十日發行最後一期（第二年第九期），一共持續發行了一年四個月的時間，共計二十九期，每期發行份數大約一百多份。

《野草》除了是補習班同學會的刊物，也向全台灣的郵電員工徵集稿件，刊登的文章涵蓋郵電工人所寫的散文、詩歌、報導和團體活動紀錄，還曾舉辦過兩次較大規模的徵文活動。第一次徵文題目為「忘不了的事」，第二次徵文則以「紀念光復節特刊」為名，這些文章內容反映了台籍郵電工人的所思所想，以及光復初期台灣社會的狀況。

郵電工人歸班運動

台灣省郵務工會在籌備創立之初，願意參加工會活動的郵電員工並不踴躍，直到上海來的第一任工會理事長陸象賢發現，郵電管理局內部存在兩種不同工資制度，導致台灣省籍郵電員工工資明顯低於大陸各省郵電員工工資。陸象賢隨後提出「實行同工同酬」、「要求解決台灣省

野草

第四期　三十七年六月十六日　台灣省郵務工會国語補習班同学會編

「野草」須要灌溉

野夫

「野草」這小小的刊物，对於各位同学不能有更多的貢獻，使同學們得不到滿意，這是覺得非常抱歉的。但是鄙陋內容不豐富，篇幅短少，可是也非着同学們的協助，諸老師以及顧問先生們的鼓勵，盡了最大的努力，終於也刊載了四期，我們覺得非常快慰。

雖說「野草」是象徵着那荒地邊野的勁草，但總抵不住這炎日的煎晒，尤其是我們的「野草」還是剛在萌芽中的，是非常柔弱的，因此牠很須要各位同学的一点甘露，然後牠才會很美麗很迅速的成長，在這黑暗的荒地上，争取一点光明，不然牠終會開始枯萎下去，同学們不覺得可惜嗎？

「野草」是屬於每一個同学的。因為牠是在老師的鼓勵，同学們熱烈的努力負責下而誕生的。既然牠是我們每一個同学的「野草」，那麼牠需要每一個同学親手給牠灌溉！同学們！！雖然各位的工作是那麼繁忙，天氣又是如此悶人，但牠既然是我們自己創造的，希望各位撥出一点的功夫，親自來培養牠，免致剛開始萌芽的「野草」枯死！

対於普及國語的希望

李朝明

國語的普及在我國是非常重要的。台灣光復以後政府因重視國語的普及，設立了國語推行委員會，但是在我看到的国語推行工作卻僅偏重於学校方面，社会方面似乎還沒有見到顯著的成績，其原因故然是由于社會情形的複雜，以致推行国語工作阻碍重重，不

《野草》第4期，卷首刊出〈「野草」須要灌溉〉、〈對於普及國語的希望〉等文章。（劉建修提供）

籍職工的歸班問題」等口號，也因為這樣的訴求切合台灣郵電工人的切身利益，很快得到全台郵電工人的支持。

依據許金玉在《台灣好女人》一書中的描述，台籍員工對於無法「歸班」不滿歸不滿，大家卻都不知道要如何去推動。許金玉說：「有天上課的時候，當計老師和我們討論社會問題時，有一個同事就向她提出這個問題，請教她，我們該怎樣來推動這個『歸班』運動？」

許金玉回憶計梅真當時的回答：「自己的權益，一定要自己去爭取，自己如果不去爭取，是沒有人會替你爭取的！」計梅真接著建議同學：「你們可以充分利用工會，通過工會爭取發言權，並且爭取你們應有的權益。」

計梅真和錢靜芝對郵電工人的循循善誘、親自指導《野草》的編輯，乃至於協助推動「歸班」運動等付出，也使得她們雙雙遭到槍決後，仍受到許多郵電案受難者的追思懷念。許金玉在《魂繫台北——紀念台灣郵電工人運動先驅》一書中提出，對計梅真與錢靜芝的追思紀念，不僅是懷念老師，更重要的是，要把兩位老師在台灣領導工運的史實供諸於社會，讓社會知道他們在台灣為工會爭取利益的歷史。

七十年前的請願遊行

郵電工人的「歸班」運動在一九四九年來到高峰，報紙上大量湧現台灣省籍郵電員工要求歸班的報導。該年三月二十六日下午，因不滿郵電管理局對歸班的訴求敷衍了事，來自台灣各地超過四百名憤怒的郵電工人代表，魚貫湧出「解決歸班問題代表大會」的台北郵局會場，集結在中正西路（日據時期的北門町，一九七〇年後改名忠孝西路）街道上，隨即冒雨展開遊行，沿途喊著「要歸班」、「反對不平等待遇」等口號，朝著台灣省政府，即今天忠孝東路的行政院前進。

郵電工人突襲式的遊行，雖然只是短短一千公尺左右的路程，卻是台灣社會運動、工人運動在一九三〇年代遭日本殖民政府全面鎮壓後，相隔了近二十年，規模最大的一次以工人為主體的集體行動。更重要的是，爆發這場遊行的兩年前才發生「二二八事件」，國民黨當局正是在同一地點以機槍對著近千名往官署集結的抗議民眾掃射，造成無數傷亡。

僅僅事隔兩年，台灣郵電工人竟如此毫無畏懼地以集體遊行的方式重回當年的「案發現場」。根據參與遊行的見證者回憶，隊伍行進至長官公署的路途中，陸陸續續還有聲援的民眾一同加入，因此，遊行隊伍到了省政府時已經超過千人。

遊行之後，四月一日，郵局與電信局正式分家。雖然當局仍然維持了考試才能歸班的堅持，但考試基本上接近形式，絕大多數的台籍員工都在考試後納入正式編制，極少數考試不及格者也能留用日後再考。歸班考試在七月二十六日最後一批郵佐考完後告一段落。「歸班」問題的這場長期鬥爭，總算獲得解決。

白色恐怖大逮捕來襲

然而，台籍郵電工人儘管取得了抗爭成果，卻未能躲過接踵而至的白色恐怖風暴。一九五〇年二月五日，計梅真、錢靜芝遭到逮捕，三十三位郵局與電信局員工也相繼被捕入獄。根據國安局檔案「台灣省工委會郵電總支部計梅真等人案」中的偵破經過記載：「依據計梅真所供之線索，即研判有關資料，進行擴大偵破，自二月七日起，至三月三十日止，先後復將錢靜芝等三十五犯捕獲歸案訊辦。」

八月三十一日，台灣省保安司令部軍法處合議庭判決：計梅真、錢靜芝「意圖以非法之方法顛覆政府而著手實行，犯行確鑿，罪無可逭，亟應處以極刑」而判處死刑。許金玉、劉建修等三十三人，則分別被判處十五年、十年和七年不等之刑期。

十月十一日，計梅真、錢靜芝在馬場町刑場遭到槍決。計梅真時年三十五歲，錢靜芝三十二歲。

這群台灣戰後工人運動的先鋒，在白色恐怖年代中，無一倖免成了國民黨政權下的政治犯，遭到大規模的逮捕、長期監禁和刑殺。這段歷史自此彷彿禁忌般在高壓肅殺的台灣社會中石沉大海。

歷史重見天日

慶幸的是，當年身為《野草》編輯的電信局員工劉建修，即便後來因為郵電案而遭判刑十五年，卻在極為難得與驚險的情況下，將多數《野草》刊物的原件保存了下來，讓我們得以從這批極其珍貴的第一手史料，窺見並見證光復初期台灣青年從積極學習、建立思想到產生力量而團結行動的歷史情景。

而後，在時任台灣地區政治受難人互助會會長蔡裕榮的召集下，自二〇一三年起，陸續集結了許育嘉、張立本、郭耀中、許孟祥、李中、廖家敏、張宗坤、高若想、胡清雅、吳哲良、黃顯淨、陳炯廷、陳玟亘、劉羿宏、黃雅慧、倪文婷等，以及我本人共同組成團隊，開始對《野草》原件進行判讀與文字謄打，並多次訪談郵電案受難人劉建修、許金玉、李熒台、周淑貞、王文清等前輩，逐步拼湊出這波瀾壯闊、戰後首次大規模工人運動的歷史細節，也讓這段因白色恐怖而封印數十年的歷史，有了重見天日的機會。

回想在重建這段重要歷史的過程中，團隊成員每每從北台灣跋涉，一次又一次前往屏東潮州安養院，拜訪當時已九十多歲高齡、行動不便的許金玉女士。見到我們這群比她年輕個好幾輪的晚輩，許金玉前輩總是慈祥而和煦地向我們談著當年與國語補習班兩位老師與同學們的「成長」歷程，更不時流露出對台灣年輕一代將這般的時代精神，傳承下去的殷切期盼。

而保留了當年的《野草》刊物「孤本」，同樣逾九十高齡的劉建修前輩，在研究團隊無數次前往竹東拜訪的過程中，也總是鉅細靡遺地回憶著當年加入地下黨並負責編輯《野草》的細節。讓我至今難忘且異常珍惜的是，劉建修在我們第一次拜訪後，隨即要我們留下地址，此後，每隔兩三週，就會收到他以最傳統、卻也是最真誠的老派作風，寄送給我們他老人家於家國大事、受難者夥伴回憶的一封封信件，直到他於二〇二〇年離世前，從未間斷。

這項重建歷史的工作，有幸在二〇一七年得到了國家人權博物館籌備處主任王逸群先生的大力支持，讓團隊能夠進一步完成整個歷史重建與書寫、分析的工作，並在二〇一八年完成了《五〇年代白色恐怖郵電管理局案調查研究暨口述歷史案》報告。

此後，台灣地區政治受難人互助會、台灣地區戒嚴時期政治事件處理協會，亦邀請詩人李疾協同策劃，將研究成果轉化成名為「激進一九四九：台灣郵電工人與他們的刊物《野草》」的展覽，在新北市國家人權博物館、新竹縣新瓦屋客家文化保存區、台中市文化部文化資產園區、高雄市勞工博物館等地分別展出，讓更多台灣民眾可以翻轉過往對白色恐怖受難者「無助」、「被動」的單一形象，從另一個角度、更深刻地來理解白色恐怖受難者的思想、行動與力量來源。

本書便是在二〇一八年《五〇年代白色恐怖郵電管理局案調查研究暨口述歷史案》的基礎上進行改寫，並增加了《野草》刊物的部分文章與導讀，於二〇二一年付梓。

與轉型正義對話

本書的架構分為三大部分，第一部分是「『郵電案』歷史脈絡」，將探討郵電案爆發前後台灣的政治經濟狀況和國際局勢，以及戰後初期台灣工人運動的勃發，勾勒出國民黨政府接收台灣後抗爭紛起的時代背景，進而詳細還原整個郵電案的來龍去脈，反思其所能帶給我們的政治意涵。

第二部分則為「受難者口述」，將依序呈現白色恐怖受難者劉建修、許金玉、王文清、李熒台以及阮紅嬰的訪談紀錄，聽他們娓娓道來為何會參與郵電工人抗爭（阮紅嬰參與的是造船廠工人抗爭），以及如何看待自己所遭遇的白色恐怖牢獄之災。

第三部分是「《野草》選讀」，本書精選了十三篇原刊載於郵務工會國語補習班同學會刊物《野草》上的文章，其中除一篇出自計梅真外，全是郵電工人所寫，作者包括施水環、劉建修、李熒台、張欽傑、黃宏基等人，這些文章既展現了郵電工人嘗試用剛習得的中文表達生活感受的熱情，文章內容亦可看作是台灣光復後社會狀況的縮影，極為珍貴。每篇文章後也都有專文導讀，提供讀者相關的背景介紹和思辨空間。

僅希望本書重建的白色恐怖郵電案史實，能有助與當今轉型正義的去路與落實進行思考性的對話。

第一部

「郵電案」歷史脈絡

第一章 「郵電案」前後的台灣

本書所探討的白色恐怖「郵電案」，在國安局檔案中稱為「台灣省工委會郵電總支部計梅真等人案」，指的是一九四五至一九五〇年發生在「台灣省郵電管理局」中，由郵電員工所組成的台灣省郵務工會，當中所設立的「國語補習班」，其所衍生出的中共台灣省工作委員會「郵電支部案」的白色恐怖案件。

在正式進入郵電案的細節討論之前，讓我們先回溯一下，「郵電案」爆發前後的台灣，在國際局勢、兩岸關係和政治經濟背景等方面，究竟發生了什麼？

戰後美國主導的國際局勢

一九四五年八月，日本帝國向同盟國投降後，國民黨政府接收台灣，隨著國民黨在中國大陸的內戰失利，蔣介石政權也在一九五〇年全面退守台灣。這段期間，美國作為二戰後影響世界局勢發展最關鍵的力量，不論是其對國民黨政權接收台灣的態度、對於國共內戰情勢的研判（包含對台海局勢的評估）、對蔣介石國民黨政權的態度，都發揮了決定性的影響。一九五〇年六月韓戰爆發後，美方所進行的戰略調整，更確保了台灣的政權的存續，並框架了台灣政治與社會後續的發展。

美方初期對國民黨政府接收台灣的態度

據陳翠蓮在《重構二二八：戰後美中體制、中國統治模式與台灣》一書中指出，二戰末期「美軍與幕僚機構曾有武力攻取台灣計畫，並研議由美國主導建立軍政府統治。但決策當局一方面希望貫徹開羅宣言之宣示，一方面又不願為即將成為中國領土的台灣付出太高成本，就在戰爭最後階段、美國新任總統剛接手期間，決定在台灣之日軍須向中國的蔣介石委員長投降，由中國軍隊占領台灣。」不過，陳翠蓮隨後也提到，美方「十分清楚中國（按：國民黨）政府的能力局限，故保留了代為占領、轉移給可負責的政府的可能性。」[1]

根據陳翠蓮的結論：日本投降前後「有關台灣軍事占領的構想、規劃到執行過程中，美國始終居於重要角色，並在占領過程中實際參與。戰後盟軍占領台灣，事實上是由美中共同規劃、執行」。然而，「透過國府的宣傳，戰後軍事占領變成『台灣光復』、『復歸祖國』，美國在占領過程中的重要角色完全消失……一九四六年四月，協助國府接收的美軍聯絡組離開台灣。」[2]

我們從陳翠蓮的研究可以發現，美方雖然一開始考慮過直接由美軍占領台灣，但又考量到付出的成本會太高，轉而協助蔣介石國民黨政權在台灣的「接收」工作。合理的解釋是，在這一階段期間，「台灣」在美國政府與軍方眼中的戰略地位，並沒有高到想多花成本來進行實質的「軍事占領」，因此，便轉由國民黨政權控制後讓美軍聯絡組撤離台灣。換言之，國民黨政權究竟是「軍事占領」台灣，還是「光復台灣」，並非美國政府在乎的重點。

國共內戰下美方態度的轉變

然而，美國政府在中國大陸的國共內戰開打之後，對於台灣戰略位置的判斷，以及對於蔣介石國民黨政權、乃至於國共內戰情勢中共軍開始占上風的評估，大體上有著緩慢的轉變。

根據張淑雅《韓戰救台灣？解讀美國對台政策》的研究，一九四八年間，蔣介石國民黨政權在國共內戰中開始落居下風，讓美國政府高層對台灣戰略地位展開一系列的重新評估。一九四八年十一月，美國國務院曾要求軍方評估若台灣落入中共之手，對美國安全戰略會有何影響：

參謀首長聯席會議的第一份評估報告……指出如果「能藉由運用適當的外交與經濟措施，以確保台灣行政當局對美國友好，不讓台灣落入共產黨手中」，對美國國家安全將最為有利。[3]

換句話說，即便國民黨政權在國共內戰的敗勢已現，美國政府重新對台灣戰略地位進行了一次評估，然而，顯然當時的美國軍方也不認為台灣的戰略價值有那麼高，值得美國付出莫大的成本，甚至是動用武力去保住台灣。張淑雅認為，雖然美方各單位隨即認知到僅用「適當的外交與經濟措施」，恐怕難以達成保台的目標；然而，整個一九四九年當中，國務院大致上還是堅持只運用「適當的外交與經濟措施」的原則。不過，在這段期間當中，美國政府分別測試了兩種路徑來「確保」台灣不會落入共產黨手裡，包括了：其一，試探建立一個獨立於中國的台灣的可能性；其二，想辦法運作由聯合國來託管台灣。不過，上述的這兩種策略，最後都在各種主客觀影響下未有具體而大力的推動。

至於在對國共內戰情勢的判斷上，在林孝庭的研究專書《意外的國度：蔣介石、美國、與近代台灣的形塑》中，提到了美國中央情報局一九四九年十月十九日的一份備忘錄即認為：即使美國大力支持大中國地區境內的各反共團體（即包含蔣介石以外的勢力），在美國不派遣地面部隊、缺乏大規模軍事干預的前提下，中國大陸境內任何一片尚未被「解放」的角落，都將撐不過一九五〇年。[4]

到了一九四九年年底，美國政府內部對於是否要展開任何對台灣的軍事防禦行動有著不小的分歧。即便參眾議院與軍方相對支持對台灣的軍事行動干預，然而，國務院的評估是，依照國共內戰的情勢與蔣介石政權受到中國大陸人民唾棄的情況，美國此時任何對台灣的軍事防禦行動，僅可能「延緩」共產黨的占領，卻無法「阻止」該事最終的發生；美國軍事行動的出手，只會讓美國付出沒有必要的代價。而國務院的意見，最終占了上風。

因此，一九五〇年一月五日，美國總統杜魯門發布了一則新聞稿，表明台灣是中國領土的一部分，美國政府對於台灣沒有任何企圖心，既不會介入中國內戰，也不會向台北的國民黨政府提供軍事援助或諮詢意見。

到了韓戰爆發前的一九五〇年五月間，美國大使館的武官私下預估共軍渡海時間將在六月十五日到七月底間，並建議美方把駐留台灣的外交人員數量，在六月中旬減至最低。

韓戰爆發後美方戰略的調整

雖然美國政府在一九五〇年一月對外宣布了不介入中國內戰的立場，不過，張淑雅對美方的態度轉折做了一個更細微的區分：

> 在美國國內反共情緒高昂之下，台灣既是展現對抗共產主義決心的完美地點，又可增強美國作為反共陣營領導的威望，故其「象徵價值」陡然增加。因此，華府在一九五〇年上半年對台灣前途的態度，已逐漸從漠不關心轉向有限關懷……[5]

一九五〇年的六月二十七日，亦即韓戰爆發後的第二天，杜魯門立即發表聲明指出，北韓的攻擊，已經顯示共產黨將以武裝侵略與戰爭的方式，來征服獨立的國家，並表示如果共黨在此一情況下占領台灣，將直接威脅太平洋地區與當地美軍的安全，因此杜魯門宣示：

> **我已下令第七艦隊，防止任何對台灣的攻擊。為配合此行動，我要求台灣的中國政府停止對大陸的海空行動。第七艦隊將確定此令的執行。台灣未來地位的決定，必須等待太平洋地區安全恢復、對日和約的簽訂，或聯合國的考量。**[6]

在韓戰爆發的影響之下，美國政府此前既無法在台灣扶持一個非蔣介石所掌握、足以穩住台灣的反共政權，也未能促成「聯合國託管」的主張，因此，美方只能回頭支持之前不願意再打交道的蔣介石政權。而隨著韓戰戰事的進行，美國政府對台灣的國民黨政權的經濟與軍事支援也陸續到位，等於是幫了本已四顧茫茫、退無可退的蔣介石政權，施下了一劑續命符。

總的來說，不管是從陳翠蓮、林孝庭或張淑雅的研究觀點來看，美國政府自二戰末期以來，的的確確都是影響兩岸、國共內戰與台灣情勢發展最重要、甚至是唯一的關鍵角色。

光復初期對國民黨的失望

在歷經了五十年的日本殖民統治後，台灣民眾普遍抱著歡天喜地的心情，迎接前來接收的中華民國政權。但是由於台灣人在光復後陸續接觸到的外省籍人士，主要是國民黨派來接收的軍隊以及各機構、產業的接收人員，因而在兩岸紐帶的重新連結過程中出現挫折，同時也出現了重新認識「中國大陸」、改變以國民黨政權為「祖國」想像的契機。而上述局勢的轉折，大體上可以一九四七年的「二二八事件」作為一個重要的分水嶺。

一九四五年八月十五日，日本帝國宣布無條件向同盟國投降，接著在九月二日，由美軍中將理查薩瑟蘭監督下，日本外務大臣重光葵前往停靠於東京灣的密蘇里號美軍戰艦，代表日本政府簽署《降伏文書》。同盟國的盟軍最高統帥麥克阿瑟在同一天發布了《一般命令第一號》，指示各地日軍向同盟國投降。命令中，規定在中國（滿洲除外）、台灣與越南北部等地之日軍，應向代表同盟國的中華民國政府的蔣介石投降，蔣隨後指派陸軍總司令何應欽代表負責受降事宜，何應欽則委派陳儀為其在台灣的受降代表。

八月二十九日，蔣介石正式任命陳儀為「台灣省行政長官」，並在九月一日於重慶，宣布成立「台灣省行政長官公署」與「台灣省警備總司令部」，同時任命陳儀兼任「台灣省警備總司令部」總司令。而根據陳翠蓮《重構二二八》一書，戰後日本無條件對盟軍投降後，最早進入台灣的，其實是國民黨政府的特務機關與美國軍隊。[7]九月一日，第一批國府人員隨著美國空軍地勤支援小組抵達基隆，這批國府人員包括了軍統局的張士德（台中大甲人）、黃昭明（福建廈門人），與福建省政府顧問黃澄淵（福建龍溪人）。而陳翠蓮引述美國戰略情報局的情報：黃澄淵來台時為軍事委員會委員長侍從室少校，此行是為了安排中國四大銀行在台灣設置、軍事地勤、無線電作業等問題，至於張士德與黃昭明，則是戴笠的人馬，以國民黨的身分來台招募黨工與地下工作人員。隨後，「藍衣社」成員也陸續抵台。

十月五日，台灣省行政長官公署前進指揮所在台北成立，接收人員、前進指揮所人員自當日起分別由上海和重慶飛抵台灣。十月二十五日，代表台灣總督與日本陸軍第十方面軍司令官安藤利吉將軍，在台北公會堂（接收後改名為中山堂）向受降主官陳儀投降並簽署受領文件。

從日本宣布投降到國民黨政權派員接收台灣的初期，台灣社會普遍對得以結束五十年的「被殖民統治」，重新回歸到「祖國」感到歡欣與雀躍，也對陸續前來接收的國民黨軍隊與官員展現出熱烈歡迎。在「郵電案」中扮演重要角色的受難者許金玉，也是如此回憶自己初期的「回歸祖國」經驗：

我聽到國民黨軍來了的消息，就自動到台北車站去歡迎。我那時候對祖國抱了一份好大的期望，心想，這下我們可以翻身啦。我們不必再過過去那種被欺壓的生活了……當我頭一次聽到陳儀在廣播的時候說了一句：「親愛的台灣同胞」的時候，我的眼淚就忍不住地掉了下來。[8]

對於絕大多數的台灣人而言，光復後所能感受到的「祖國」，所能接觸到的外省籍人士，還是以國民黨方面派來接收的軍隊以及各機構、產業的接收人員為主。因此，台灣人在光復後重新認識「中國大陸」的過程中，與國民黨政權本身的原始樣貌（即其政權在中國大陸的性質與其統治基礎），以及其在接收過程中所呈現出的給台灣社會所見所聞、所影響的各個層面，有著高度的連結。換言之，國民黨政權、台灣行政長官公署與國民黨派來台灣接收的人員，主要形塑了戰後初期台灣人對「祖國」的實際感受。

很快地，台灣民眾就對國民黨與行政長官公署的種種作為感到失望。而實際上，這些作為很大程度上複製、移植了其在中國大陸的統治模式。舉例來說，陳翠蓮就很明確地以「特務組織」和「派系政治」來說明國民黨政權所代表的「統治模式」。除此之外，在實際接觸後，多數的台灣人或多或少都能感受到國民黨軍隊、官員與接收人員頻傳的各種貪污徇私與舞弊等等慣有作風。更不用提，國民黨光復初期對待台籍人士，某種程度上還依循著日本人將台人視為「二等國民」的心態，派來接收的人員在極大比例上占了原本由日本人所擔任的高層與管理職缺，更讓台灣人感覺並未因為回歸了國民黨政權的「祖國」，而能如同許金玉所形容的「翻身」。有的，只是延續著過往日本殖民時期所遭受的不平等對待。許金玉先前描述的後半段，馬上是急轉直下的失望與不滿：

可是，後來的發展並不是這樣。他們（按：即國民黨政權）帶來的卻是一個非常非常大的失望。在台北郵局，大家對祖國的這份熱情也沒幾個月就冷卻下來了……（按：國民黨派來接收的）外省人的態度卻很傲慢，他們都自以為他們是統治者，地位比我們高……尤

其是一些接收官員，只要是能夠變賣的、對他們有利的東西，他們都想盡辦法要接收。[9]

這種對國民黨政權的失望與不滿，以及五十年來難以短時間弭平的生活文化和語言差異所產生的落差，竟而在短短的時間內，在台灣社會迅速發展為：一方面對國民黨政權的期待落空，另一方面在表象上呈現為省籍衝突的巨大鴻溝。一九四七年爆發的「二二八事件」，距離國民黨政權接收台灣，才不過一年四個多月的時間，可說是這個衝突與矛盾的一次性總爆發。

二二八事件中，台灣各地的人民都湧現出對國民黨政權與行政長官公署的集體抵抗行動，雖然事後因蔣介石與國民黨政權從大陸調派軍隊血腥鎮壓，而暫時地被壓抑了下來，然而，這一股不滿並未跟著國民黨後續的武力鎮壓與清鄉行動而消失，反而是讓不少台灣人——一開始先以知識分子開始——有了一次契機，更全面地補足對於國民黨政權以外的「中國大陸」當時的內部現況及發展（國共之間的關係、差異與後續內戰）的認識，並看清楚、分辨出以蔣介石為首的國民黨政權性質。進而認識到，國民黨政權在台灣的「惡行」與「暴行」，事實上同樣發生在其所統治的中國大陸境內。

這一部分的轉變，直接為約莫一九四六年下半年開始，中國共產黨派遣進入台灣以地下黨型態建立的「台灣省工作委員會」，提供了一個客觀上更有利的發展條件。不少研究都提到，省工委在二二八事件後的黨員與組織發展，有了長足的擴張。許多人在清楚認識了共產主義、社會主義與國民黨政權本質上的差異後，逐漸揚棄了光復初期對國民黨政權代表的「白色祖國」的認同，而建立起了對於社會主義「紅色祖國」的認同。

當然，除了較少數的知識分子開始「重新認識中國大陸」，台灣社會與一般民眾在歷經了二

小乾坤

三望

台灣人雖然不會寫流利的國文、不會說漂亮的國語、然最近或者因爲是環境所使然、常常會製造些有趣味的警句或新語。比仿最近在中部方面有一句流行語傳播的很廣汎叫做：「三望」。三望是什麽？原來是希「望」、失「望」、絕「望」的三個「望」。据一個好事家的說明：這個三望是表現着光復以來的台灣民衆的時間性心理過程。光復當初、民衆個個都非常的興奮、抱着熱烈的情緒、以爲是可以重見天日了、這個就是希「望」、這個時期是自去年的八月十五日、至十一月下旬期間。可是因爲政府辦法的不善、一部份公務員的行動太過於糊塗、民衆便感着焦灼與疑慮 自十一月至年底便是失「望」的時期。在失望期間、本來還有挽回的方法、可是更弄更糟了、所以民衆覺得一切都沒有辦法、前途是黑黑暗暗、所以造成一個絕「望」的心理。這是一個饒舌者對於三望的說明、然而記者並不以爲然、無論當前情況怎樣的了不得、絕對不可發生失望和絕望的念頭、我們永遠是國家的主人、台灣是我們祖先墳墓之地、我們的子子孫孫還要在這塊土地上生活、我們第一也要希望、第二也要希望、第三也要希望、這才是我們的三望

1946年2月20日《民報》刊登一篇短文〈三望〉，描述台灣人對於國府來台後從希望、失望到絕望的心理轉變。（取自國立公共資訊圖書館數位典藏服務網）

二八事件遭到國民黨軍隊血腥鎮壓後，對國民黨政權所代表的「外省籍人士」產生憤恨與對立、在表象上展現為「省籍衝突」（或矛盾），也漸漸成為台灣社會中的集體情緒。

一九四六年起，中國大陸境內，國共之間的內戰陸續展開。一九四七年初，國共談判破裂，上半年共產黨軍隊處於守勢，國民黨軍隊的戰事則屢有斬獲。一九四七年底，中共解放軍開始展開攻勢。到了一九四八年秋，中共解放軍在遼瀋戰役、徐蚌會戰、平津戰役等三大戰役取得全面的勝利。自此長江以北區域幾由共產黨所控制。然而，由於國民黨在台灣透過黨、情治、特務系統的各方面控制（包括了各種新聞來源消息的管控），多數台灣民眾對中國大陸國共內戰情勢的發展，還是難以獲得準確的資訊。

雖然在少部分的台籍知識分子界，以及以省工委為主的組織台灣群眾的過程中，也有試圖傳遞中國大陸最新情勢的訊息，以彌補台灣社會普遍的資訊落差；然而，在當年國共內戰情勢的快速變化下，仍僅能觸及少部分的台灣民眾和工農階級。

一九四九年起，在內戰中節節敗退的蔣介石國民黨政權，開始如火如荼地部署退守台灣的計畫。當年五月，台灣正式實施軍事戒嚴令，下半年起，省工委地下黨陸續遭破獲、幾位領導人最終選擇「自新」以自保，組織遭到嚴重破壞，地下黨員遭到大量逮捕。

而蔣介石則在一九四九年年底飛抵台灣，進駐草山行館，終身未再踏進中國大陸土地。隔年，國民黨政權將其所代表的中華民國「移植」到台灣一省。自此，台灣社會與人民也同時喪失了重新認識中國大陸的契機。

一九五〇年起，國民黨政權即等同於「中國」或「祖國」（部分以負面形象呈現）的想像與認識，包括日後社會上難以化解的「省籍衝突與矛盾」，在台灣逐漸凝結而僵固了下來。

物價飆漲、米荒與國民黨體制的失敗

我們前面提到，國民黨政權在戰後接收台灣初期，透過「行政長官公署」建立在台灣的統治。需要特別一提的是，之所以選擇了「台灣省行政長官公署」這種特殊的「軍事占領接收體制」，而非立即回歸其他各省「省政府」的體制設計，最初的目的即是為占領與接收時的權宜措施。根據蘇瑤崇的研究[10]，國府在接收台灣的初期所建立的「行政長官公署」體制，不僅在權力或任務性質上均非「省政府」可以比擬，也與總督府制也有根本的不同。質言之，「行政長官公署」是一種有強烈「軍政府」色彩的體制。基本上，行政長官一職在制度設計上，獨攬了一切行政、立法與軍政等一切權力。

二二八事件前後，兩波劇烈物價波動對台灣社會與一般民眾造成極大衝擊，國民黨體制的失敗，也成為「郵電案」發展過程背後，一個不可忽略的台灣政治經濟背景。

在探討二二八諸多起因的文獻中，許多研究都提到了接收初期行政長官公署無能解決物價通貨膨脹、尤其是米荒的問題，乃是引發台灣社會不滿的一大因素。我們訪談了當時是基隆造船廠的工人阮紅嬰，就印象深刻地提到米價的高漲是導致後來工人發動罷工的主要原因：

一九四六年的六月位在社寮島上的造船廠發生了一起為時十二小時的罷工事件，直接的

起因是光復後米價不斷上揚，導致工人負荷不了，要求廠方調漲薪水也沒有結果。

阮紅嬰在此前另一篇口述紀錄的文章〈白色記憶回想——阮紅嬰訪談紀錄〉中，則是更清楚地提到了米價當時上漲的幅度：

> **米價漲得太離譜。米價在一九四五年日本戰敗時一斤才二角，到了一九四六年時，已經來到一斤十二元，工人們的薪水根本無法負荷。**[11]

根據蘇瑤崇的研究，「戰後接收台灣的長官公署面對缺糧問題，雖無外界傳言輸糧至中國之弊端，但它既無能力也不願意延續總督府的管制措施，更在廢除該政策後，『封存』大量屯糧，導致消費市場米穀數量急凍，形成『米荒』。結果米價暴騰，糧食問題失控，使偏鄉飢荒與弱勢民眾餓死，民怨累積，終致二二八事件的發生。」[12]

實際上，當時擔任新聞記者（二二八事件前即已經加入地下黨）的徐淵琛[13]，曾將他以日文所寫、自一九四六年八月至十月評論台灣時政的文章，收錄於《直言台灣現狀》一書，書中一篇題為〈米價會下降嗎？〉的長文中，準確地歸納了二二八事件前台灣出現「米荒」，乃是出自於行政長官公署人為與制度上的責任。徐淵琛文章中認為，過去台灣所生產的大米數量供應島內消費是綽綽有餘，甚至還曾被大量輸往日本，在戰後米穀的收穫量沒有遭遇災荒而導致產量大幅下降的情況下，「米荒」與米價不斷高漲的真正原因，「主要是糧食局的無能、沒對策，奸商的囤貨居奇及奸商和貪官污吏勾結進行大米走私」等因素造成。[14]

徐淵琛還在文中提到，一九四五年底，行政長官公署根據台灣廣播電台所進行的「輿論調查」結果，順勢取消了大米配給的制度。然而，徐淵琛指出，事實上這份「輿論調查」中，工薪階級、勞動者和貧民階級中，贊成配給制度的人居多，從事農業的人和商人則是贊成取消配給「自由買賣」。而果然長官公署取消配給制度後，台灣島內米價上漲的問題更形嚴重。徐淵琛文末從「米荒」問題所提到的核心重點是：

> ……我認為要補救目前的經濟缺陷除了計劃經濟以外，別無它法（這也是商業資本家忌諱的一點）。在目前的情況下，制裁奸商、肅清貪官污吏等等都是沒什麼指望的，而且也不是根本辦法。根本的對策就意味著改革當今的經濟組織機構。不進行改革，要把社會從不安和動盪中解救出來，總不可能的。[15]

實際上，從徐淵琛清晰的分析與結論看來，當時台灣真正的問題已經不只是國民黨政權或者少數奸商與貪官污吏的問題而已，而是整個社會經濟制度要往哪個方向走的問題。

而二二八事件後，自一九四八年下半年起國共內戰戰局的逆轉，部分國民黨政權的中央機關與人士已經開始撤遷到台灣，但一九四八至一九四九年這段期間台灣物價膨脹的問題，不但沒有獲得解決，反而進一步的惡化。

在台灣省郵務工會國語補習班同學會所自行編輯出刊的《野草》，一九四八年八月一日的第七期中，收錄了這麼一篇題為〈颱風與漲風〉的文章，談的就是受薪階級所感受到的物價上漲困境：

「漲！漲！漲！」滿耳所聽到的都是「漲」，我不敢再待下去了匆匆地擠出菜市，一路上我自己問著自己「你看現在的物價稍受一點刺激或不受刺激拼命地都會上漲，為什麼我們的薪津卻不會因物價的刺激而上漲呢？」

不明白！不明白！實在不明白？

《野草》十月二十五日出刊的十二、十三期合刊當中，在〈編者的話〉文中更是提到物價膨脹對郵電基層工人的影響：

這半個月來，真是一段苦悶的日子，物價起了大波，人心惶惶，都被捲進了「搶購」的熱潮，我們這些窮小公務員既沒有錢和人家一塊兒去「搶購」，現在連每天的吃飯也成了問題。在這種情況下，誰還有心緒去搖筆桿呢？

根據吳聰敏的研究，台灣戰後、尤其是越接近一九五〇年的惡性物價膨脹乃是因為貨幣供給大幅增加所引起的：

一九四九年國民政府在大陸的軍事局勢持續惡化，撤遷台灣的中央政府機構日增。此一局勢演變加深台灣的財政及金融危機。省政府於「台灣省幣制改革方案」（一九四九年六月十五日）的前言中，對此情勢轉變有具體說明：「近數月來復因中央在台之軍公費用及各公營事業之資金，多由台省墊借，歷時既久，為數又鉅，……去年十一月以降，……中央軍

台灣光復三年的回憶　光麗

時間真快，台灣光復第三週年又到臨了，我想無論男女老幼，一定
感到異常的興奮和欣喜，誠然這是我們台灣全島的人民在五十年帝國
主義的束縛之下，解放到青天白日滿地紅的旗幟下，所最值得慶祝的
佳節，在我們每個台灣人民的心靈裏都会感覺到十分的滿足，來迎接
和記念他吧！
趁此佳節來臨的時候，我們來做個檢討，比較一下三年來的台
灣，我是個年輕的女孩子，雖然智識與經驗都很淺，但我的理想也
許就是一般青年的理想吧，在這個動亂的時代誰敢懷着時代的革
新和变動？
我們的理想終究成了幻想，一群群的人們已嘗过饑餓的滋味
但是親眼看到这三年来的台灣的人，不管是本省人或外省人，我想都
是失望的吧！都會嘆息着說，可惜的吧！三年前的今天無論男女
老幼，他們迎接这佳日的時候，都懷有美滿的理想，但現實無情
地把这理想压成粉碎，到处充滿了饑餓，到处听見生活的苦悶，
活着的煩惱，這接二連三的苦悶和煩惱，使我們不知不覺地墜入
悲觀的深淵裏，這是我們自私的想法嗎？是不是为大家向社会
抗爭嗎？但我們却忍受下這種逆境，悲觀也許是逆境太多，遭
遇太不如意吧！
但是我們为了自己也为了千千萬萬的同胞們的幸福，要打破一切
困難，開闢一条光明的道路，祝福前途吧！（完）

編者的話

這半個月來，真是一段苦悶的日子，物價起了大波，人心惶惶，
都被捲進了「搶購」的熱潮，我們这些窮小公務員既沒有錢和
人家一塊兒去「搶購」，現在連每天的吃飯也成了問題，在這種情況

（PG. 8）

1948年《野草》第12、13期合刊「光復節紀念特輯」，其中〈台灣光復三年的回憶〉一文提到，台灣此時「到處充滿了饑餓，到處聽見生活的苦悶」。（劉建修提供）

政款項之墊借尤為龐大。」在一九四八年十一月底，台銀對中央機關的墊借款為數仍微。但是，十二月開始台銀對「機關團體」之放款則大幅增加。一直到一九五〇年底，台銀對機關團體之墊借才稍見緩和。[16]

換言之，一九四八年末起台灣另一波全面性的物價通貨膨脹，與國民黨政權在國共內戰中敗退、以及各項機構與人員陸續撤離至台灣有著高度的關聯。

從林孝庭所引述的資料與研究，台灣政府貨幣供給增加與財政赤字的狀況，對於一九四九年時的台灣省政府，其稅收已經不足以支應自身的運作開銷了。當時的國民黨政權持續要求台灣省協助籌措龐大的內戰軍事預算，因此台灣省政府若不通過通貨膨脹，根本很難籌到國民黨政權所需的軍事費用。

根據吳聰敏的論述，台灣戰後惡性物價膨脹的緩和，要一直到美國政府在韓戰爆發後，逐步提高對台灣國民黨政權的各項援助，大幅降低了國府的財政赤字後才告真正緩和。這一點，某種程度上再次證實了美國政府在韓戰爆發後，對蔣介石政權的重新支持與資助，是國民黨政權在台灣站穩腳步的關鍵。

國民黨政權「退守」台灣的各項部署

一九四八年底，蔣介石宣布「引退」前，指派陳誠接替文人出身的魏道明，擔任台灣省主席一職。此一安排，乃是為了國共內戰情勢急轉直下的國民黨政府日後撤退台灣預做準備。事實上，陳誠在一九四九年接任台灣省主席期間，多次搭乘專機往返浙江省溪口，直接向名義上已「下野」返鄉的蔣介石，當面報告台灣情況，陳誠並建議蔣移駐台灣。

國民黨在台灣進行的部署工作，包括了一九四九年三月起施行的入境管制制度，即「台灣省准許入境軍公人員及旅客暫行辦法」的公告與實施。辦法規定入台前需經過申請手續，核可給證之後才得入境台灣。根據薛月順的研究，這個辦法的施行，與陳誠在台灣防範中國共產黨的「滲透」有著直接關聯。陳誠接任台灣省政府主席後，檢討國民黨軍隊在中國大陸受挫的主要原因，即在於對「中共的滲透作用（間諜）與政治攻勢（宣傳）疏於防範且未能迅謀對策的緣故……使得防制『匪諜』潛伏的考量，在此後台灣主政當局的決策過程中扮演重要角色，入境管制即其中之一例。」[17]

五月一日，就在杭州落入共軍的當天，陳誠的台灣省政府下令在台灣推動從日本殖民時期以來最全面的一次「戶口總普查」，一如當時陳誠省府的公開宣示：此舉就是為了在台灣島內揪出匪諜並強化所謂的「台灣公共安全」。當國民黨軍隊在上海即將失守之際，五月二十日，陳誠緊接著宣布台灣省進入軍事戒嚴體制。

然而，一九四九年對台灣省工委地下黨成員及其外圍所影響的民眾而言，同時是充滿「希望」的一年。由於地下黨員普遍了解國民黨政權在大陸的潰敗，組織內部對台灣的「解放」的評估越來越樂觀，地下黨領導的集體活動也越來越公開，例如本書探討的「郵電案」，郵電工人在爭取本外省籍員工「同工同酬」的「歸班」運動當中，即在當年三月份規劃了一場浩大的請願行動。同樣樂觀的期待，在省工委各支部瀰漫著。已在近年的訪談中承認其地下黨員身分的電信局員工劉建修，對這樣的集體情緒有著生動的描述：

一九四九年三月二十九日，青年節。歸班遊行後的第三天，在台大法學院的草地上，有一場法學院學生為主的音樂晚會，有麥浪歌詠隊的話劇演出。那個時候，還有其他工會成員等等的校外民眾參加，我看到來參加活動的群眾，雖然彼此嘴巴不講，但其實心照不宣，大家心裡有數。我心裡知道，這些，都是我們的人啊！現在說起來可能很難想像，但是那時候時局已經走到了這樣的程度，大家心裡是很清楚的。

一九四九年底，在國共內戰中全面潰敗的國民黨政權已無其他選擇，只能決定撤退至台灣。十二月，國民政府正式「遷都台北」。一九五〇年三月起，蔣介石在台灣宣布復行視事，繼續在台灣擔任中華民國總統職務。四月，解放軍攻克國民政府在中國大陸最後一個據點——西昌。

事實上，從一九四九年下半年到一九五〇年六月韓戰爆發的這段期間，即便蔣介石與國民黨政權在台灣部署了各種工作以做好退守台灣的目標，但在韓戰爆發前，包括蔣介石自己都對國民黨能否守住其政權的最後一塊根據地——台灣，感到高度焦慮與悲觀。蔣介石曾在一九五〇年六月五日的私人日記中寫道：「四顧茫茫，只見黑暗淒慘，已無我生存立足之餘地。」[18]

然而，歷史的發展在一九五〇年六月韓戰爆發後，意外地有了再一次的轉折。

第二章 戰後初期的台灣工人運動

爆發鼠疫，檢疫所職員揭露無能改革，決議發動罷工要求改革……全省各級檢疫所全體職員大會決議七月一日起罷工，要求鼠疫改革。

——《民報》，一九四六年六月三十日

一九四五—一九五〇年：被忽略的台灣工人運動高峰

考察當前針對台灣工人階級歷史與工人運動的學術研究或是官方論述，一般認為，歷史上台灣工人階級曾經有過兩波的工人運動高峰：第一波高峰出現在日本殖民統治時期的一九二七年到一九三一年；第二波則為解除自一九四九年起長達三十八年戒嚴後的一九八七年至一九八九年。

在第一波台灣工人運動的高峰期間，可以從一九二七年高雄台灣鐵工所罷工所引發的工運浪潮為起點，而後台灣民眾黨則進一步在一九二八年二月十九日主導、協助成立了台灣歷史上第一個全島性的工人運動組織「台灣工友總聯盟」，旗下擁有六十五個加盟工會、團結全島上萬名工人，當年四月則是爆發了持續一個月之久的淺野洋灰罷工。然而，此波工人運動，與其他島內的政治、社會運動命運一致，在一九二〇年代末、一九三〇年代初期，同時遭受到日本殖民政府的強烈打壓而紛紛瓦解，主導當年台灣主要工人運動的台灣民眾黨更在一九三一年遭到解散，許多過去工運的組織者與重要幹部也遭到逮捕入獄，後續日本更是一步步走向戰爭動員體制，島內工人運動自此一路消沉。

而台灣工人運動的第二波高峰，則普遍被認為始於一九八七年解嚴後[1]，台灣各地勞資爭議層出不窮，各地大量湧現的富戰鬥性的工人集體抗爭行動（如罷工），此波高峰持續到了一九八九年。[2]

然而，一個值得探索的問題是，從一九三一年一直到一九八七年這漫長的五十六年期間，難道台灣的工人階級與工人運動就真的長時間處於蟄伏而沉悶的休眠期嗎？尤其，這段期間實際上歷經了一九四五年重大的政權轉移，從殖民母國日本手上，轉移回歸到國民政府。日本殖民台灣後期工人運動遭到壓制，已經有許多研究與文獻做出詳盡描述與分析[3]，然而國府接收後，台灣的工人階級與工人運動，難道打從一九四五年起，就一路無聲沉靜到一九八七年解嚴後才突然甦醒嗎？又或者說，台灣工人階級與工人運動為何在脫離殖民統治後，依舊維持了一段極長時間的低潮期？

根據本書全面性地整理當時曾見諸報紙報導的相關工人（工會）運動或勞資爭議的剪報（見附錄一）[4]，我們可以發現這段期間的工人抗爭其實層出不窮，而曾經發起抗爭的產業、職種的多元，以及其抗爭規模、形式與其所富含的戰鬥性，很可能根本不會低於一九二七至一九三一年的第一波工人運動高峰，以及解嚴前後一九八七至一九八九年的另一波工人運動高峰。

事實上，這些剪報作為第一手資料，證明了台灣的工人運動曾經在一九四五年脫離日本殖民統治後，一度試圖重振旗鼓。弔詭的是，這段期間內台灣工人運動短暫快速發展的事實，過往竟然受到忽視和扭曲，甚至到了晚近官方著述中，這種悖於史實的論述仍普遍可見。

二〇一一年，行政院勞工委員會（勞動部前身）為了紀念「建國一百年」與勞動三法之實施，所出版的《工運春秋：工會法制八十年》一書中，依然如此描述一九四五年後台灣的工人運動與工人組織：

民國三十四年十月二十五日台灣光復，工人對工會的意義與作用，多存觀望……日治時代，台灣的勞工組織曾遭到日本殖民當局的壓制。光復後勞工對組織工會多不抱熱忱，更談不上勞資階級對立與衝突。

後文甚至出現這麼一段顯然與事實相反的陳述：

民國三十六年二二八事件以來的幾次肅清行動，工人階級都不是「肅奸防諜」的主要對象，沉默樸素的工人根本不構成政權的潛在威脅。[5]

上述官方的論述，至少有兩項嚴重悖於史實的描述：

其一，台灣勞工組織在日本殖民時期三〇年代起確實遭到當局的壓制，然而光復後台灣勞工組織工會的速度即便略晚於其他人民團體，但後續在一九四七年二二八事件爆發前幾個月內，卻是呈現各行各業工人積極組建工會的事實。至於文章指稱「談不上勞資對立與衝突」更是嚴重與史實不符，我們可以從「附錄一」的整理當中發現，即便許多衝突是以省籍或管理模式等方式展現，但台灣勞工自一九四六年起實質上的勞資對立與衝突事件基本上從未間斷過，抗爭的形式更是不乏罷工、怠工等激進手段。

其二，文中所輕率指稱「二二八事件以來的幾次肅清行動，工人階級都不是肅奸防諜的主要對象，沉默樸素的工人根本不構成政權的潛在威脅」，完全忽略二二八事件後隨即在一九四九年展開的白色恐怖反共肅清時期，同樣與事實相去甚遠。如果我們檢視白色恐怖時期遭到逮捕、判刑甚至槍決者，不但不乏台灣各業各廠的工人階級，甚至受到牽連的工農人數恐怕都還不少於一般知識分子，「郵電案」中遭到逮捕判刑的三十餘位工人就是顯例。

然而，若我們回顧近三十年來的台灣工人運動與工會運動研究的評論文章、論文或相關出版品，對一九四五到一九五〇年期間台灣工人具爆發力的戰鬥性歷史的呈現與研究，僅僅出現在藍博洲首次發表於一九九一年五月一日、二日《民眾副刊》，爾後被收錄進一九九四年出版的《尋訪被湮滅的台灣史與台灣人》中的〈五〇年代白色恐怖下的勞動者戰歌〉[6]一文。

根據藍博洲此文的定位，他將戰後台灣的勞工運動並置於：**「台灣左翼運動第二週期[7]的一環，基本上是日據時期左翼工人運動的延長。」**並且為「台灣省工作委員會（地下黨）」群眾運動一個重要的組成部分。

文章簡要地介紹了這個時期地下黨在台灣各地各業工人之間所積極開展的組織工作，除了本書探究的「郵電案」，還包含了「鐵路工人」、「高雄地區工作委員會」中負責工運的李份所開展的各產業工人支部（活動範圍包括了水泥廠支部、肥料廠支部、鐵路工廠支部、碱廠支部、機械廠支部、鋁廠支部、街頭支部、工會支部等）、「松山第六機廠支部」、「竹東水泥廠支部」、「苗栗油廠」內由地下黨所建立的組織，以及「台北市司機工會」等。藍並以「戰後台灣工潮的第一朵浪花」，來形容郵務工會在一九四九年所發動的爭取「歸班遊行」。

只是，當時剛踏入五〇年代白色恐怖受難者證言採集、史料蒐集與歷史書寫的藍博洲，在文章寫成的一九九一年，所能掌握的相關資訊或許仍相對有限，僅能從官方已經出土的白色恐怖檔案中與工廠工人相關的案件進行簡要的介紹，而相對缺乏各案受難者當事人的證言與其他史料的輔助。

無論如何，最讓人意外和不解的是，這一篇根據「官方的資料與初步的田野調查」所完成的初探性研究，非但在藍博洲本人一系列豐富的創作中受到討論、關注程度極低，甚至在日後歷經二十多年的時間，我們幾乎看不見對此一期間、此一主題（即自台灣工人運動史角度）有進一步較具開展性的研究與書寫出現。

二〇〇〇年由高雄市政府勞工局所發行，林聲洲、孫窮理、陳婉芳、程彩倫、蔡志杰等共同撰寫的《勞工看的台灣史第一冊——台灣戰後十五年的歷程》，是極少數以稍具篇幅描繪了這段期間台灣工人運動的文獻：

> 二二八事件之前，台灣各地發生了多起的罷診、罷課和罷工。一九四六年十月，台灣機械公司高雄工場、台灣鹼業公司高雄廠先後發動罷工，尤其是台鹼高雄廠提出「台灣人要求與中國人同待遇」的訴求。二二八事件之後，三月間，台中地區民眾提出：「廢止專賣制度」、「各工廠交人民管理」、「保障人民七大自由（包括結社自由）」等等的政治改革要求。另外，以民眾為主體的「二二八處理委員會」，在其提出的處理大綱中，包括了「言論出版罷工自由」、「自一九四七年六月六日起，實施勞動保護法」等要求。由此可見，當時的勞工問題，與一般的民眾對政治壟斷與經濟混亂的不滿之外，還表現出階級鬥爭中，對罷工權、工作權與勞動條件的要求。
>
> 一九四七年三月十日，行政長官陳儀下達戒嚴令，統治者的鐵血鎮壓不僅瓦解了民眾的槍火反抗，大規模軍警武力所進行的「清鄉」運動，更使得民眾自發性的行動與組織，在槍火下噤聲。二二八事件，一個因戰後經濟的混亂所引爆的血腥悲劇，到最後，卻無限地

擴大成長久的省籍對抗。在這族群矛盾之下，我們的政治視野卻長期地忽視了不分族群的勞動人民團結的重要性。[8]

上述我們所直接引述的這兩段文字，雖然篇幅不算長，然而，它至少傳達出兩項關鍵的訊息：

第一，無論是二二八事件之前，抑或是二二八事件之後，台灣的工人階級都曾展現過高度驚人的進步性、戰鬥力與動員能力，甚至民間組成的二二八處理委員會所提出的處理大綱中，工人階級方面的訴求除了「當時的勞工問題，與一般的民眾對政治壟斷與經濟混亂的不滿之外，還表現出階級鬥爭中，對罷工權、工作權與勞動條件的要求」。

第二，該文揭示了一個相當重要且值得進一步討論的論點，亦即：二二八事件作為一個「因戰後經濟的混亂所引爆的血腥悲劇」，「到最後，卻無限地擴大成長久的省籍對抗。在這族群矛盾之下，我們的政治視野卻長期地忽視了不分族群的勞動人民團結的重要性」。

換句話說，因為二二八事件中台灣民眾對國民黨政權不滿被導向了表象上的「省籍衝突」，導致後續許多本質上更接近於階級衝突與矛盾的問題，一概成了「省籍矛盾」，最終誠如文中所述，讓台灣工人階級的政治視野忽視了不分族群的勞動人民團結的重要性。

不過，這兩段簡短的文字，同樣遺漏或無法進一步討論到二二八事件到戒嚴前台灣工人與工會運動的發展，以及，地下黨在二二八事件後積極組織台灣工人的狀態與效果，這或許是受限於該書主題與篇幅的關係，以致未有進一步的開展。

這一片空白，一直要到二〇一四年何明修先以英文出版的專書*Working Class Formation in Taiwan:*

Fractured Solidarity in State-Owned Enterprises, 1945-2012，並在二〇一六年出版其中文版《支離破碎的團結：戰後台灣煉油廠與糖廠的勞工》，書中才再度出現專章（第一章），相對完整地以糖廠與煉油廠工人為例，描繪與分析一九四五年至一九五〇年代初期台灣工人與工會的狀態。

該書是目前極少數的一本試圖研究二戰後直至今日，約莫橫跨了七十年的台灣勞工與工會運動的歷史性專書。雖然，何明修將其研究對象與視野鎖定在國公營事業的煉油廠（即現今台灣中油公司）與糖廠（即現今台糖公司），然而，由於其透過相對完整的史料蒐集與理論討論，在台灣工人、工會歷史的書寫與研究上可說是一次頗為關鍵的開端。

然而，或許也因為《支離破碎的團結》一書的關注重心都放在戰後被國民黨接收成為國公營事業的煉油廠與糖廠，導致該書中的一些論點，多少顯得有點過度推論。舉例來說，書中在描述到二二八事件前後台灣工人的反應時曾有這麼一段描述：

> 二二八事件的鎮壓，激化了台灣的勞工階級。在事件發生之前，勞工不僅避免與政府發生衝突，相反地，他們努力在政治騷亂中保護外省人的安全，也極力避免工廠設施遭受破壞。[9]

關於前半句的描述，二二八事件確實讓台灣不單單僅是知識分子、更包括工、農階級大規模地向左轉，而地下黨省工委的組織工作也有因此有了長足的進展。但作者指稱二二八事件發生之前，台灣的勞工「避免」與政府發生衝突，這樣的說法就顯得太過於輕率而悖於事實了。

我們可以從附錄一的整理當中看見，光是見報的勞資爭議事件，從一九四六年一直到一九四七年二二八爆發前，包括了：專賣局樟腦公司員工、台北市公車司機、省營印刷紙業公司員工、嘉義農業試驗支所職員、阿里山林場北門站員、台鹼高雄廠員工、高雄造船機械公司員工、台北縣稅務稽徵所職員、台拓職員、全省各級檢疫所職員、基隆造船廠員工、鐵路基隆站卸煤夫、嘉義工業職業學校職員、台大附屬醫院全體工作人員、彰化市府工人，通通都發動過罷工行動（且多數是野貓式罷工）。

簡單來說，二二八事件之前的台灣工人（無論白領或藍領），用今天的標準來看，行動力與戰鬥性就已經相當顯著了。

當然，多數台籍工人在二二八事件中確實也努力在騷亂中保護外省人的安全，避免工廠設施遭到破壞，這也是事實。然而要直接推論為「二二八事件發生前，勞工避免與政府發生衝突」，確實是缺乏足夠的佐證而與史實恰恰相反。

除此之外，沈牧樺在二〇一五年完成的碩士論文《戰後台灣天主教基層修會的勞工牧靈實踐：以古尚潔與馬赫俊神父為核心的考察》[10]，由於需要回溯性地探究天主教勞工牧靈實踐，為何在一九六、七〇年代進入台灣後選擇與台灣省總工會而非全國總工會合作，因此，對一九四八年由二〇年代末前民眾黨與工友總聯盟大將陳天順所組織串連成立的台灣省總工會，在一九五〇年代前後的發展，有著略多的著墨。

然而，即便如此，沈牧樺依舊延續了過往研究普遍對戰後台灣工人運動貧弱的想像，而認定**「戰後自主工運組織難以興起」**，並且接續著戒嚴體制壓制的傳統論述，直接跳躍到一九五〇年代後**「在此政治環境及法律制度下，工會即使成立，也未能發揮真正作用。」**

這樣的論述，雖然與五〇年代之後的台灣工會組織發展的歷史並無太大的落差，然而一九四五年至一九五〇年的這五年間，台灣工人的戰鬥性與爆發力，則是一如往昔地被忽略了。

國民黨對「人民團體」的介入與控制

行政長官公署公布《台灣省人民團體組織暫行辦法》

一九四五年八月，蔣介石任命陳儀為台灣省行政公署長官兼台灣省警備總司令部總司令，同年十月二十四日，陳儀在美軍將領陪同下由上海飛抵台北，隔日正式接受日軍投降、軍事接收台灣。

來台接收不到一個月內，陳儀政府就於一九四五年十一月十七日，在台灣公布了《台灣省人民團體組織暫行辦法》。該辦法第一條即寫明：「**台灣省原有人民團體，暫時停止活動，俟舉辦調查登記後，依據法令及實際情形，加以調整，必要時得解散或重新組織之。**」第二條則更露骨地規定：「**一切人民團體，應切實協助政府，推行政令，以建設三民主義之新台灣，不得有妨礙國家民族之行為。**」

而從另一份一九四五年十一月二十八日，由行政長官公署民政處代電給各州廳接管委員會的公文中寫明：「台灣省原有人民團體，限自台灣省人民團體組織暫行辦法公布之日起，其在該辦法公布時，主管官署尚未接管成立者，自該主管官署正式成立之日起，二個月內，調查登記完竣，三個月內，調查完竣。在調查登記期限內，不申請登記，又未經主管官署指定調整者，

民政處

臺灣省行政長官公署民政處代電　民乙字第一三四號

中華民國三十四年十一月二十八日

各州廳接管委員會●●查臺灣省人民團體組織暫行辦法、業經公布、並令行遵照在案。茲規定●●(一)臺灣省原有人民團體、限自臺灣省人民團體組織暫行辦法公布之日起、其在該辦法公布時、主管官署尚未接管成立者、自該主管官署正式成立之日起、二箇月內、調查登記完竣、三箇月內、調整完竣。在調查登記期限內、不申請登記、又未經主管官署指定調整者、概予解散。(二)省級人民團體(如省工會、省醫師公會等)之組織、應呈由本處辦理。其縣市級團體、應逕呈該管縣市政府辦理。(三)縣市級人民團體之組織、在該管縣市政府未成立前、得呈由該管州廳接管委員會辦理。俟該管縣市政府成立時、將經辦原案移歸辦理。以上各項、除公告暨分行外、特電知照。處長周一鶚戌民乙

七

行政長官公署強制要求台灣原有人民團體登記，並有予以解散之權利。（台灣省行政長官公署公報第一卷第二期）

概予解散。」

簡單來說，透過《台灣省人民團體組織暫行辦法》的公布，行政長官公署得以直接介入已經成立或籌備中的台灣人民團體，要求改組，甚至解散。其二，明確要求予以合法登記的「人民團體」必須成為國民黨政府推行政令的外圍組織。

實際上，在陳儀來台前，台灣在一九三〇年代初期遭到日本殖民者強力壓制的社會力（尤其是具有左傾、進步色彩之人士），就已經迫不及待地開始籌備成立、恢復組織，積極準備投入全新時局。

一九四五年九月二十日，舊台共領導人之一的謝雪紅在台中成立了「人民協會」籌備處，未久，十月五日「人民協會」正式組成，十一月十七日，「人民協會」台北支部隨之成立。而過去日本殖民時期「農民組合」重要幹部簡吉等人，亦積極投入籌備成立「農民協會」，十月二十日在台中正式成立「台灣農民協會」，並在各地循著當年「農組」原有之社會網絡設立分會，不到一個月的時間，會員人數已成長至上萬人。十月間，台北的進步學生組織也在中山堂成立「台灣學生聯盟」。

另外，根據舊台共重要幹部、二〇年代末至三〇年代初曾負責台共系統工人運動推展的蘇新，在其《憤怒的台灣》一書中，亦有提到一九四五年十月二十日，從前日本殖民時期的前工會會員與進步的工人，曾一度在台中討論組成「台灣總工會籌備會」，然而籌組的過程中同樣遭遇到《台灣省人民團體組織暫行辦法》的打擊，以致無法公開活動。不過蘇新隨後也提到，所幸這批人當時未暴露，進步的工人與工運領導者還能潛入後來國民黨所組織的工會及各工廠裡，繼續地下活動。[11]

除了蘇新提到的「台灣總工會籌備會」之外，相較之下，台灣的工人與工會正式組織起來的腳步，似乎確實略晚於其他性質的人民團體。一九四五年十月十日創辦發刊的《民報》上，所能夠找得到最早成立工會的報導，已經是一九四六年二月二十三日〈新竹組織市總工會〉的新聞了。

然而，就在陳儀的《台灣省人民團體組織暫行辦法》一公布後，根據《台灣新生報》一九四六年一月九日的報導，「人民協會」與「台灣農民協會」就已經依據該辦法而遭到解散。而「台灣學生聯盟」後續亦遭到解散之命運。[12]

在該辦法實施約莫十個月後，一九四六年九月九日《民報》一篇題為〈本省人民團體組織概況一班〉的報導中清楚地記錄：

> 政府為開展民運，扶植人民團體起見，爰依據中央法令並參照地方實情，制定本省人民團體組織暫行辦法……同時通飭各州廳接管委員會調查登記原有人民團體，並予以調整。自辦理以來，其全部情況約可劃分為三階段：一為調查登記時期，自接管始至本年二月中旬止，調查登記原有人民團體，為政治經濟研究會、學生聯盟等。二為改組整理時期，自接管後以迄各縣市政府正式成立兩個月內，改組各原有人民團體，為農會、教育會、各種同業公會等。三為指導組織各商工業職業團體時期，自本年春季始至八月中旬，各縣市商會正式成立止……截至九月初旬為止，計省級團體已成立者，有台灣省婦女會等四十單位，縣市級並體，據報合法成立手續完全案准予備案者有台北市土木建築工業同業公會等一百二十單位，連同備駁回者約一百九十單位。

從《民報》一九四六年九月的這篇報導來看，該辦法辦理十個月左右後，核准成立的人民團體數量約一百六十個單位（省級加上縣市級），然而，遭到駁回者竟高達了一百九十個單位。且單憑這篇報導，我們尚且無法確認，究竟有多少人民團體如前述的「人民協會」、「台灣農民協會」、「台灣學生聯盟」，直接在這段期間遭到解散的命運。

總而言之，在國民黨接收初期，《台灣省人民團體組織暫行辦法》的頒布與實施，讓國民黨政權可以以「調查、登記與調整」為藉口，對台灣各類人民團體發展進行介入、改組甚至解散，也為下一階段國民黨政權得以更進一步掌控人民團體（在此我們要關注的重點為工人與工會團體）提供了一個有利的環境。

國民黨對工會的控制與工人「自主力量」間的角力

二戰後，台灣的工人組織相較於其他類別的人民團體，重新組織的步調略微遲緩，不過，這並不代表光復初期的台灣社會沒有大大小小的勞資爭議事件，也不代表歷經一九三〇年代日本殖民政府強烈打壓後，台灣工人曾經擁有過的戰鬥性不復存在，這部分我們從本書所整理出的附錄一即可獲得說明。

因此，合理的推測，台灣戰後工會組織成立略緩的緣由，一方面也許是因為在日本殖民時期有過豐富政治、社會運動經驗的人士，初期都先選擇投入其他領域人民團體（或報刊、雜誌等）的組織工作上；相較之下，工會組織則缺乏有經驗的主事者投入，而讓進度顯得較為落後。二方面，由於許多在二戰末期遭到盟軍轟炸的大型工廠，不少尚待復原重建，而各產業也顯得百廢待舉，一時間可能也讓工會組織的推展困難度較高。

不過，也因為如此留下來的組織空白，國民黨政權也積極地介入、主導、成立工會，以便對台灣省工人與產業進行有效控制。然而，除了極少數如「台灣省郵務工會」的成立過程，有較多國民黨自中國大陸調派至台灣的外省籍郵工，因此有機會由外省籍人士主導工會組織成立外，其他由本省籍工人占絕大多數的職業、行業與產業中，國民黨即便希望盡速組成工會組織，很多時候還是得要借助過往曾在日本殖民時期有過組織工會經驗（多數來自民眾黨系統「工友總聯盟」）的幹部，或者是願意自發組織工會的台籍工人的積極投入，才能將各級工會（尤其是各縣市總工會）確實組織起來。

一九四七年二二八事件發生前，由於長官公署處理米價、物價攀升的政策失當導致民怨四起，國民黨來台的軍隊也屢屢重蹈過往在大陸時軍紀不佳、欺壓民眾的行為，國民黨接收官員更是將其在大陸的貪污腐敗、中飽私囊的行徑一併帶到台灣來，使得台灣社會對國民黨政權的民怨越來越高漲。

尤其在工作現場中，國民黨來台接收的人員，更是公然地對本省籍工人與外省籍工人實施差別待遇，或是由空降的方式安插人事。凡此種種，除了引發了許多工潮，也讓台灣工人渴望組織工會，團結爭取權益。在二二八前的一個多月中，我們可以從《民報》的報導中發現到，一口氣出現了印刷工人、機械工人、板金工人、水土工人、汽車司機、鐵器製造工人等，紛紛積極籌備成立工會。較早成立的印刷工會，則是透過動員大規模的會員大會，提出各種爭取工人權益的要求。雖然，我們在這些新成立工會的籌備過程當中，仍可以看到國民黨試圖介入主導的企圖，然而來自台灣工人「自主性」的力量（部分工會從組織籌備起則有來自地下黨檯面下的協助），同樣在整個過程中，形成一種彼此角力與互探底線的博弈。

二二八事件發生前夕的二月二十日，《民報》刊登了一篇〈工人運動在展開〉的社論。我們現在無法確認這一篇社論是由誰所撰寫，但引人注目的是，內文不但對僱傭勞動性質展現出了清楚的左翼（更準確地說是馬克思主義式）分析，文末更寄望台灣的工人運動能夠成為爭取民主的生力軍：

近代產業的工人階級，跟著近代資本主義經濟的生成而生成。他們本來是一切生產的創造原動力。因為在資本主義制度下，生產機關都被少數資本家所壟斷，所以他們只在出賣自己的勞動力而換取生活必須的工資。他們亦正是資本主義企業的唯一的利潤的泉源⋯⋯台灣的工人運動，在現階段又面臨一個重要的問題。即：他們除為當前的待遇改善問題而奮鬥之外，他們應該又是爭取民主的一支生力軍。一切的經濟鬥爭，都必然地發展到政治鬥爭。

然而，當時沒有人預想得到，就在這篇社論發表後的一個星期，二二八事件就爆發了。隨著此後的騷亂與動盪，以及國民黨從大陸調派軍隊後的大規模掃蕩、血腥鎮壓與後續的清鄉行動，看起來剛要展開的台灣工人運動，跟著一起受到重挫，即便二二八前成立的工會組織，也經歷了半年以上的靜默期，一時間皆未敢輕舉妄動。

然而，正因為二二八事件對台灣社會造成的壓制效果，國民黨原本希望在台灣擴大組建並控制工會組織的進度，也因而緩慢了下來。事實上，在二二八事件發生前，僅有「台南市總工

社論

工人運動在展開

本月九日，臺北市的印刷職業工會和土水職業工會成立。繼之，汽車司機業職業工會和木工職業工會也於十六日舉行成立大會。其他還有好幾個工會，也都在積極進行組織工作。我們可以予想：各種產業和職業的工友，都會在一致團結的口號之下，成立他們自己的團體，臺灣的工人運動，勢將展開熱烈的情況。

近代產業的工人階級，跟着近代資本主義經濟的生成而生成。他們本來是一切生產的創造原動力。因爲在資本主義制度下，生產機關都被少數資本家所壟斷，所以他們只在出賣自己的勞動力而換取生活必需的工資。他們亦正是資本主義企業的唯一利潤的泉源，所以在利益相反的立場上，便和資本家階級形成互相對立的陣營。因此而發生的近代工人階級的運動，由於初步的改善待遇的要求而出發，終於發展到整個社會組織的改革運動。

臺灣的工人運動在日本帝國主義統治時代，曾經有一頁光榮的歷史。那正是第一次世界大戰後，跟着日本資本主義的發達而展開的。而且因爲臺灣是受着異族帝國主義的壓迫，所以當時臺灣的工人運動，一出發便成爲反抗異族帝國主義的强力政治鬪爭。可是因爲受着日本法西斯不堪言狀的壓迫，至少在表面上是等於消滅了。光復對於工人階級又予與一個轉機，最近又因爲經濟恐慌的來襲，工人階級的生活面臨重大的危機。這種客觀條件，又是促進工人運動復興的因素。

工人運動，自然發生性目標，都在於待遇的改善問題。這自然和資本家的利害不能一致。因此便有人視工人運動如洪水猛獸。然而我們則由整個社會聯帶關係的立場，以爲工人階級的合理要求，是完全值得擁護的。所以對於工人的運動，誰都應該高瞻遠矚採取開明進步的方針。

再者臺灣的工人運動，在現階段又面臨一個重要的問題。即：他們除爲當前的待遇改善問題而奮鬪以外，他們應該又是爭取民主的一枝生力軍。一切的經濟鬪爭，都必然地發展到政治鬪爭。一致的民主，是全體人民當前的要求。這自然又應該是工人階級的要求。我們希望工人階級，應當充分認識自己的使命，健全自己的組織，忍耐步趨，發揮力量，一致團結而奮鬪！

《民報》刊出社論〈工人運動在展開〉。（《民報》1947.02.20）

會」與「新竹市總工會」完成籌備成立。為此，一九四七年四月已經從行政長官公署改組為台灣省政府的社會處，在當年代電各縣市政府的公文中，顯得有些焦急地要求：「**本省各縣市應速策動組織各業工會，並於八月底前依法組織各該縣市總工會。**」台灣省政府社會處的這份公文，多少發揮了一些效果。一九四七年七月至八月底，台中縣總工會、台北縣總工會、高雄市總工會、台中市總工會、桃園縣總工會與基隆市總工會相繼成立。

而二二八事件後，國民黨對工會組織的介入與控制，更展現在工會相關的正式會議上，國民黨、政、軍、警紛紛出席，「名為蒞臨指導、實為監控」。

本書根據一九四八年至一九五一年《台灣民聲日報》，將國民黨黨政軍警出席各工會會議的概況整理成「附錄二」。我們發現幾乎每一次的工會會議，「黨務人員」與「軍警」至少其一都會派員出席「指導」。而在一些推測較敏感或被國民黨視為需要嚴加看管的工會或區域，出席的黨政軍警更是多到離譜。舉例來說，已經進入白色恐怖逮捕高峰期的一九五一年一月，區一個基隆市總工會會員代表大會，不知是否因為前年地下黨「基隆中學案」與《光明報》的大舉破獲，竟然大舉派出了內政部社會處、要塞司令、海軍軍區司令、憲兵隊、戒嚴司令部與國民黨市黨部代表等人出席。

一九四七年身為基隆鐵器工會主要幹部、後受基隆中學案牽連而遭判刑十年的阮紅嬰，就生動地描述了當年警備總部要求派員參加工會會議就近監視，以及工人幹部反制的因應之道：

鐵器工會成立後，國民黨基隆市黨部有派員來要工會的幹部加入國民黨，但是被我們回

絕了。後來，警備總部就要求鐵器工會若要召開會議要事先獲得警總的同意，同時開會時警總也會派員參加就近監視。因此，鐵器工會的常務理事會通常沒有真正討論任何議題，大家只能泡泡茶聊天。常務理事之間若是真有要事商量，往往就去社寮島的要塞司令部對面一個過去日本礦業倉庫旁的海邊，利用釣魚的時間商談事情。

對於國民黨而言，要抑制、弱化或控制工人自主組織力量的方式，還包括了阻止工會同一產業跨場廠、或者跨職種之間的擴大串連與團結。舉例來說，在「台北司機工會案」中被地下黨派至工會擔任會計的張金爵[13]，在過去的訪談中就曾提到，後來成為台北市司機工會理事、同時也是地下黨人的潘溪圳，本來是打算向社會課申請成立「司機產業工會」，把司機、車掌、技工都納入到工會之中，擴大團結層面，然而，卻遭到社會課的反對，僅同意核准「司機工會」，只能單獨招收司機為會員。[14]

另外，在二二八事件爆發之前，我們從《民報》一九四七年二月十日的報導中發現曾經一度籌組的「機械員工工會」，二月九日在蓬萊國民學校舉行籌備會，出席的各工廠代表竟然高達五百多人，主導籌備者包括了楊添杏。而楊添杏正是一九二七年文化協會由連溫卿、王敏川等左派取得領導權，轉以「組織工農」為目標後，文協幹部與全島機械工會代表在隔年成立的「台灣機械工會聯合會」的常務委員，是名極有經驗的左翼工運組織領導者。然而，我們卻從這則報導之後，再也遍尋不著「機械員工工會」的任何相關訊息。合理的推測，或許由於主導工會的楊添杏鮮明的左傾歷史與立場，加上不久後馬上發生二二八事件，讓國民黨不允許如此具有明確左傾色彩的工會成立，而在籌備期就胎死腹中。

而即便是已經跨場廠串連成的工會如「基隆鐵器工會」，到了白色恐怖時期，國民黨以涉入基隆中學案為由逮捕了四名工會主要幹部後，當我們再查詢相關新聞與歷史檔案時，也找不到任何「基隆鐵器工會」的相關訊息了。反倒是在一九五三年三月八日的《台灣民聲日報》中，出現了〈基造船工會會員代表會〉一則新聞，該工會名稱為「基隆市造船業產業工會」。我們合理推論，原本由三家不同工廠工人所組織成立的「基隆鐵器工會」，後續恐怕已經被國民黨分拆、重新改組，而以單一企業、場廠「基隆造船公司」為範圍重新組織「基隆市造船業產業工會」，以達瓦解工人之間跨場廠的團結與串連。

另外值得一提的是，國民黨自接收日本殖民時期所遺留下來的產業後，就延續在中國大陸的做法，在工礦廠區編制武裝的工礦警察，美其名為保護工廠與工人安危，實則有嚇阻並控制工人的效果。我們可以從一九四六年基隆造船廠與高雄造船廠罷工的行動中發現，一開始工礦警察都是先試圖以武力槍械阻止工人罷工，最後則是在罷工人數占絕對優勢的情況下遭到了「繳械」。由此可以推斷，二二八發生前，在各工礦廠設置工礦警察的情形就已經相當普遍了。而針對這一點，其實爆發二二八事件後，也曾經被民間「二二八事件處理委員會」列入三十二條處理大綱中的第五條：「鐵道工礦等警察即刻廢止。」

對少數工會頭人提供政治機會以換取忠誠

國民黨對工會組織的介入與控制手段，除了上述提到的透過《人民團體組織暫行辦法》以及「黨、政、軍、警」進入工會會議進行監管以外，還有另一套針對工會領導人（頭人）的籠絡機制。

檢視台灣戰後初期各縣市總工會與台灣省總工會之理事長的「仕途」，可以發現，國民黨自一開始就透過一方面控制、另一方面提供工會領導人（頭人）在政治機會上往上爬升的兩面手法，來換取總工會頭人對國民黨的忠誠。不少縣市總工會的理事長，都順利地成為地方縣市議會的議員、甚至一路爬升至副議長、省議員、甚至中央級的國大代表。

舉例來說，一九四六年擔任新竹縣總工會第一任理事長的康何孔，之後出任新竹市參議會議員。一九四七年擔任基隆市總工會第一任理事長的簡林朝波，後當選基隆市議員。一九四八年擔任台北市總工會第一屆理事長的顏艮昌，一九五〇年遞補為國大代表；工會改選陳隆發為理事長，陳之後亦當選台北市第一屆市議員。一九五〇年擔任宜蘭縣總工會第一任理事長的陳銀生，之後任宜蘭縣議員、副議長。一九五一年擔任屏東縣總工會第一任理事長的葉阿生，後當選屏東縣議員。一九五一年出任南投縣總工會第一任理事長的林瑞濱，後曾任縣議員、副議長。一九五一年任台中縣總工會理事長的陳新發，之後當選台中縣議員、省議員，等等。

而即便是一九二〇年代末期民眾黨與台灣工友總聯盟最資深、最具豐富工運戰鬥經驗的幹部陳天順，也選擇持續與國民黨合作（初期或許是改良主義性格，後期則多少帶著恐懼），而使得他在「台灣省總工會理事長」的職務上，成為國民黨的工會體系中台籍領導幹部的樣板。而國民黨也因此提拔他，擔任層級更高的國大代表。然而，陳天順也因此犧牲了其對工會組織與發展的自主權與領導權，而需要適時配合代表黨國出席下級工會會議，宣傳黨國指令，讓省總工會淪為黨國推動「反共肅奸」等政策的黨外圍組織。

當然，持平而論，我們還是可以留意到前民眾黨工運大將出身的陳天順與其所領導的台灣省總工會，在本省籍工人之間，還是具有一定程度的基層組織基礎與實力，即便是進入白色恐怖時期，仍可發現其試圖順應當下情勢，以期撐出一點點空間來推進台灣工人與工會組織。舉例來說，省總工會在一九五一年的五一勞動節創立了《工人報》作為其機關報。

在一九五三年十一月二十一日的《工人報》出現了這麼一篇社論〈六和紡織廠摧殘工運事件〉，全篇內容是在聲援位於桃園中壢的六和紡織廠多名員工，為了籌組工會而紛紛遭到資方解雇。只不過，聲援的調性已經跟著當時時代氛圍而進行「調整」，例如文中提到「台灣各公私營廠礦的工人，近來紛起籌組產業工會……這是台灣工運史上劃時代的一頁，也是反攻復國的準備接近完成階段的重要表現。」「……產業工會，是在工人政府輔導的互相配合之下籌組的……但更重要的前提，毋寧是欲藉工人有組織的力量，來發展生產事業，加速完成反共抗俄的總動員運動。」最後結論再云「我們無論如何要在反攻復國聲中，把產業工會全面組織起來，為中華民國的工運奠立丕基。」簡單來說，《工人報》社論的立場，大體是順著當時國民黨要求工會組織起來「增產報國」、「反攻大陸」的主旋律下，以打擦邊球的方式盡可能聲援工人自主地組織工會。

工會運動中的國民黨特務網絡布建

除了我們前面提到，國民黨政權對人民團體和工會組織的控制，以及對頭人的政治籠絡外，另一項試圖監控工會組織、社會團體乃至於台灣社會各層面的模式，就是透過特務系統（保密局等）在台灣監控網絡的建立，在各地廣泛地吸收線民布建眼線，以「肅奸」、「反共」等名義進行情資的蒐集與回報。

依據陳翠蓮在《重構二二八》中的調查：

軍統特務在台灣如何展開情報網絡的部署？在戰後初期被吸收為線民的許德輝，在其〈台灣二二八事件反間工作報告書〉中有以下陳述：

「光復後返台，任警備總司令部調查室肅奸執行隊長時，即吸收（線民）……等三十名以為隊員。後肅奸執行隊撤銷，職轉任台北市警察局偵緝隊長時，又整批調往工作。卅五（一九四六）年秋，職離偵緝隊後，又以該等為主幹，組織互正公司……始終隨職工作，心志投合，○○控制。而林秉足等台北各角頭○○素抱剛毅正直，甚得民心，力足呼召群眾。」[15]

書中確認，許德輝是台灣有名的流氓頭子，戰後初期曾組織隊伍，協助國民政府「接收」，他後來進入警備總司令部調查室工作。而許德輝上述所提到的林秉足，則是歸綏街舊市場一帶出名的角頭，在私娼寮收保護費，戰後擔任保密局台北站站長毛簡的手下，提供地方情報。

而曾參與保密局台灣站組織工作的陳愷的回憶，更進一步證實戰後國民黨接收台灣時前來的特務機關，吸收流氓角頭為線民，負責監視台灣社會一舉一動。

民國三十五（一九四六）年四月間奉命來台協助籌組台灣站，同年七月成立，站長為林頂立、書記由原閩南站毛簡同志接充，本人負責人事布建與聯絡工作……對當時工作之推展，咸認首應建立社會基礎，尤以中下層為然。由本站許德輝同事運用其既有社會關係，於事變前在各地積極秘密吸收如經營酒家、舞廳、茶室等特種營業之從業人員為我所用，並指導進行連鎖發展。[16]

關於國民黨的特務系統以及其所吸收台籍角頭流氓協助接收與監視社會的案例，在戰後工人或工會組織中，有兩個極為鮮明的例證。其一，在基隆造船廠工作的阮紅嬰，曾回憶一九四五年底國民黨派員來造船廠接收時的情況：

大約是一九四五年年底，他們來接收的第一天，在造船廠空地上舉行升旗典禮，來賓包括基隆市政府的官員，並且還安排了一位來自艋舺的台灣人士主持儀式。這位艋舺人士在講話中強調：「工人只能乖乖服從，沒有別的路可走，我們今天來接收，你們只有服從命令，沒有第二條路。」他最後還說若不相信，可以到大稻埕探聽看看。這些話讓人聽了之後，非常不滿。因為，話裡頭充滿威脅……[17]

而在我們訪談阮紅嬰時，也特別再次確認了這一段歷史，阮紅嬰也再一次強調：

接收大會上，除了政府官員代表外，還請了一個本省籍自稱是艋舺人的人擔任主持人，那個人看起來就是一副角頭、流氓的樣子，他在接收大會的主持講話中，恐嚇員工要乖乖服從接收的命令，引起了造船廠工人的普遍不滿。

阮紅嬰所描述基隆造船廠接收的過程，恰恰吻合了上述陳翠蓮書中所提到國民黨特務系統透過吸收台灣流氓、角頭，試圖以恐嚇、威脅的方式，來協助其順利「接收」。儘管這個「以台制台」的策略，在剽悍的造船廠工人之間收到了反效果。

另一個案例，則是從近期保密局流出民間的一批秘密檔案（後由中研院台灣史研究所購入），與郵電案受難者許金玉過往的口訪內容比對發現，國民黨的特務系統保密局台灣站，戰後早早就已經在郵電管理局當中，布建了線民系統，隨時偵搜局內員工各項情報並回報。

在許金玉過往每一次的訪談中，幾乎都會提到她在一九四七年決定出來參選工會幹部的時候，另一位要競選連任的理事[18]本省籍同事李阿祿，表現出一副十足官僚作風，而且非常瞧不起女性的樣子：

有一天，他看到幾個女同事擬了一份女性員工的名單，在那裡討論究竟要選哪些人當理監事，才可以替女性員工多出點力。李阿祿剛好從她們身邊經過，一看這情形，不由分說就把她們的名單搶過去撕掉。李阿祿是局裡頭台灣人的一股惡勢力。那些女同事雖然心中氣憤，卻也只能敢怒而不敢言。[19]

隔天，這些女同事憤恨地去找工會的國語補習班老師計梅真商量，希望可以制裁李阿祿這種不尊重女性的惡風，計梅真於是找了許金玉在代表大會上把李阿祿的惡行公布出來，許金玉聯合了一位國語還算流利的本省籍代表，與其一同在代表大會上以國語、台語輪流發言，揭露李阿祿的作為。最後，李阿祿不但在大會上受到多數代表譴責，同時在理監事選舉上也落選了。

而這一位被許金玉形容為郵局裡台灣人的一股惡勢力，恰恰在保密局流至民間的秘密檔案中，證實了其身分是保密局台灣站布置在局內的線民。我們根據中研院台灣史研究所所收錄（目前僅能在所內查詢抄錄，尚未公開）的檔案（案號：T0653_B_07_0006）發現，雖然這些與郵局相關回報保密局台灣站檔案的年份未有標示，但時間點上確實就是落在一九四六年至一九五〇年。以下三份代電保密局台灣站的情資回報，情資提供者均為李阿祿：

（有關）郵電管理局報務科郵電員張彩霑

代電

（火急）李懷祖先生鈞鑒，查據李阿祿同志報稱：於本月十日下午十時許有郵電管理局報務科郵電員張彩霑（現年二十三歲，前新竹郵局通信股長）潛入台北電信局通信科，竊用電報機，用日文電碼，向新竹、台中、高雄各郵電局發出反對陳郵電管理局長及煽惑本省籍郵電員工之秘密電報，後欲在向其他之郵電局發出時被當夜值機員尤万囲發現，當即被其阻止並將該原稿燒棄，該張彩霑素與陸象賢所掌握之主要人物劉錦芳（請參照戌巧七十號代電）頗有聯絡，渠此次之舉必與劉錦芳有關等語，除飭李同志續查外理合抄同該電報原文及譯文附電報聞。

職黃漢夫叩子馬一〇五號

【電報譯文】

各郵電，前日獲知陳管理局長目前欲實行之秘密計畫，茲揭發如下以公告本省籍服務員

「（一）施行本省籍服務員之改試以裁去三分之一人員。（二）排除一切本省主管人員（局長、課長、工務主任等）」等情。查我親愛七千同志應由台灣過去之經驗來看今日之現狀及參照內外情勢，於短期間內一致團結對目前被迫之政府野望與壓迫，應先發制人於事之未始加以粉碎，以「無條件歸班」早期實現為目標，以不斷要求與鬭爭期達此目的而後已。故目前危機抵抗之計唯有團結，如徒持無力，郵務工會終必有二千名同志失業，歸班問題終必亦成泡影，希即速速傳達各聯絡員，不論男女應全奮起開始一切行動並保守秘密，並不宜留有證據文件本見覽後即請焚去。

◆

李懷祖先生鈞鑒，子馬一〇五號代電計達經續飭李阿祿同志查稱，查郵電管理局本省員工發生動搖，傳發電報案經查期發端原因係新竹、台中方面遍傳裁員消息之故，茲查得其動態如下：（一）本月十日下午十時張彩霑竊用電報機傳發電報時曾被尤万囲阻止（請參閱代電子馬一〇五號）。但嗣後該尤万囲（前新竹局通信課長，現台北電信局通信員）亦被煽惑，於本月十八日上午十時在該電信局續再發出同樣電報，該尤万囲與新竹電信局電信課長黃炎堃（二二八事變前曾以油印機印發「天之聲」月刊送與該局員工傳閱至二二八後即收回焚去）頗有親密。（二）本月八日晚，台北電信局電信試驗室職員楊新知（三十歲前後）率同處二名至該試驗室利用公用電話以日語電話符號向新竹局發出前張、尤兩人傳發之電文並轉電湖口郵局聯絡，行動甚為詭密。（三）一月二十二日中午，台北郵電管理局保管股倉庫有發現本市開南商業職業學校（原商工學校），即商工專修學校畢業之該局職員約二十名開秘密會議，拒絕外人參加並決定本日下午五時半假本市端成町郵局樓上續開（該局長係奸偽陸象賢之爪牙李○○）等情謹續報聞。

職黃漢夫叩子迴一○六號

◆

代電

李懷祖先生鈞鑒：子迴一○六號代電計達據李阿祿同志續報稱：一月二十四日於本市御成町郵局樓上召開之開南商業、工業兩校出身郵管局員工秘密會議內容：（一）主持人洪財寶（二）討論事項：（A）決議組織校友會（B）通過校友會章程草案（C）選舉會長、副會長、幹事等情理合抄該會章程、名簿即幹部名單各一份，送成察查為禱。

職黃漢夫叩子謙一○八號

台灣郵電管理局開南商業、工業學校校友會幹部名單

會長洪財寶

副會長陳春錄

幹事吳慶安、張富、黃玉成、曾清萬、江清泉、紀成家、李振貴

戒嚴令的頒布與對工人爭議權全面剝奪

隨著一九四八到一九四九年初，國民黨在中國大陸國共內戰的三大戰役——遼瀋會戰、徐蚌會戰與平津會戰的節節敗退，共軍順利攻下北平、天津等重要城市及華北平原。中國大陸社會

上、甚至包括國民黨內部，要求蔣介石下野負責以利和談的聲音越來越大。一九四九年一月二十一日，蔣介石終於正式宣布隱退，由副總統李宗仁代行其職，不過國民黨中央則在二十四日發出《特別緊急宣傳通報》：「總裁雖暫不行使總統職權，但仍以總裁地位領導本黨。」

同一時間，蔣介石國民黨政權也開始積極部署日後可能撤退台灣的相關事宜。一九四八年十二月十九日，國民黨中央委員會決議任命蔣經國為台灣省黨部主委。一九四九年初，台灣全省警備總司令部改為「台灣省警備總司令部」，由陳誠任總司令，彭孟緝則為副總司令。

而在一九四九年四月八日的《台灣新生報》上，則是出現了以下報導：

台灣省警備總司令部政工處處長童平山召集各業工會舉行座談，要求安定反罷工反騷亂。「提出四個口號：反罷工、反怠工、反分裂、反騷亂。」

一九四九年五月十九日，台灣省政府、台灣省警備總司令部共同公告台灣省戒嚴令，第一條：「本部為確保本省治安秩序，特自五月二十日零時起，宣告全省戒嚴」，第四條則明確規範：「戒嚴期間，意圖擾亂治安，有左列行為之一者，依法處死刑。」所謂左列行為第五項為「罷工罷市擾亂秩序者」，第六項包括「鼓動學潮」。

一九四九年五月二十四日，《懲治叛亂條例》經由立法院三讀通過，全文共十三條，六月二十一日代總統李宗仁公布實施。其中第二條規定：「犯刑法第一百條第一項、第一百零一條第一項、第一百零三條第一項、第一百零四條第一項之罪者，處死刑。刑法第一百零三條第一項、第一百零四條第一項之未遂犯罰之。預備或陰謀犯第一項之罪者，處十年以上有期徒

今晨零時起宣佈戒嚴
全省劃為五戒嚴區
計臺北市，北部，中南部，東部，澎湖五區，各區司令已發表。
當局發表談話盼軍民緊密合作

《台灣新生報》刊載台灣省宣布戒嚴的報導。（《台灣新生報》1949.05.20）

刑。」

《懲治叛亂條例》是內亂外患罪的特別刑法，其中最常被使用的是第二條第一項，專科死刑，亦是白色恐怖時期俗稱的「二條一」；本是無期徒刑的都成了唯一死刑，刑法中的預備犯或陰謀犯刑期也都延長至十年以上有期徒刑。《懲治叛亂條例》是國民黨政府針對共產黨「叛亂」特殊狀況所制定，大大擴充了解釋犯罪的構成要件。

《懲治叛亂條例》第十條規定：「犯本條例之罪者……在戒嚴區域犯之者，不論身分概由軍事機關審判之。」第四條「助叛及圖利叛徒罪」規範「有左列行為之一者處死刑、無期徒刑或十年以上有期徒刑」；左列行為中的第十項則為「受叛徒之指使或圖利叛徒而煽動罷工、罷課、罷市或擾亂治安、擾亂金融者。」

一九四九年六月，台灣省政府進一步公告了《戒嚴期間防止非法集會結社遊行請願罷課罷工罷市罷業等規定實施辦法》。辦法中的第五條規範：「各社團或學校學生不得有集體向政府請願」；第七條：「各工廠工人不得罷工」。

換句話說，隨著一九四九年《台灣省戒嚴令》的公告，以及《懲治叛亂條例》、《戒嚴期間防止非法集會結社遊行請願罷課罷工罷市罷業實施辦法》等法的施行，台灣工人與工會的爭議權在「法令上」可以說已經完全遭到剝奪了，無論是罷工或集體請願，在戒嚴體制下隨時都可能觸法甚至面臨嚴重的刑責處置。

臺灣省戒嚴期間防止非法集會結社遊行請願罷課罷工罷市罷業等規定實施辦法

一 本辦法根據本省戒嚴令第三條第五項第四條及戒嚴規定事項訂定之。

二 本辦法由臺灣省警備總司令部督導各戒嚴司令指導當地縣市政府由軍憲警會同各有關機關執行。

三 凡經政府核准之各社團非經許可並派員指導者，一律禁止集會（省各地參議會不在此限）。

四 凡未經政府許可之各社團，均爲非法團體，一律禁止。

五 凡各社團或學校學生不得有集體向政府請願，如有向政府請求或申述意見時，得派代表三人以下向當地主管機關呈請申述，主管機關不能解決時，應候主管機關向其上級機關呈請核辦，不得越級請願。

六 各地學校學生不得有罷課遊行或其他擾亂公安情事。

七 各工廠工人不得罷工，商人及店員不得罷業或遊行及其他擾亂公安情事。

八 凡各機關團體學校學生工商人等如不遵守上三、四、五、六、七項規定，致妨害公共秩序，阻礙交通，妨礙公務，毀損公私財物，傷害他人身體者，各當地戒嚴司令或憲警得採取緊急處置作有效制止，強迫解散，恢復原狀，其爲首或主使人員與行動人員均予拘捕，依戒嚴規定懲處。

九 各地如發現集會結社請願遊行罷課罷工罷市罷業等行動，各當地戒嚴司令應即將經過情形及處理詳情呈報臺灣省警備總司令部核備。

十 本辦法自宣佈戒嚴之日起施行。

《戒嚴期間防止非法集會結社遊行請願罷課罷工罷市罷業等規定實施辦法》。（台灣省政府公報夏字第六十七期）

五〇年代白色恐怖後工會功能與性質的質變

國民黨政府於一九五〇年五月二十三日制定，六月十三日由已「復行視事」的蔣介石公布實施的《戡亂時期檢肅匪諜條例》，條例中毫不避諱而露骨地要求，應將人民團體（包括工會）全面組織編制為情報網，以利進行「全民情報工作」：

第五條　各機關、部隊、學校、工廠或其他團體所有人員，應取具兩人以上之連保切結，如有發現匪諜潛伏，連保人與該管直屬主管人員應受嚴厲處分。

國民黨運用《戡亂時期檢肅匪諜條例》，再搭配戒嚴體制各項對工人運動與工會組織爭議權在法治面上的全面扼殺，台灣的工會組織於是自一九五〇年起，在功能與性質上有了進一步的質變。一個明顯的案例是，台灣省郵務工會的代表在一年前，才發起要求無條件歸班的運動，超過上千人遊行到台灣省政府陳情，但在此後，郵務工會也有了轉變。

在一九五一年一月三十日《台灣民聲日報》的報導〈台北郵務工會二屆會員大會〉中，會議由已經高升台灣省交通處處長並身兼工會理事長的侯崇修主持，而出席會議的「台灣省保安司令部政治部主任」林錫鈞則是清楚地對工會代表告誡：**「要求每個會員在這個反共抗俄的時代**

需要精誠團結，不要對待遇有所計較，應由大處著眼，如何發動克難運動克服現實給予人們的困難。」

一九五一年十月十六日的《台灣民聲日報》，更是出現了題為〈檢肅匪諜運動郵務工會書告郵工〉的報導，呼籲「**匪諜趕快去自首，重新做人！**」。另一篇一九五二年同樣出自《台灣民聲日報》的報導標題則是〈反共漫畫圖片在嘉義展出〉，該活動就是由省郵務工會所主辦的「反共抗俄漫畫圖片展」，展出數百幅漫畫，「對匪共暴行等殘酷行為，描摩盡致」。

而另一個曾在一九四九年三月間發動怠工爭取權益的台北司機工會，隨著下半年當中地下黨人員的逃亡，工會面臨了重新改組。另一方面，國民黨政權企圖組織各地司機員，並明白宣告目的是為了「組訓司機配合車輛動員」。一九五〇年十一月十七日，台灣省社會處代電各縣市政府、陽明山管理局、台灣省總工會、各縣市總工會，主旨要求：「**為加強汽車司機人員組訓配合車輛動員希即策動該業人員限期組織工會並強其組織。**」文末並要求限期於年底前策動該業人員依法組成工會。

簡單來說，一九五〇年下半年後的台灣工人運動與工會組織，因為受制於戒嚴體制等「法制」與《戡亂時期檢肅匪諜條例》的緊箍咒，加上原先潛伏工人組織的地下黨員因為「基隆中學案」與《光明報》被國民黨破獲而紛紛撤離展開逃亡生活，急速喪失了曾經一度擁有的自主性、激進性與戰鬥性。更可悲的是，甚且進一步被整合進國民黨與蔣介石政權「檢肅匪諜」、「反共復國」、「增產動員」的目標中，淪為黨國附屬的外圍組織。

檢肅匪諜運動

郵務工會書告郵工

【中央社臺北十五日電】臺灣郵務工會為勸導匪諜自首，頃發表告臺灣郵工書。茲錄如次：

親愛的會員們：

由于最近政府頒佈匪諜自首及獎勵人民檢舉匪諜辦法，與已往自首匪諜達八百餘人之成效與保障，政府對願改前非之共匪與匪諜及誤入歧途之附匪份子，仍持寬大仁懷，誠心感召，予以自新之路。此與目前匪幫企圖統治大陸，排除異己厲行屠殺政策，仁慈與殘暴適成對比，望德而歸斯其時矣。

回顧年前我郵工陣容中有會員朱世與、許金玉等廿餘人因欠缺理智，惑于情感，誤受匪徒利用，加入匪偽組織，甘從附和，企圖顛覆政府，天網恢恢，疏而不漏，終予案發，遭受國法制裁，從茲事業前途俱告斷送，咎由自取，罪有應得，且影響本會會務至深且鉅，思之令人痛心切齒。

本會為郵工之家，對郵工之工作與生活負有謀改善之責任，對郵工之思想與言行，亦負有規勸之義務，執行政府決策，矢勤矢忠，愛護郵工前程，惟篤惟誠，第三屆會員代表大會宣誓以：（一）矢志忠貞，擁護反共抗俄國策（二）提高警覺，肅清潛伏匪諜。（三）精誠團結，發展郵政業務，以謀改善郵工福利……等為本屆今後工運方針，是本會對肅清匪諜工作早具決心，斷不容許不顧國家民族利益的份子滲入為匪工作。

匪諜趕快去自首

重新做人！

本會決負責保障其工作

試觀三年來的考驗，大陸匪幫執行暴政有加無已，已往虛偽宣傳早被揭穿，民情鼎沸，旦夕垂危，臺灣政治修明，民生康樂，力量充沛，反攻在即，勝利可期，二相比較，自由與恐怖，光明與黑暗界限鮮明，成敗利鈍已成定論，尤以臺灣為反共堅強前哨，民主自由堡壘，社會安定，戶籍認真，絕非匪諜藏匿之所，全部肅清，僅屬時間問題而已。苟我郵工陣營中，仍有匪諜或附匪份子，倖存，明知難逃國法，惶惶不可終日，何不趁今日政府大開自新之門，趕快革心洗面，勇于自首，苦海無邊，回頭是岸，立志重新做人。本會並當遵從政府注意負責保障其工作，否則如執迷不悟，甚至甘心為匪利用者，本會會員應本愛護國家之天職，提高警覺，發現匪諜即予檢舉，以完成肅諜運動，反攻大業實有賴之。

《台灣民聲日報》刊出〈檢肅匪諜運動 郵務工會書告郵工〉報導。（《台灣民聲日報》1951.10.16）

反共漫畫圖片

在嘉義展出

【本報嘉義訊】省郵務工會主辦之「反共抗俄漫畫圖片」，業由臺北運抵此間，於本（六）月十二日起至十六日止每日上午八時至下午六時假本縣郵局二樓隆重展出，按是項漫畫圖片展出計有數百餘幅，其中內容如對匪共暴行等殘酷行為，描摹盡致，令人頗有望而憤恨之感，日來前往參觀者絡繹於途。

切關係」之議事組長汪打游擊，自稱是「就地

△議會是像民主課程目，也可以說是最精彩議開始質問民政社會部得最早，交頭接耳聚議

△議員們摩拳擦掌，

〈反共漫畫圖片在嘉義展出〉報導。（《台灣民聲日報》1952.06.14）

第三章

「郵電案」始末與地下黨

追思紀念，不僅是懷念老師，更重要的是，要把兩位老師在台灣領導工運的史實供諸於社會，讓社會知道他們在台灣為工會爭取利益的歷史。

——許金玉，《魂繫台北——紀念台灣郵電工人運動先驅》

官方檔案說詞：台灣省工委郵電總支部案

【判決主文】

計梅真、錢靜芝共同意圖以非法之方法顛覆政府而著手實行，各處死刑，各褫奪公權終身。

李振貴、曾清萬、王文清、許金玉、高秀玉、劉建修、張欽傑參加叛亂之組織，各處有期徒刑十五年，各褫奪公權十年。

鄭逢春、宋世興、李熒台、黃宏基、鍾阿稅、高木榮、林發、陳再厚參加叛亂之組織，各處有期徒刑十年，各褫奪公權五年。

李慶、廖福隆、李金火、陳玉籐、林金進、鄭天福、周淑貞、徐彩雲、林坦、蘇光輝、張戊已、洪景麟、林烟飛、李國容、郭承東、陳得銅、葉萬吉參加叛亂之組織，各處有期徒刑七年，各褫奪公權五年。

【事實】

被告計梅真二十七年七月間，任職上海大慈難民收容所，由同事張慧珠介紹加入共匪為支部組員，嗣擔任宣傳幹事書記等偽職，先後吸收黨員即被告錢靜芝等八人加入組織，負責教育該所設班之中年婦女，領導錢靜芝等在基督教女青年會創辦之勞工夜校，主持女工各種課外活動等工作。該錢靜芝於二十八年春參加匪黨，後未幾奉派入滬西豐田紗廠充管理工人，從中活動，旋入基督教女青年會之勞工夜校負責教育女工及群眾工作，並領導滬西公大三廠、四廠及富中染織廠等處小組，曾吸收同事尹梅仙、高桂珍兩人入黨。迨三十五年九月間，該計梅真、錢靜芝奉命聯袂來台投充台灣郵務工會國語補習班教員。十月間與上海共匪派來之章天鳴聯絡，三十六年夏即由奸匪台灣工作委員會負責人蔡孝乾（化名老鄭）領導成立支部，乘機在該班組織同學會和姊妹會（又名親睦會）討論青年、國際及婦女等問題，灌輸左傾思想，並組課外之登山、唱歌、游泳、出版刊物及各種群眾之公開外圍活動，從事吸收同志利用幹部潛伏於郵電部門之勢力，協助群眾要求改班、借薪及提高待遇之各種運動，並鼓勵幹部競選工會理事，冀為活動之掩護及爭取幹部及群眾之好感以廣收黨徒擴大支部小組組織。先後由計梅真吸收被告李振貴、曾清萬、王文清、劉建修、張欽傑、鄭逢春及由錢靜芝介紹所吸收之被告宋世興、許金玉、高秀玉，並該李振貴等分別吸收之李萬順、邱恩敬及被告林金進、鄭天福、陳玉籐、廖福隆、李慶、鍾阿稅、李熒台、黃宏基、高木榮、周淑貞、徐彩雲、林坦以及李萬順輾轉介紹之被告陳再厚、林發、李國容、林烟飛、郭承東、張戊已、洪景麟、蘇光輝、李金火、陳得銅、葉萬吉等相繼加入組織，經常集合小組討論。該計梅真並於卅七年夏應蔡孝乾之召，前往香港參加奸黨會議，復編印《支部組織》及《怎樣做個共產黨員》等書，暨蒐集各種反動刊物，分發各幹部輪流研讀學習。事經國防部保密局偵悉破案，並拘獲關係犯即計梅真之夫曾國榕一併移解到部審辦。

【理由】

被告計梅真、錢靜芝於二十七年秋及二十八年春先後加入匪黨，曾在上海活動多年，復於三十五年來台，受奸匪台灣工作委員會負責人蔡孝乾領導，利用執教本省郵務工會國語補習班機會，以教師地位對其學徒灌輸左傾思想，盡量吸收黨員潛伏郵電部門，遍設小組領導各種外圍團體活動擴大組織，及該計梅真赴港參加奸匪會議，編發反動書刊等事實，業據該被告等互相供證不諱，並有被教育勸誘入黨之李振貴等一致供述無異。該被告等均係共匪老黨員，又為支部主腦，潛伏郵電部門，吸引多量黨徒發展大規模組織，冀為種種不法活動，是其共同意圖以非法之方法顛覆政府而著手實行，犯行確鑿，罪無可逭，亟應處以極刑以昭炯戒。被告李振貴、曾清萬、王文清、劉建修、張欽傑、許金玉、高秀玉、均於參加計梅真等所組織之郵電部門支部為小組黨員外，並不遺餘力分別介紹或吸收同志加入組織之事實，均各據自認及互證不諱，罪證明確，然渠等素受日治時代奴化教育，對於政治認識膚淺，易於被人誘惑，尚不能積極證明有顛覆政府之意圖，僅能使負參加叛亂之組織罪責予以論科。被告鄭逢春、宋世興於加入匪黨後固無甚工作表現，然係計梅真直接吸收領導，負有參加競選工會理事、團結群眾吸收同志等使命，及被告李熒台、黃宏基、鍾阿稅、高木榮、林發、陳再厚於自己參與奸匪組織外並介紹他人入黨，均據互相證述無訛，亦應科以參加叛亂之組織罪刑，然情節較次，予以最低刑處。被告李慶、廖福隆、李金火、陳玉籐、林金進、鄭天福、周淑貞、徐彩雲、林坦、蘇光輝、張戊巳、洪景麟、林烟飛、李國容、郭承東、陳得銅、葉萬吉均供認受人勸誘參加匪黨，互證不諱，但尚無工作活動表現，亦僅能使負參加叛亂之組織罪責，犯情輕微均予減輕議處。

判決日期：中華民國三十九年八月三十一日

台灣省保安司令部軍法處合議庭

審判長邵彬如、審判官周咸慶、審判官殷敬文

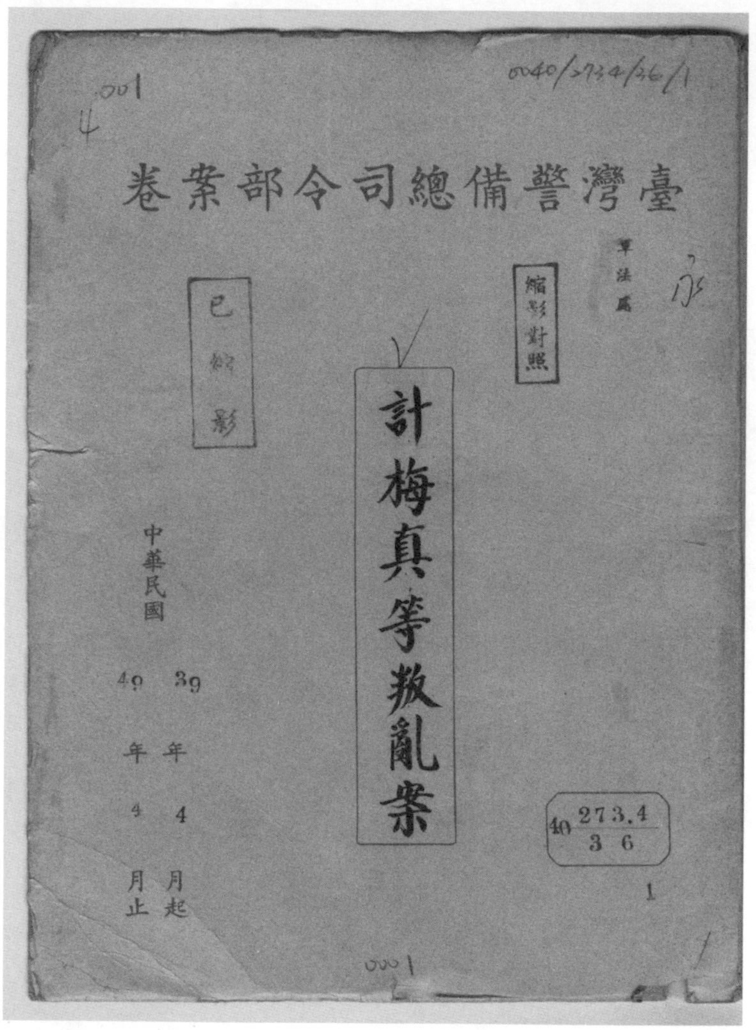

臺灣警備總司令部案卷

軍法處

縮影對照

已縮影

計梅真等叛亂案

中華民國 39年4月起 40年4月止

40 273.4 / 36

1

「台灣省工委會郵電總支部計梅真等人案」卷宗。（國家發展委員會檔案管理局典藏）

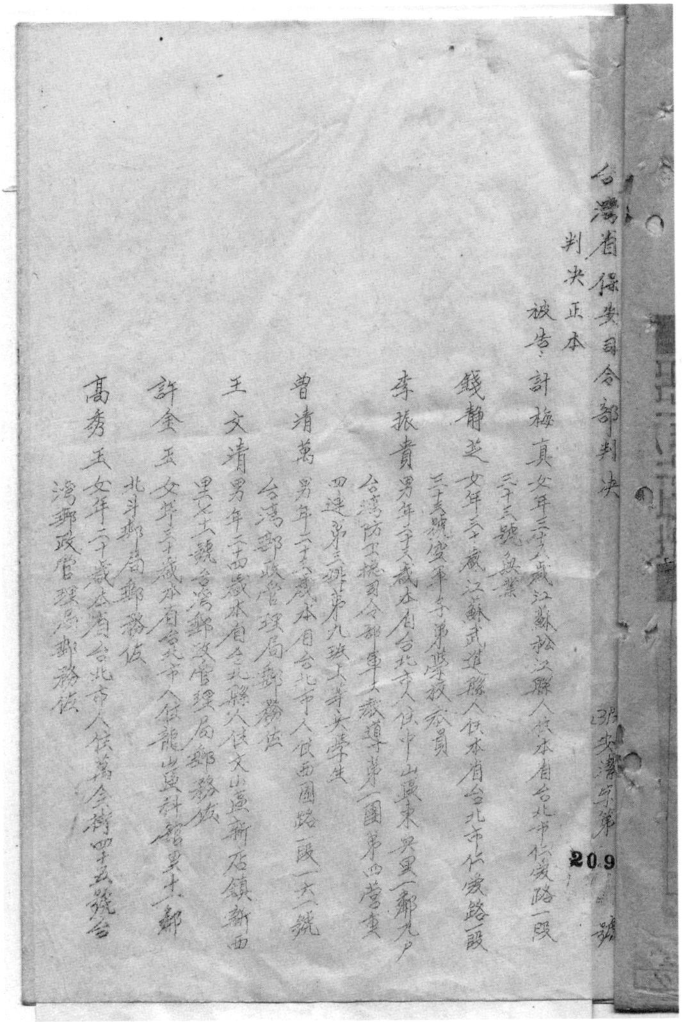

郵電總支部案判決書。（國家發展委員會檔案管理局典藏）

表一　郵電案受難者整理表

姓名	性別	年齡	籍貫	被捕時職業	刑期	郵政／電信
計梅真	女	三十五	江蘇松江縣	無業	死刑	
錢靜芝	女	三十二	江蘇武進縣	空軍子弟學校教員	死刑	
李振貴	男	二十三	台北市	台灣防衛總司令部軍士教導第一團第四營重四連第三排第九班上等兵學生	十五年	原郵工
曾清萬	男	二十三	台北市	台灣郵政管理局郵務佐	十五年	郵
王文清	男	二十四	台北縣	台灣郵政管理局郵務佐	十五年	郵
許金玉	女	三十	台北市	北斗郵局郵務佐（遊行後遭調），原台北郵局保險科文書組	十五年	郵
高秀玉	女	二十	台北市	台灣郵政管理局郵務佐	十五年	郵
劉建修	男	二十三	新竹縣	台北電信局事務員	十五年	電信
張欽傑	男	二十三	台中縣	台灣防衛總司令部軍士教導第一團第三營第七連第三排第九班上等學生	十五年	原郵工
鄭逢春	男	二十六	台南市	台灣郵政管理局郵務佐	十年	郵
宋世興	男	二十五	台北市	龍潭郵局局員代理局長（遊行後遭調）	十年	郵
李熒台	男	二十二	新竹縣	台北電信局報務佐	十年	電信
黃宏基	男	二十六	台北縣	淡水郵局郵務佐	十年	郵
鍾阿稅	男	三十二	新竹縣	台灣郵政管理局郵務佐	十年	郵

姓名	性別	年齡	籍貫	被捕時職業	刑期	郵政／電信
高木榮	男	二十二	台北市	台北電信局松山營業處話務佐	十年	電信
林發	男	二十六	台北縣	台灣郵政管理局信差	十年	郵
陳再厚	男	二十五	台北縣	台灣郵政管理局信差	十年	郵
李慶	男	三十二	台北縣	台灣郵政管理局郵務佐	七年	郵
廖福隆	男	三十六	台北縣	台灣郵政管理局信差	七年	郵
李金火	男	二十二	台北市	台灣鐵路局台北機廠氧氣工場幫匠	七年	鐵路局
陳玉籐	男	二十五	台北市	台灣郵政管理局郵務佐	七年	郵
林金進	男	二十八	台北縣	台灣郵政管理局郵務佐	七年	郵
鄭天福	男	二十六	台北市	台灣郵政管理局郵務佐	七年	郵
周淑貞	女	二十二	台北市	台灣郵政管理局郵務佐	七年	郵
徐彩雲	女	二十六	台北縣	台灣郵政管理局郵務佐（台北郵局保險科）	七年	郵
林坦	女	二十四	台北縣	台灣郵政管理局郵務佐	七年	郵
蘇光輝	男	二十七	台北縣	淡水鎮公所事務員	七年	
張戊已	男	二十八	台北縣	台灣郵政管理局郵務佐	七年	郵
洪景麟	男	二十二	台中縣	台灣郵政管理局一級試用員	七年	郵
林烟飛	男	二十四	台北縣	台灣郵政管理局信差	七年	郵
李國容	男	二十六	台北縣	台灣郵政管理局信差	七年	郵
郭承東	男	二十二	台北縣	台灣郵政管理局郵務佐	七年	郵

姓名	性別	年齡	籍貫	被捕時職業	刑期	郵政／電信
陳得銅	男	二十二	台北縣	台灣郵政管理局信差	七年	郵
葉萬吉	男	二十三	台北縣	台灣郵政管理局信差	七年	郵
曾國榕[1]	男	四十五	福建長樂縣	台灣電信管理局秘書	七年	電信

根據判決書等檔案整理

「台灣省郵務工會」成立始末

根據曾擔任「台灣省郵務工會籌備會主任委員」的王啟震，在一九四八年五月十日出版的「中華民國郵務工會全國聯合會」機關刊物《中華郵工》[2]所撰寫的〈郵工運動在台灣〉一文中的描述：

國民黨官方的紀錄

台灣省郵務工會成立於卅五（一九四六）年八月十日……郵務工會是一個「面」的組織，不但各大城市有很多會員，即鄉村山野也分布著大量會員。本會所轄既有十七個大單位，共有會員六〇一八人，其中男會員四八三九人，女會員一一七九人，十七個大單位是台北、新竹、基隆、淡水、宜蘭、台中、台南、台東、花蓮、彰化、澎湖、岡山、嘉義、高雄、屏東等各地郵務工會及兩個直屬支部已都正式成立，其中基隆、宜蘭、花蓮、台南、彰化、嘉義、台中等會及直屬第一支部，均在陸續屆期改選中。本會組織系統：（一）省會，（二）各地郵務工會或直屬支部，（三）分部，（四）小組。[3]

其中，對於台灣省郵務工會成立後的工作重點，王啟震的文章也特別強調了國語補習教育的推廣工作：

國語補習教育——為推行國語教育及適應會員之需求，本會自始即積極推行。年來本會經費，百分之卅均用於此。省會及各地郵務工會利用公餘時間教育省籍員工國語。教師由省會聘請或由會員負責擔任，每三個月至半年為一期，已辦了六期。計二十九班。

另外，依據一九六一年「中華民國民眾團體活動中心」[4]發行的《中華民國五十年來民眾團體》兩大冊紀錄中，對「台灣省郵務工會」的描述如下[5]：

一、沿革：

（一）民國三十四年八月第二次世界大戰結束，台灣重歸中華民國，台灣郵政員工，即納入中華郵政系統。

（二）中華民國在大陸所屬各省區郵工建有郵務工會者計二十七單位，全國性之郵工組織，於民國十九年在上海即已建立，對郵工深具影響力量。

（三）台灣郵政在中華郵政系統下，於民國三十四年間，由大陸來台之郵工甚多，到此辦理接收及重建工作，而台灣省籍郵工，則全部留用，兩者合流，對切身問題求解決，極感有組織工會之必要，乃由王啟震[6]（上海）、朱承源[7]（江蘇）、卓周紐（台灣）等多人，發起籌組台灣省郵務工會於民國三十五（一九四六）年九月十五日舉行成立大會[8]，台灣省郵務工會，遂告誕生。

至於，曾任國民黨中央農工部部長的馬超俊[9]於一九五九年所主編出版的《中國勞工運動史》中，對「台灣省郵務工會」則有以下的記載：

台灣郵務工會，在台灣光復後，即迅速籌備召開第一屆會員代表大會而宣告成立。其時主事者為陸匪象賢，他企圖把台省郵工運動，建樹在共產匪黨的旗幟之下。當時台省籍郵工滿懷與奮情緒，熱忱參加，而於匪之滲透組織，都缺乏認識，加以台省原係郵電不分，電信業職工，也參加了郵務工會，組織遂形龐大。在陸匪操縱下，由於「甄試歸班」、「同工同酬」、「年資折算」等問題，使省籍郵工心理不安，會務難入正軌，三十六年十一月召開第二屆會員代表大會，成立第二屆理監事會。迨三十八年三月二十五日，各地台省籍會員為爭取不考試歸班，各推代表齊集台北連續三天舉行爭取歸班大會。並於二十六日集合近二千人至省府遊行請願，鬧得滿城風雨。[10]

第一任工會理事長陸象賢與地下黨相關紀錄

除了上述官方對台灣省郵務工會成立初期的描述與介紹之外，就當數工會成立後第一任理事長、同時具有中共地下黨員身分的陸象賢，在其九十三歲高齡所撰寫的類似自傳混雜著回憶錄體例的書籍《九三述懷》中，對台灣省郵務工會的籌備到成立，有著極為詳細與完整的紀錄。

關於來台之前的陸象賢（一九一七—二〇一〇）

依據陸象賢女兒陸衛平撰寫的〈陸象賢傳〉[11]的記載，一九三六年，陸象賢於上海市南洋中學畢業後，考進上海郵政局工作。一九三八年起，直接參與由中共江蘇省省委劉寧一[12]領導的「護郵鬥爭」[13]，開始與上海郵政局地下黨初步接觸。後經作家唐弢的介紹，參加了上海「孤島」抗日文藝戰線，在《文匯報》的副刊《世紀風》等報刊上用「列車」等筆名，發表雜文、詩歌，抨擊日本侵華反動勢力。

上海市作家協會會員沈鵬年在二〇一一年出版的《行雲流水記往（下）》中，亦曾引述劇作家柯靈所寫的《上海抗戰期間的文化堡壘》中提及：「（《文匯報》副刊）《世紀風》在黨和進步文藝界的大力支持下，作為戰鬥的武器。寫得最多的是王任叔，經常寫的有周木齊、唐弢、孔另境、陸象賢（列車）……」[14]，從另一個角度間接證實了陸象賢在這段期間已經積極參與了中共在上海地下黨的文藝戰線工作。

〈陸象賢傳〉後續也提到，一九四〇年毛澤東發表《新民主主義論》後，依照江蘇省委領導指示，陸象賢與陳公琪[15]等人以筆名聯合寫了《新民主主義的理論和實踐》等文章，在工人、學生中傳播。他又以公開身分為掩護，於一九四〇年四月，與陳公琪等人在上海自家住處創立了《北社》，開展秘密出版宣傳工作，編譯馬列主義著作以及共產國際等綱領性文件。就從此時起，陸象賢參加了中共領導下的革命鬥爭工作。不過，直至一九四五年八月下旬，陸象賢在日本憲兵兩次追捕脫險後，才正式加入了中國共產黨。

1990年代中期，陸象賢（中坐者）與許金玉（右）、高秀玉在北京相見。（台灣地區政治受難人互助會提供）

陸象賢參與台灣省郵務工會籌備工作

陸象賢加入中國共產黨約八個月的時間後，即被派到台灣參與接收郵電業務與組建工會的工作。

一九四五年十一月一日，台灣省行政長官公署交通處下，設置了「郵電管理委員會」，接收台灣郵政及電信業務。約半年後，交通部將台灣郵電事業歸屬中央政府接管，但仍維持日本殖民時期舊制，採「郵電合辦」，於一九四六年五月五日在台北成立「台灣郵電管理局」，由陳壽年擔任局長、林步瀛任副局長。[16]

根據陸象賢在《九三述懷》的回憶，一九四六年起，國民政府交通部開始從福建、廣東、上海、江蘇、浙江等幾個郵政管理局和電信局先後調派人員到台灣接管郵電通信工作。一九四六年五月，上海郵政管理局調派三十多人到台灣省郵電管理局工作，「我當時擔任上海郊區南翔郵局局長，被列入抽調到台灣省工作人員名單之中。中共上海市委工人運動委員會委員陳公琪同志批准我接受上海郵政管理局的調令，給我的任務是乘這個機會到台灣省開展工人運動。」[17]

相關文件紀錄上顯示，陸象賢來台報到日期為一九四六年五月十三日。而根據陸象賢的自述，他來台灣之前，就已經與其他幾名上海調台人員，一同被上海郵務工會與中華全國郵務總工會指派籌備成立「台灣省郵務工會」，此七名工作人員分別為王啟震、朱承源、馮軍聲、方文淦、戴曾圻、夏清祥和陸象賢，其中王啟震被指派為負責人。根據陸象賢的說法，他與其餘六位來台前皆不認識，此七人皆為上海郵務工會之一般會員，而非工會幹部。

來台後，陸象賢等人依照台灣省行政長官公署公布的《人民團體組織臨時辦法》，把「中華全國郵務總工會」委派信交給台灣省社會處，隨後取得籌備台灣省郵務工會許可。根據陸象賢的描述，當時上海派到台北搞工會的中共地下黨員僅有他一人，而前一年八月才入黨的陸，其黨組織關係均在上海，與台灣地下黨組織事前並無聯繫。而且，因為他們不會講閩南話、客家話或日語，與台灣省籍郵電職工連交談都有困難。

在籌備成立工會的工作中，最主要是要說服台灣省籍郵電職工參加工會。由於從大陸各省調來接管郵電局的清一色都是中、高級職員，沒有基層職工，他們與台灣省籍郵電職工，幾乎互不瞭解。陸與原本即擔負籌備工作者，決定從工人和低階的台籍職員中邀請三人一同參加籌備工作，由這三名台籍員工負責對台籍郵工進行說明。同時，擔負籌備工作者也同從福建、廣東、浙江、江蘇、軍郵調來的人員協商，請其各推一位代表人物參與籌備工作，加上原來全國郵務總工會指派的七人，一共十五人，組成了籌備委員會，推舉王啟震為主任委員。

最後，經過全國郵務總工會和台灣省行政長官公署社會處、國民黨台灣省黨部（省黨部主任委員和社會處長是一人兩職）批准，「台灣省郵務工會籌備委員會」於一九四六年六月成立。

籌備委員會成立後，最大的任務是：如何吸引台灣省籍職工加入工會。陸向籌備委員會提議發表一封告全省郵電職工的公開信，號召全省郵電職工團結起來，組織工會。籌備委員會接受其建議，委託陸象賢起草。這封告全省郵電職工的信稿，經過籌備委員會討論通過，送省社會處審查通過。然而，因為第一封公開信對全省郵電職工的切身利益的描述不具體，在本省郵電職工中反應平淡。

根據陸象賢的回憶，後來他重新檢視台灣省籍郵電職工當時最關注的切身問題，發現在郵電管理局內部存在著兩種工資制度，一種是國民黨政府交通部規定的工資制度，適用於從大陸各省調來的郵電人員；另一種是台灣郵電管理局對台灣省籍職工規定的工資制度，此為沿用日本政府遞信省對台灣郵電職工的工資制度，導致台灣省籍郵電職工工資明顯低於大陸各省郵電職工工資。

於是，陸象賢說服籌備委員會重新提出吸引台灣省籍郵電職工的口號：「實行同工同酬」、「要求解決台灣省籍職工的歸班問題」。陸所起草第二封告全省郵電職工的公開信稿，指出目前兩套薪資制度實際上是對台灣省籍郵電職工的一種歧視，應實行「同工同酬」，號召全省郵電職工團結起來，組織、加入工會，為自身利益而奮鬥。台灣省國民黨當局不得不承認這種規定並不合理，但他們同時卻認為，解決問題的責任在南京政府的交通部，不在台灣省當局，於是同意發表這封公開信。而這一次，因為公開信所提出的訴求切合台灣省郵電工人的切身利益，很快得到全省郵電職工的支持。

本省郵電職員舉行 待遇改善懇談會

交通部台灣郵電管理局業于本月五日正式開始辦公，該局長以下各處長、科長其他重要職員，均任內地人，本省人材絕不考慮任用，關此，該局本省人職員皆抱不滿，惹起恐慌，全省各關郵電職員為關係，陸續趕到省垣于昨十二日上午九時、在台北郵局禮堂開待遇改善懇談會，到全省各地方郵局關係職員代表、數百名，堂內幾無立錐之餘地，對於待遇改善問題，各代表燃立熱烈發表建設性意見，慎重討論結果，全體職員一致決議，向局長提出建議案，而期達目的，若建議案不受採納，將再決最後態度，其結果頗引人注視，至正午閉會，聞為安定生活、並保障身分，擬籌備組織全省郵電工友會，建議案如次：

一、請准由本省人職員中須要任用台灣郵電管理局副局長一名，同局內各科股長各室主任及普通郵局課長級、並幹部人員半數以上任用台胞，持定郵局長及各地工務出張所長須要三分之二以上任用台胞。

二、依據基本薪俸為標準，增給十成、並要提高地位保障身份

三、生活改善及待遇等、依據中央交通部施行條例從速實行。

台灣郵電 管理局已成立 組織機構三處三室一一科

（本報訊）本省郵電管理委員會接管舊遞信部業務已告完畢，本月五日解消該會，即日成立交通部台灣郵電管理局，該局組織機構有三處三……書室△人事室△觀察室

實踐農業 昇格初農

（北斗訊）私立北斗實踐……

1946年5月13日，《民報》報導台灣各地郵電代表向台灣郵電管理局反映聘用與待遇問題。（取自國立公共資訊圖書館數位典藏服務網）

工會籌備委員會經過台灣省社會處的批准後，定於一九四六年八月十日在台北召開全省第一次郵電職工代表大會，大會如期在台北中山堂舉行，主要任務是選舉成立「台灣省郵務工會」。國民黨台灣省黨部、台灣省行政長官公署社會處和各有關部門都派負責人前來監督選舉。

大會中順利地選舉了第一屆台灣省郵務工會理事、監事。而下午緊接著舉行的理事、監事第一次全體會議，陸象賢則被選舉為工會的第一屆理事長。工會第一屆理監事、候補理監事名單如下：

【理事】王啟震、馮軍聲、洪財寶、陸象賢、朱承源、蔡媽愛、劉喜、方文淦、戴曾圻、徐公荷、李璠、應國慶、卓周紐、傅榮輝、李潤屋、張新瑤、項瑞麟。

【候補理事】鹿鴻泉、劉錦芳、邱信亮、王慶輝、李應麟。

【監事】夏清祥、李阿祿、周允才、邱寬

祥、徐瑞穀。

從上述第一屆工會的理監事組成來看，我們大體可以把它分成三個部分：第一部分是原來就由上海郵務工會與中華全國郵務總工會指派為籌備成立「台灣省郵務工會」的七位工作人員；其次為透過「台灣總督府職員錄系統」查詢得到在日本殖民時期即已在郵電部門服務的台籍人士，分別包括了洪財寶、蔡媽愛、卓周紐、傅榮輝、劉錦芳、王慶輝、李阿祿、邱寬祥、莊木錄。第三部分，根據推測，則可能是陸象賢此前所提到屬於「從福建、廣東、浙江、江蘇、軍郵調來的人員協商，請其各推代表人物一位參與籌備工作」者，包括了：劉喜、徐公荷、李璠、應國慶、李潤屋、張新瑤、項瑞麟、鹿鴻泉、邱信亮、李應麟、周允才、徐瑞穀、孫仲才。

按照國民黨台灣省黨部的規定，工會的理事、監事都應當參加國民黨。於是工會理事、監事中除了少數的國民黨員外，連同陸象賢都集體加入了國民黨。台灣省郵務工會經過省黨政主管機關核准後，正式呈報「全國郵務總工會」備案。

初期工會理事會接受了陸象賢的建議，把工會籌備期間在台北設立的工會學習班繼續辦下去，並改稱為「台灣省郵工補習學校」，由陸象賢兼任校長。根據陸象賢的說法，此為地下黨在利用國民黨工會的合法地位掩護下，在本省籍郵電工人中進一步發展組織力量，提供了一個有利的條件。

而我們從當年的新聞報導可以發現，台灣省郵務工會於一九四六年八月十日成立後，各地郵務工會也在幾年內紛紛組織成立，包括基隆郵務工會、桃園郵務工會、郵務工會新竹分會、郵務工會彰化分會、郵務工會花蓮分會、台中郵務工會、嘉義郵務工會、高雄郵務工會與台北郵務工會等。

省郵務工會 舉行成立大會

【中央社本市訊】台省郵務工會，於十日下午二時，假中山堂舉行成立大會。由陸象賢主席，改善員工待遇並通過向蔣主席，陳長官致敬電文，當選理監事名單及致蔣主席電文如下：理事王啓震，陸象賢，馮寶麐，洪財寶，方文淦，朱承源，戴會圻，蔡媽愛，劉書，徐公荷，李瑞，應國慶，傅榮烊，卓周經，李潤星，項瑞麟，張新瑤，監事，夏清祥，李阿森，周允才，邱寬群，徐瑞毅。

電蔣主席致敬

牯嶺國民政府主席蔣鈞鑒，屬會於本年八月十日於台北成立，僉以抗戰勝利，建國將成，自應萬眾一心，共同奮鬥，屬會誓率全省郵工竭誠擁護鈞座統一和平之主張，躋國家於富強，謀勞工之進步，肅電致敬，伏祈崇察，台灣省郵務工會叩未灰。

1946年8月12日，《民報》報導前兩天省郵務工會在台北中山堂舉行成立大會，會中強調「改善員工待遇」。（取自國立公共資訊圖書館數位典藏服務網）

「地下黨」的角色：國語補習班同學會、《野草》與歸班運動

「三一五事件」的時候，為什麼我們會付出那麼許多不必要的犧牲呢？……其原因在於我們的前輩們搞慣了剛才所說的那種轟轟烈烈的運動，老毛病改不了。這本來應該是秘密運動，但他們有時卻像金魚那樣把身體浮到水面上來。換句話說，在工廠裡沒有紮下根，沒有深入到最底層處去工作。按理說，我們的工作須深入到工廠最底層去，須好好把自己隱蔽起來幹的。可是我們卻誤認為要搞工人運動，便是站到講台上，大喊其諸位……怎麼樣、怎麼樣，或拿著傳單到街上到處散發。

——小林多喜二，《工廠細胞》，一九三〇

陸象賢接任台灣省郵務工會第一屆理事長後，成功地將原在台北設立的工會學習班繼續辦下去，接著順勢改名為「台灣省郵工補習學校」，並由其兼任校長。此舉也為中共地下黨在國民黨眼下合法成立的台灣省郵務工會當中，打下了發展組織、開展工作最關鍵的基礎。

據陸象賢的回憶，一九四六年八月十六日，台灣省郵務工會成立一週內，就接到來自全國郵務總工會電報，要其回上海述職。十七日，陸隨即動身前往上海。由於陸同時具有中共地下黨

的身分，一回到上海後，他即先向中共上海市委工人運動委員會委員陳公琪報告成立台灣省郵務工會、當選為理事長，以及身兼郵工補習學校校長的經過，也一併告知被要求加入國民黨的狀況。此行最重要的一個發展，是陸象賢向黨提出了要求，希望組織能夠加派同志，協助他擴大在台灣省郵務工會的地下工作。

回到上海後的第二天，陸緊接著向全國郵務總工會報告台灣省郵務工會成立經過，由於台灣省郵電合一，工會有七千多會員，台灣省郵務工會的成立，增加了總工會一大筆會費收入。至於爭取台灣省籍員工「歸班」與同工同酬的目標，總工會贊成陸直接前往南京，向郵政總局交涉。

陸象賢動身到了南京，雖然見到了郵政總局局長霍錫祥，霍卻藉口台灣郵電合設，需要由交通部決定。根據陸的回憶，他隨後在交通部等了三天，都見不著部長俞大維，最後被辦公室秘書找了理由給打發走。

陸返回上海後，向陳公琪報告國民黨南京官方的推諉。陳公琪當下研判：台灣省郵務工會以省籍郵電職工爭取歸班、實現同工同酬的目標是正確的，且將會是長期的鬥爭。至於陸象賢上次提出的加派同志赴台的要求，黨亦已經決定派計梅真與錢勤（錢靜芝）兩位女同志，不久後將前往台北協助工作，黨並且交代了約定見面日期、地點、暗號。陸象賢在返台之前，在上海與計梅真、錢靜芝兩人正式接上了關係。

不過，陸象賢也被黨告知，台灣的地下黨的推展工作，黨將另有他人負責領導。陸一部分的工作，就是透過在工會開辦「國語補習班」，讓計、錢二人以教員身分來台，包括陸以及計、錢兩人來台後皆歸此名同志領導。這裡所指的這位「同志」，即是由當時華東局指示，在一九四六年七月返台擔任台灣地下黨最高領導——中共台灣省工作委員會書記的蔡孝乾。

出生於台灣彰化花壇的蔡孝乾，一九二四年春在父親與文化協會的資助下，負笈前往上海大學社會學系就讀。上大是由中國共產黨人在一九二二年所參與創辦。蔡前往就讀時，社會系主任正是日後兩度出任中共領導人的瞿秋白（十月瞿離開上大後，繼任社會系主任者分別為施存統與彭述之）。蔡孝乾在上海期間積極參與了左翼學生運動，一九二五年加入中共共青團，一九二六年離開上大返台參與台灣文化協會改組。一九二七年「四一二事件」後，蔣介石政權在大陸展開全面「清黨」剿共，一九二八年，蔡前往江西瑞金的中華蘇維埃共和國根據地，加入了中共。同年，台灣共產黨在上海成立時，蔡缺席獲選為中央常委。一九三四年起蔡跟隨中共展開「長征」，成為唯一參與長征的台灣人。一九四五年八月，對日戰爭勝利，與中共一同在延安的蔡孝乾，被黨指派返台擔任「台灣省工作委員會」負責人，協助開啟在台地下工作。

根據李敖審定的安全局機密文件《歷年辦理匪案彙編》記載，一九四五年九月蔡自延安出發，十二月抵達江蘇淮安，與中共華東局書記張鼎丞、組織部長曾山以及同樣預定入台的張志忠會面。一九四六年四月，張志忠與首批幹部先行返台開啟前期工作。七月，蔡孝乾搭船返抵台灣，八月正式成立中國共產黨台灣省工作委員會。

從時間上來推估，陸象賢以台灣省郵務工會「國語補習班」名義聘用的兩名地下黨員計梅真與錢靜芝，九月來台後，應已直接歸屬蔡孝乾建立的「台灣省工作委員會」所領導。

「國語」學習風潮與組織發展的開端

光復後的台灣，掀起了一陣學國語的風潮。一九四五年十一月二十一日《民報》，其中一篇報導的標題為〈本省人熱心習國語，半日間報名四千人〉，內容提到：「陸軍第七十軍政治部、各直屬營政治指導員、深感台胞學習國語之急要，特聯合在太平町東門町等處，分別設立國語講習班，原定招收學生千人，但於報名時，僅半日間要求報名之學生，為數達四千餘人……特再增設班次。」

《公論報》一九四九年二月十四日一則署名紫翔的文章〈台灣國語推行的回顧與展望〉中，則生動地形容了戰後初期台灣學說國語的盛況：

台灣光復之初，六百萬同胞爭學國語的狂潮，簡直比「搶購」、「擠兌」還熱烈。關於國語的書，只要出來就有人買，並且絕對能暢銷；教國語的人。只要你敢教就有人跟你學，並且絕對受歡迎。

一九四六年後曾出任台灣省國語推行委員會副主任的何容，曾這樣形容剛光復後台灣社會「學習國語」的狂熱：

剛光復以後的幾個月中，在台灣社會上，國語的學習和傳授，就狂熱的展開，並且以游擊的姿態出現了。一般人都熱烈的學習國語，有的是由於純粹的「祖國熱」（純潔得可敬

再版廣告

憲兵第四團諍友報社編

台胞國語補習課本

每冊收回成本二元

本書出版後因購者踴躍、初版業已售罄、茲特再版以供讀者需要、而副台胞學習國語之殷望。所印數量不多、購者從速

經售處

一、台北明石町 本社

二、八甲町民權通訊社印務部

三、台灣省各大書局

初級 高級 專科

△報名時期 至三十六年一月五日止

△報名處 大同餐室(中正東路三五四號 舊 樺山町一二)

△報名時間 自正午十二時 至下午五時半

光華國語 招生(夜間)

△教員 鄭明祿・馬孝釗兩先生

台北市中正東路本願寺

光華國語講習所

左圖：憲兵第四團諍友報社出版的「台胞國語補習課本」再版廣告，刊於1946年1月24日《民報》。
右圖：光華國語講習所1946年4月12日的招生廣告。（取自國立公共資訊圖書館數位典藏服務網）

可愛）。有的是由於要為祖國服務（理智得可欽可佩），當然也有的是由於「想做新官僚」（投機得可驚可懼）……有人在市場的屋簷角掛了一面小黑板就傳授幾句會話，以便向靠攏來臨時學員收臨時學費，真的算是「五花八門」無巧不有了。[18]

而根據曾健民出版的《一九四五・破曉時刻的台灣》一書曾提及：「據統計，從一九四六年一月起到一九四七年五月七日止，在《台灣新生報》上報導的各種有關國語講習會的消息，共達一百三十七次，其中國語比賽就有四十五次之多」。[19]

郵務工會國語補習班的成立

在光復初期台灣社會的學習國語熱潮中，一九四六年九月，剛成立一個多月左右的台灣省郵務工會，也開設了「國語補習班」，上課地點就在北門郵局內的大禮堂，由兩位來自大陸的外省籍年輕女老師計梅真和錢靜芝擔任教員。對於台籍郵電工人而言，許多人因為工作上需要，學習「國語」的需求更是直接。

坦白說，郵務工會所開設的「國語補習班」，在當時學習國語的風潮中，腳步算是來得略為遲了。根據「郵電案」受難人、服務於電信局的劉建修與李熒台回憶，兩人早在日後參加了工會的「國語補習班」前，就已自行前往「光華國語補習班」學習國語。

根據劉建修的回憶[20]：

光華國語講習所的創辦人，是早先台灣文化協會的鄭明祿……光復後，光華講習所是全台灣第一家最先開設的國語補習班。日本一九四五年八月十五日投降，大概九、十月就開設了，後來我們才知道，鄭就是文化協會領導幹部。鄭自己會講國語，日據時期他到過當時被日本占領的北京，跟一個北京女孩子結婚，他在文化協會很活躍……當時補習班的地點在南海路的私立開南商工學校，夜間上課，下午六點開始，上課到九點。我們每晚都到那裡去上課。光復後大家滿懷希望、心嚮往祖國、想學祖國的國語。但是我們一句話都聽不懂，所以只想趕快學會……當時好多人來上課……大家都從ㄅㄆㄇㄈ開始。上課的馬老師，就是鄭明祿的太太[21]，北京人……。光華補習班是三個月一班，「初級班」（會話）畢業後，接著「示範班」（白話文）也是三個月畢業，之後是「高級班」（文言文），又三個月，於是到了九個月之後，就開設了十幾班，一班四、五十個，是一個大學校的規模。

我學了九個月以後，就想要試用，想找外省人講話，結果對方講的我聽不懂，我講的話，好像對方也聽不懂。我覺得很奇怪，就問人家，才知道原來大陸人有山東人、四川人、廣東人，講的是山東話、廣東話，我這才恍然大悟。後來，朋友找我去看電影，電影講的是標準國語，我完全聽得懂，就感到高興，也才放心了……當時的開南商工學校內，除了光華補習班，還有一間「延平學院」[22]，延平學院是夜間部，也是租開南商工的教室。光復後，延平學院就是文化協會、農民組合這些左派開的學校，延平學院的老師，幾乎都是文化協會成員，或以前台共、左翼知識分子。所以他教的內容都是比較左派的東西，譬如魯迅的文章等等。我有時也會跑去偷聽課，坐在窗戶邊或是擠後頭的椅子，如果

私立延平學院招生

年級及名額 本科一年壹百名（法律五〇名，經濟五〇名） 補習科 參百名

投考資格 （男女兼收） 本科一年 高級中學畢業者或舊制五年制中等學校畢業而補習一年者 補習科甲班（修業一年）舊制「五年制」中等學校畢業者或舊制四年制中等學校畢業而補習一年者 乙班（修業二年）舊制四年制中等學校畢業者或舊制三年制中等學校畢業而補習一年者

考試科目 本科 國文 英文 補習科 國文 英文 數學

日　期 報名 自八月二十日至九月五日 考試 九月八日（星期日） 揭曉 九月十三日（星期五） 體格檢查 九月十五日（星期日）

應繳證件 報名單 履歷表 [illegible]

考試費 五拾元

報名及考試地點 台北市幸町四〇號私立台灣高級商工學校內（舊開南工業）

備　註 招生簡章向本校索取，（但須寄印刷費及郵料台幣參元）

私立延平學院院長 **朱昭陽**

1946年8月19日《民報》刊登的「私立延平學院」招生公告。（取自國立公共資訊圖書館數位典藏服務網）

沒椅子就站在門口。

劉建修的好友、同樣服務於電信局的李熒台也提到：

光復初，我們都不會講國語——那時我們叫作「北平話」。我的工作是報務員，日據時期傳送電報的文字是日文，現在光復了，突然間我們得轉換成國語工作，對我們來說是很大的衝擊，因此必須趕快把國語學起來。劉建修跟我說他要去一個叫做「光華國語講習所」的補習班學國語，邀我一起去。光華國語講習所（文後簡稱「光華」）是一位名叫鄭明祿的人所開設的，借開南工專的教室，於晚上教國語。同時間，向開南工專借教室、於晚上授課的，還有「延平學院」。後來，劉建修去光華，我則去延平學院就讀一年級……一九四六年九月，台灣省郵務工會從上海聘請計梅真、錢靜芝老師來

台教國語，對象是我們這些台籍員工。我在延平學院上了大約一年的國語，之後就去參加郵電工會（按：即郵務工會）的國語補習班。會去補習班，也是劉建修介紹的，因此我才認識計梅真、錢靜芝老師。正是因為兩位老師，我們才會在日後編輯《野草》，也才有了爭取同工同酬的遊行。[23]

而後來同樣涉入「郵電案」，在台灣鐵路局台北機廠工作、但沒有上過省郵務工會國語補習班的李金火，則是如此描述他的學習「國語」經驗：

我們上岸時已經是一九四六年，台灣已經光復一段時間了。我的感受是，當時一般老百姓很歡迎國民黨，可能是因為對大陸上還有個共產黨並不是很了解，而認為國民黨就代表了我們的祖國。以前，台灣人即便是日本統治，也很難養成「我是日本人」的意識，還是覺得自己是台灣人、中國人，畢竟我的祖先是從中國來的。因此，一回歸，我們心裡的血緣意識一下就浮現出來了，對大陸來的人有同胞感。我覺得台灣人歡迎大陸人來台的心情，是很熱烈的，這種熱烈並不是表面裝的，而是由心裡湧出來的，那是真心的歡喜。……我回台灣之後（按：一九四六年）就開始學習國語，一開始去一間靜修女中旁的補習班學ㄅㄆㄇ，打零工租房子那段時間，就跟隔壁一個曾在廈門大學讀書的朋友學習，他要我買一本字典，學習讀小說，那個朋友給了我很多小說，之後我也自己去買。一開始我想，日本話只有一種，也就以為中國只有一種話，想法很單純。我去的那家補習班是靜修女中的國文老師，學ㄅㄆㄇ一個禮拜後，住在隔壁的廈門朋友問我：「老師怎麼樣？」

我就說：「老師介紹自己是廣東人。」他就說：「你糟了，你找錯老師了！廣東人的國語最差，尤其不會發捲舌音。你ㄅㄆㄇ發音不知道準不準。」光復前後，台灣到處都有國語補習班，很多人都覺得要趕快學會中國話，以後要做什麼才方便。我也趕快學，擔心以後變文盲。[24]

然而，隨著台灣人對國民黨接收人員貪瀆失當的作風感到失望與不滿，這股國語熱到了一九四六年下半年後，似乎開始有所退潮。《民報》一九四六年十月一日的社論〈勸勉學徒諸君〉提到：

> 迨至去年，台灣光復，純真的學徒諸君的興奮、高興，非筆舌所能形容的。由諸君的熱情，自動地禁寫日文，禁講日語，甘自忍受不自然的寫作與談話的不便。對於學習國語國文的認真，有廢寢忘餐之概，其進步是特別的快速。若照當時的意氣，繼續到現在，想諸君的國語力堪與外省人匹敵，發音的正確，因為所學的是標準語，所以或許得超乎其上也不一定……可是光復未久，由外省搬入許多貪污頹廢的惡作風，把諸君的熱情吹冷了……於是乎，諸君憤慨之餘，國文不高興學了，國語也不高興說了。

因此，當一九四六年的九月，計梅真與錢靜芝來到台灣省郵務工會的國語補習班開班任教時，兩人的外省人身分反倒增添了一些招生上的困難。許金玉就曾描述：

那個時候，我們對外省人的印象已經非常惡劣了，在心理上就排斥計梅真和錢靜芝老師，對她們兩個開的課也抱著觀望的態度。因此，起初並沒有多少人去上這個國語補習班。可以這麼說，因為大家對外省人已經有成見了，所以都認為這兩個新來的外省老師大概也教不出什麼好東西吧。[25]

然而，在兩位年輕女教員盡心盡力的經營下，工會「國語補習班」很快地成為發展郵電工人地下組織最重要的中介中心。事實上，從台灣省郵務工會的籌備成立，到「國語補習班」的開設，兩位具有地下黨身分的外省籍國語教師的來台，應該可以說是中共初期在台開展地下工作的重要成果。

陸象賢當時建議黨組織透過開設「國語補習班」作為掩護，讓計梅真與錢靜芝兩名組織經驗豐富的黨員順利來台擔任教員，對後續的影響極為重大。即便一九四七年後陸象賢地下黨的身分疑似暴露，而遭到國民黨拔除工會理事長一職、最終及時撤離台灣，地下組織卻已在郵電部門打下相對隱蔽而穩固的根基。

關於計梅真與錢靜芝

一九五〇年八月三十一日台灣省保安司令部軍法處合議庭的判決書上，對計梅真與錢靜芝來台前的背景有這樣的「調查事實」描述：

計梅真於一九三八年七月間，在上海大慈難民收容所任職，由同事張慧珠介紹加入中國共產

劉建修（後排左一）與李熒台（後排右一）、張欽傑（前排右一）、黃宏基（前排右二）紀念照。青春年少時期的他們，個個神態雋朗，眼神堅毅。（劉建修提供）

黨成為支部組員，隨後擔任宣傳幹事、書記等職務，後吸收黨員錢靜芝等人加入組織，負責教育難民收容所中所設之中年婦女學習班。隨後也在基督教女青年會所創辦的勞工夜校，主持女工各種課外活動。

而錢靜芝則是於一九三九年春天正式加入共產黨，被組織派入滬西豐田紗廠從事組織活動，後亦加入基督教女青年會的勞工夜校負責教育女工等群眾工作，並領導滬西公大三廠、四廠及富中染織廠等小組。

至於在判決書之外，對於計梅真與錢靜芝來台前，在上海參與共黨地下工作的描述，則以陸象賢在一九九八年所主編、邀集在郵電案中遭牽連的計、錢兩人學生受難者們所合寫的《魂繫台北——紀念台灣郵電工人運動先驅》，以及陸象賢所寫的《九三述懷》有較多的著墨。綜合上述兩本材料的描寫，與相對簡要的判決書內容比對，其實並沒有太大的出入，我們可以從中得到計、錢兩人在台來前在上海參與地下工作的概略樣貌：

計梅真（一九一五—一九五〇）

原名計淑人，江蘇省松江縣人（現為上海市松江縣）。一九三七年在滬西的一家日商紗廠當女工。一九三七年八月十三日上海抗日戰爭爆發後，加入「上海紗廠工人救亡協會」，並參加「難民收容所」工作（由於戰爭造成大批失業工人）。她自己住到難民收容所裡，宣傳抗戰、呼籲團結，動員和組織民眾參加戰地服務。同時也組織紗廠女工參加工人夜校學習文化。在工人夜校裡，教女工們識字，還開展各種課外活動，教唱抗日救亡歌曲，如《流亡三部曲》、

《松花江上》、《新的女性》等歌曲，激發女工抗日救國思想。

有關上海基督教女青年會工人夜校，「上海市地方志辦公室」網站中有一節「基督教女青年會舉辦的女工夜校」提到：

夜校不收學費，僅收一點報名費。……學制初為兩年，分初級、高級班；後擴為三年，分初、中、高級班，唸完三年相當於小學程度。以後又增設特級班，便於校友繼續學習。……夜校專門聘請葉聖陶、俞慶棠等組成教材編寫委員會，編寫了《女工讀本》六冊，從識字開始……高級班增開歷史、算術、尺牘等課程。特級班再增加魯迅、高爾基的文學作品選讀，以及《經濟學》、《經濟史》（工會運動概況）、《一個女工和一個女大學生的通訊》等政治思想性較強的內容。

女工夜校除上課外，還通過豐富多采的課外活動來充實教學內容。……學生還成立了友光團，每星期活動一次，內容有演講、辯論、講故事、講新聞、演劇、唱歌，編輯出版《友光通訊》，舉辦圖書館。當時一些著名的文藝界人士，都曾到夜校教女工唱歌、演戲。學生根據自己的痛苦生活編寫了《工人自嘆》、《活不下去》、《我們過著奴隸的生活》等歌詞，排演了《工人之家》、《兩升米》、《放下你的鞭子》等戲劇。這些歌曲、戲劇內容貼近工人現實生活，深受女工歡迎。[26]

一九三八年七月，計梅真正式加入了中國共產黨。一九四一年初到一九四二年，計擔任了「中共滬西敵紗（日本紗廠）委員會副書記」。一九四二年四月至年底，擔任「中共滬西中國紗廠委員會書記」，一九四二年底至一九四四年擔任「中共滬西紗廠委員會書記」。

如果我們再依據「上海市地方志辦公室」網頁上的大事記介紹[27]：一九三八年八月，「中共滬西中國紗廠委員會」成立；一九三九年下半年「中共滬西敵紗委員會」成立。到了一九四二年底，「中共滬西中國紗廠委員會」和「滬西敵紗委員會」合併，成立「中共滬西紗廠委員會」。

對照時序，計梅真自一九四一年起，即開始擔任上海紗廠委員會地下工作的主要領導之一。一九四二年底，「中共滬西中國紗廠委員會」和「滬西敵紗委員會」合併成立「中共滬西紗廠委員會」，計梅真則是從「中共滬西紗廠委員會」一成立後即擔任書記直到一九四四年。

錢勤（一九一八—一九五〇）

又名錢琴，錢靜芝。一九三三年其父病故，家境貧寒。常州女子師範學校因免繳學費，錢勤因而進了這所學校。當時東北淪亡，日軍進逼，常州女子師範是所進步的學校，錢勤在那受到抗日救亡的思想教育。

一九三七年常州淪陷後，錢勤到上海「難民收容所」工作。這不只是慈善事業，而是共黨開展抗日救亡工作的據點。當時中共江蘇省委派遣了一批地下黨員到收容所作難胞工作。一九四一年太平洋戰爭爆發後，日軍占領了上海租界，工人夜校大多被迫停辦，上海基督教女青年會辦的六所女工夜校，只剩下一所座落在西康路的「三和里女工夜校」[28]。在這最艱難時期，錢勤經組織安排，到這所學校擔任教師。此後，滬西區工人發生了幾次大規模的罷工鬥爭。錢勤通過學生瞭解工人姐妹的鬥爭情況，和她們商量對策，鼓勵大家克服困難，堅持鬥爭，爭取勝利。

抗戰勝利後，錢勤因經常出入幾所工廠，和同志策劃利用時機，迅速發展女工教育事業，壯大黨在工人中的力量，頻繁的活動，引起國民黨特務注意。組織研判其已有身分暴露之風險，於是決定指派她離開三和里女工夜校。

事實上，如果依照上述對計、錢兩人的描述，兩人不但黨齡均長於陸象賢（一九四五年八月才入黨），實際上從事地下工作、組織與教育工人、群眾的經驗，顯然也較陸象賢豐富許多。此外，根據張執一（中共黨員，日本投降後，曾被派往上海從事統一戰線工作，任中共上海局外縣工作委員會書記，文化、工商統戰工作委員會書記）的回憶：

> 約在一九四六年夏秋之交，中央來電指示成立上海局，指定劉曉、劉長勝、錢瑛、劉少文同志為上海局委員……上海局是第二線，負責領導蔣管區地下黨……在上海局的領導下，設有台灣工作委員會……原在上海工作的黨員積極分子計淑人（當時改名計梅真）、錢勤（又名錢琴）二同志，因在上海身分有所暴露，組織上就調她們去台灣郵務工會工作，擔任郵電工人補習學校教員，我曾和他們聯繫過多次。[29]

依據張執一的回憶，我們可以推測，計梅真與錢靜芝在上海地下工作身分在當時恐怕已經遭到國民黨特務的鎖定，因此，在一九四六年八月兩人與陸象賢在上海碰過面後，九月即被組織一同派往台北，擔任台灣省郵務工會主辦的台灣省郵工補習學校（即國語補習班）教員。

上圖：錢靜芝與弟弟合影。（台灣地區政治受難人互助會提供）
下圖：1949年底，新婚的計梅真與丈夫曾國榕在台北合影。（台灣民眾文化工作室收藏）

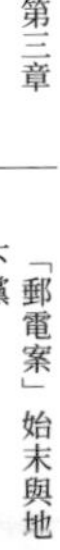

不只是語言學習的「國語補習班」

一九四六年九月，計梅真與錢靜芝來台擔任台灣省郵務工會「國語補習班」教員後，兩人在教學區域的分工上，計梅真負責教學上課的對象是台北郵局（今北門對面，忠孝西路一段一一四號）內的郵電員工，而錢靜芝則是針對在郵電管理局（現國史館，長沙街一段二號）的員工進行教學。根據許金玉在訪談中提及的印象：「國語補習班根據工作時間的不同，安排了三個班級，上課時間分別是早上七點、下午一點、下午四點。」

而從上述計、錢兩人之前在上海「難民收容所」與「女工夜校」對工人豐富的教學、教育、培力與組織經驗，就能夠想像，省郵務工會的「國語補習班」，絕對不會只是一般語言學習的補習班而已。

事實上，從「郵電案」受難者們的口述訪談紀錄，以及一篇篇的紀念文章當中，我們可以發現計、錢兩人對郵電工人們的意義，不但不是「國語老師」可以簡單概括，在她們與學生互動、共事的短短幾年中，更深刻地影響了郵電工人們一輩子的思想與行為，令他們對個人與社會、國家乃至世界局勢，有了全新的人生觀、價值觀與世界觀。而即便有如此多的郵電工人，因為參加了計梅真和錢靜芝的國語補習班，而遭受牽連入獄蒙受苦難，但他們對計梅真和錢靜芝卻沒有絲毫怨懟，甚至充滿了感念。

先從教學態度上，我們可以看見受難者學員是如此回憶兩位老師：

王文清：

（二二八事件後）郵務工會辦的國語補習班也恢復上課。記得恢復上課的頭一天，我較平常早到課堂，可是計梅真老師比我還早，已經在那兒等學生到齊。一般課堂都是學生到齊老師才到，但計老師這個人就是這麼熱心投入，使我們做學生的也相應覺得不好意思讓她久等，這種心情促進學習的熱情，所以補習班一直辦得有聲有色，大家早早上課而遲遲捨不得下課的情況司空見慣。[30]

徐彩雲：

兩位老師的課我都上過……兩位都很投入，熱心教學，待人接物誠懇和藹，肯為學生伸出援手。兩位老師有著與一般外省人不同的氣質及風度，容易親近，又處處表露對台籍員工的關懷，因此深受大家的歡迎與愛戴。[31]

劉建修：

剛開始上課，我們以為是一般的國語課，直到聽課以後，才知道計老師上課的內容很不同……每堂課上完後，計老師一定留下二、三十分鐘的討論時間，大家像開討論會一樣，仔細討論課文。[32]

林坦：

……光復後成立了郵務工會，聘請了兩位女老師，開辦了國語補習班，讓台籍員工輪流上課學國語。為了趕快進入情況，我第一個去報名，努力學習，因為我很用功，老師很欣賞我，特別關照我的學課。老師教學認真，人品高尚，我們師生之間感情很好，過從甚密。[33]

雖然一開始的國語基礎發言，免不了還是得從ㄅ、ㄆ、ㄇ等注音符號開始教，就如高秀玉曾在〈對恩師計梅真不盡的思念——在國語補習班〉一文當中描述：

當時台灣光復不久，同學們除了閩南語和日本話之外，對祖國大陸通用的語言「國語」是一竅不通的，開課第一天計老師在黑板上寫了ㄅ、ㄆ、ㄇ、ㄈ幾個注音符號，然後她用手比劃著叫我們張開嘴跟著唸下去。讀了第一個學期，三個月後，同學們差不多都可以和她對話交談了，大家都異常興奮。[34]

值得注意的是，計、錢兩位老師不論是在課文題材選文上，還是教學方法上，與坊間或國民黨官方後來推行的重視語言學習的國語教育讀本以及教學模式，都顯得大相逕庭。我們訪問劉建修時，他就提到：

計老師對於上課使用的材料很有方法，所有的讀本都是她自己印的。其中不乏像是魯迅寫的〈聰明人和傻子和奴才〉這一類進步文章與時事評論。每堂課會固定留下時間讓同學做討論，發表意見、心得與看法。計老師也是在這個過程裡頭做觀察。

劉建修另外也提到：

計老師在上課時，曾經讓我們讀過一篇叫〈牆〉[35]的文章。她透過解說文章，告訴我們這個社會有一堵看不見的牆，牆的這邊是做官的跟富有的人家，牆的另一邊則是像我們這樣的窮困的、受壓迫的人們。這個過程，我逐漸明白了什麼是階級與不平等。

至於在二〇一四年人權館計畫的口訪中，劉建修則提到了：

課堂上也講到魯迅的〈野草〉[36]，社會中最下層的人民就像野草一樣，給人家欺負，要踩便踩，被人看不起，但卻是生命力最強的，無論風如何吹，太陽如何曬，還是有生命力地活著。經過計老師上的課，我們想法慢慢改變了，知道社會上的不公平之處，假如沒有課堂的解釋，我是看不懂的。我們的思想慢慢進步，開始有了判斷力去看待這個社會與國家，也知道我們應該去爭取社會的公平。我讀書幾十年來，從日據時代上課到現在，從來都沒有人講這些東西給我聽，當時我唸了魯迅和茅盾等人的文章，思想開始轉變。[37]

對於同一篇課文，劉建修在我們的訪談中也再次提到：

有一篇課文是〈牆〉，老師說，社會上有很多牆，但並不是房子的牆，而是看不見的牆，她解釋之後，我就逐漸知道「牆」的意思，那是人為的、看不見的，講得更清楚一點就是「階級」。

除此之外，根據劉建修〈我無怨無悔〉一文當中，則提到計梅真授課的內容還包括了魯迅的作品《阿Q正傳》與《狂人日記》等。

許金玉在〈全心全意為人民〉一文當中則寫到：

（計梅真）在課程中常常安插學習唱國語歌曲，如「蘇武牧羊」、「天倫歌」、「新女性」以及抗戰時期的愛國歌曲。她促成互相討論的風氣，從歌詞或電影裡的故事中找題材，鼓勵學生發表感想。[38]

而高秀玉則在〈愛的啟示〉一文當中描寫到：

一九四七年夏天，計老師選擇了一篇有關高爾基[39]一生的文章作教材，這篇文章敘述的是高爾基如何與貧困的生活鬥爭，並發奮上進致力於寫作的歷程。這堂課同學們都上得極有興趣，計老師見學生們聽得津津有味，便又給我們出了個《高爾基讀後感》的作文題。[40]

可以想見，過往在上海「女工夜校」以地下黨身分擔任教師而有著豐富教學、組織經驗的計梅真，會出《高爾基讀後感》的作文題給學生做，應該也是經過深思熟慮而設計過的，無非希望每一次都能透過這些題目，來更加認識、熟悉學生，並從中得知學生的想法、遭遇的困境或其生命經驗，並試圖觀察、關懷、開導、引導其思辨甚至進而提升思想。藍博洲在《春天：許金玉和辜金良的路》中，提及許金玉曾經回憶到：

有一天，計老師就要我們練習以中文來寫作文，題目是：「我的志願」。我因為小學畢業念過漢文，這時候已經可以勉強用中文來表達一些心裡的想法了。我就把從小立志要開辦一所孤兒院的願望寫出來。

計梅真在看完了許金玉的文章後，關心地問了她，為何會有這樣的想法。於是許金玉把她的身世以及生父家的四個弟弟悲慘的下場告訴她，計聽了之後先是很讚許她的想法，但她接著向許金玉說明：

孤兒的問題只是整個社會問題的一部分，我們如果有心，就要從根本上來改造整個社會。[41]

而李熒台在〈懷念計梅真老師〉[42]一文中，也提到有一次在作文課當中，他繳出了一篇題為

〈人力車夫〉[43]的文章：

這是一篇寫在台灣光復當時，國民政府尚未來接收台灣的青黃不接時期，郵電機構發不出薪水，我們陷入生活困難時，我曾經利用日本人棄置不用的人力車，在夜晚和另一位從鄉下來的同事，輪流拉人力車補貼生計的寫實的作文習作。

沒想到第二天，計梅真上課時就把李熒台所寫的這篇〈人力車夫〉提出來作為討論的材料。計梅真先問同學有沒有看過台灣作家楊逵所寫的一篇知名短篇小說《送報伕》[44]，看到同學紛紛搖頭後，計梅真開始藉此講述她對寫作的看法：

要寫出一篇令人感動的文章，必須要對生活或社會，亦即故事的背景，有很深入的觀察及瞭解，也就是說必須從實際出發，寫實實在在的生活、社會或人生；即使是自己親身經歷的故事，也是如此……文學、小說不一定要寫自己的經驗，但必須要寫自己熟悉的事件；如果不是自己的經驗，要寫得好，寫得逼真，就一定要對生活、社會作深入的瞭解，必須要靠深入、徹底的觀察或調查、分析來彌補經驗的不足。

接著，計梅真從對文學與寫作的討論，轉而談到了作事、處世的道理。她在課堂上解釋：

要做成功一件事情、工作也是一樣，應該從實際的瞭解出發，也就是「實事求是」，理論要聯繫實際。亦即，要尊重客觀的實際，深入客觀實際，進行調查研究、分析，在詳細地全面地瞭解實際情況的基礎上，將調查（觀察）所得加以「去粗取精」、「去偽存真」，由一般到特殊，「由表及裡」地分析和綜合，從中掌握事物的本質和規律，以決定切合實際工作的方針……

隨後，計梅真在黑板上寫下了「修學好古、實事求是」這兩句話，繼續解釋其中意義：

最近有位哲學家對這句古語作了新的解釋，他說：「實事」就是客觀存在著的一切事物，「是」就是客觀的內部聯繫，即規律性，「求」就是我們去研究。也就是：「我們要從古今中外的實際情況出發，從其中找出固有的而不是臆造的規律性，即找出周圍事件的內部聯繫，作為我們行動的嚮導。」

若我們稍微熟知馬克思主義的唯物辯證法，就會發現上述計梅真後半段在課堂上的談話，完全就是依著馬克思主義唯物辯證法所發揮、詮釋。馬克思在其一系列的經典著作諸如《一八四四年經濟學哲學手稿》、《關於費爾巴哈的提綱》、《德意志意識型態》等作品中，都不斷闡述其唯物辯證法的意理。而計梅真竟然能夠在國語補習班的課堂上，從寫作的討論出發，深入淺出、適切而不違和地將馬克思主義的唯物辯證法自然而然地介紹給同學。

事實上，計梅真與錢靜芝的組織工作，也不僅僅只停留在每天最長一個多小時的課程當中而已。許金玉就曾特別提到[45]：

為了拉近和學生的距離，她一面教國語，一面學台語。看到台灣的婦女都燙髮，她也去燙髮，穿著也改了花一點，盡可能參加大夥兒的活動，如座談會、郊遊等，努力親近群眾。

計梅真為了親近群眾，而盡可能參加學生的「課外活動」。許金玉還提到，計梅真有一次和學生一起去爬台北近郊的觀音山，山上有座寺廟，計梅真看到大家都進去上香，她也跟著一起上香。然而，推測此時已經與計梅真頗為熟識並有私下互動的許金玉疑惑地問計梅真，之前不是曾經對她說過宗教迷信會麻醉人的意志，為什麼計老師剛剛也跟著大家上香？計梅真先是笑著對許金玉說：算是入境隨俗吧。然後，開始嚴肅地向許金玉說明：

> **台灣宗教已浸入多數人的生活，如果你擺出一副無神論者的架勢，誰要和你親近？這樣連談話的機會都沒有，還能糾正他們的迷信？**

許金玉緊接著與計梅真進一步討論到宗教問題，計梅真承認，宗教是很棘手的問題，「我們一面要瞭解許多人需要精神上的支柱，但也要看到宗教危害人類的一面，主要是它會侵蝕人們奮鬥的意志，教人忍受現世的痛苦，把希望寄託於來世」。那我們如何幫助他們？計梅真這樣總結：

> **在團體生活中互相鼓勵、互相學習、累積生活經驗提高自信力，這樣他們才能漸漸地疏**

遠神佛。

許金玉更回憶道，在往後的日子裡，計梅真一再強調：

凡事不可以只顧自己的看法，強推給對方。首先要認真聽聽對方的想法、看法，然後充分瞭解對方的話後，才與對方研究討論，讓對方知道我們所追求的是真理、解決問題，而不是存心壓制對方，這樣才能讓對方心服口服。

計梅真溫柔、誠懇卻又能因時制宜、先切合群眾需求再求提升思想與意識的「組織方法」，後續似乎也多多少影響到許金玉。一九四九年一月二十五日所發行的《野草》第十七期中，出現了兩篇文章，第一篇由高秀玉所寫的〈新年遊動物園拾零〉，第二篇則是高秀玉以親睦為筆名所寫的〈我看「三女性」之後〉，遊記文中提到補習班同學相約在一月二日一起前往動物園出遊，錢靜芝一起陪同，而許金玉與周淑貞姍姍來遲，不過遊記最後，高秀玉寫到：

吃了午飯之後，我們便要求許小姐講「三女性」的故事，這故事是正在「美都麗」上映的電影，許小姐講過後，我們覺得做了一個女性，這片子不得不看的，大家同意，早一點回台北看電影。看完「三女性」，我感動得流眼淚，電影中的女主角劍華，她那堅強的意志、幹練的才能，是值得我們效法的。

二十八日起四天献映

明郎喬發指導改變女性性質去路讀

本編劇：曹雲松　導演：岳楓

三女性

明星首席　李麗華　王豪　主演　羅蘭客串

大中華電影企業公司出品

豐中戲院

二點起二場　八點起二場

上圖：電影《三女性》廣告。（《台灣民聲日報》1948.08.28）
下圖：許金玉少女時期照片。（台灣民眾文化工作室收藏）

《三女性》是香港金龍影業公司在一九四七年拍攝的一部通俗電影。由岳楓執導，知名演員李麗華等主演。劇情描述到上海找工作的女學生吳劍華（李麗華飾）敢於反抗侵犯，追求進步人生；朋友李萍與女兒遭到先生拋棄，淪落風塵；表妹羅露沙貪圖享樂，最終鑄成大錯。而從高秀玉在《野草》上發表的遊記來看，一九四九年的許金玉，已經可以透過大眾通俗電影，來向同事與群眾們介紹、詮釋出其進步意涵。

補習班同學會的成立與《野草》的發行

從一九四六年九月開始，計梅真與錢靜芝在省郵務工會底下開設「國語補習班」，直到一九四八年三月，計梅真與錢靜芝與同學們認識學習、相知相處約一年半的時間，在對每一位同學都有更深入的觀察與理解後，便鼓勵補習班的同學們組織起「補習班同學會」，並發行同學會刊物《野草》。

《野草》自一九四八年四月二十五日發行第一期，一直至一九四九年八月二十日發行最後一期（第二年第九期），一共持續發行了一年四個月的時間，共計二十九期，每期發行份數大約一百多份。我們有幸透過當時編輯劉建修的完整保存，將目前尚存二十六期（其中第一年第十五、十八、十九期原件缺漏）、總計一百四十四篇，所有文章之辨識與謄稿工作完成（見附錄三）。至於《野草》是如何印製發行，劉建修在二〇一四年的訪談中曾詳細談到：

《野草》主要發給局裡的員工，外地就用寄送，當時的紙很薄、很差，我們沒錢買紙，加上物資很缺乏，紙也很少，就拿郵電局的廢紙背面來印刷。當時還用鋼筆在蠟紙上刻字，把蠟刻掉，再刷墨，刷完墨之後再用人工一張一張印，所以沒有花錢。[46]

關於補習班同學會在一九四八年三月二十三日成立的經過，劉建修與李熒台在《野草》的第一期寫了一篇〈補習班同學會成立經過〉說明：

> 我們是在管理局、台北郵局、電信局三個不同的單位中服務的。因為每天在一起學習而認識了，大家感到在課堂裡蒙受老師的教育以後，還希望在課外能夠自動地求一點知識，練一點能力，並且增進同學的團結，發揮互助的精神。於是由全體補習班同學發起，組織同學會。先由各單位推選兩位籌備委員，從事籌備工作，擬定同學會章程草案，經過大家討論通過，然後照章程各組選出委員三人，組織委員會，分為編輯、康樂、研究三部，負責計畫推進工作。選定三月二十三日舉行同學會的成立大會。
>
> 下午十二點半大家都集合在台北郵局大禮堂……先由主席報告四月份的計畫：
>
> 一、在郵報上出副刊「野草」每月一次，由同學會編輯部主編。
>
> 二、出壁報，不定期，三月二十九日青年節出第一期壁報。
>
> 三、登山會，利用二十九日青年節假期到草山去。
>
> 四、開座談會討論人生問題、時事問題。
>
> 五、介紹書籍，有好的書本雜誌在郵報上介紹或印成目錄，以供大家參考。
>
> 然後由編輯部、研究部、康樂部，三部分的負責同學分別詳細報告工作計畫，由各同學

提出補充，最後將青年節登山的事具體的討論決定了。

末後先生對於我們同學會的成立發表談話，要點如下：

一、今天同學會成立了，這是你們大家「自動」發起組織的，這是一個可喜的現象，因為無論做什麼事能「自動」，就是自己能做自己的主人，不必像牛馬般的需被人打了才走，今天你們能自動地組織起來，就是你們懂得了這個道理，而已經向新的道路走了。

二、同學會是大家的，不是幾個委員的，一個團體要辦得好，需要大家協力合作，能寫文章的就要寫文章，能說話的就要說話，把自己的能力，盡量拿出來貢獻給團體。

三、同學會的工作大家以前都沒有攪過，都沒有經驗，所以要努力去學習，比方做主席要做得好，就需要練習。此外，開座談會，討論人生問題、時事問題等也是求知識練能力的機會，只要大家肯多多練習，慢慢地自然就會有經驗。

成立大會算是開過了，可是大家要知道，我們組織同學會並不是為了妝點門面。而是要切切實實去做的，希望諸位同學為了同學會將來的發展，加倍努力吧！

同樣在《野草》的第一期當中，劉建修以「同學會編輯部」的名義，發表了一篇〈關於「野草」〉的發刊詞：

「野草」是我們唸過的國語書裡的一課，那課書裡說，微小的野草之存在，往往為人忽視，可是牠的生命力的確是很大的，牠為著嚮往陽光，為著達成牠的生之意志，不管上面的石頭如何重，石塊與石塊之間如何狹，牠總要曲曲折折地，但是頑強不屈地透到地面上來。這種力有彈性能屈能伸的力，有韌性，不達目的不止的力。我們同學渺小幼稚，正像路旁的野草，不值得人們注意。但我們願意學習野草那股韌性，透過一切困難，生長在地面上。

郵電工人會將刊物名稱命名為《野草》，上述發刊詞寫了第一層的緣由：因為計梅真所編印的課文中有一篇〈野草〉的文章，我們推測應為夏衍於一九四〇年所寫的散文〈野草〉。其二，實際上相當多郵電案的受難者在回憶到上課課文內容時，幾乎都會提到〈聰明人和傻子和奴才〉這篇文章，而這篇魯迅的寓言式文章，恰恰就收錄在魯迅一九二七年所集結發行的詩文集《野草》之中。在上述的關聯性上，同學會刊物取名《野草》可以被視為是具有此雙重意義之存在。[47]

補習班同學會的成立與《野草》刊物的發行要能夠執行，其實也標誌著計梅真與錢靜芝在郵電局的地下組織工作已經順利進入到另一個階段：即黨員的吸收。時任電信局員工的劉建修在二〇一四年的訪談中，首度公開承認他的地下黨員身分：

我是正式參加組織的黨員。我在補習班受到計老師教育上的啟發，思想開始轉變，於是知道，原來中國除了國民黨以外，還有一個共產黨，兩個黨正在大陸打內戰。我也逐漸理解，為什麼打內戰。共產黨、國民黨的性質是什麼。原來共產黨代表的是工農大眾，共產黨反對國民黨，因為國民黨腐敗。我在台灣所見的，正是國民黨的腐敗，因此覺得很有道理。

上圖：國語補習班同學會慶祝《野草》創刊週年，於1949年4月2日舉辦銀河洞郊遊。
下圖：同學會幹部在銀河洞瀑布前合影，後排左起：李熒台、劉建修，前排左起：王文清、許金玉、張欽傑。（劉建修提供）

劉也對他入黨的時間點進行補充，原來在補習班同學會成立與《野草》編輯發行前，劉建修就已經正式加入地下黨了：

> 我也不知道當時入計梅真組織的還有多少人，只有計老師一個人知道，她也不會向我講，因為知道越多，就越危險。這是地下組織，是一個人對一個人的單線，其他的線，不會讓你知道……當時我們規定一個禮拜見一次面，計老師會到我家裡來，不是我去找她。她來的時候，會討論工作上的問題、思想上的問題或者看書的意見、感想，全部提出來跟我討論。從一九四八年的五、六月開始，大概持續差不多一年半。我是一九四八年的年初正式入黨了，之後才開始讀到劉少奇〈論黨員的修養〉以及毛澤東的東西。一般都是讀一個禮拜，下禮拜我就得談談我的讀書心得，慢慢提高我的思想、認識，慢慢培養觀點、提問。[48]

而在我們的訪談當中，劉建修則是進一步地談到了他接受計梅真邀請入黨時的過程與心境：

> 一九四八年初，計梅真老師在我的宿舍中正式向我提出申請入黨的詢問。在同時，我也終於確認了她是中國共產黨的地下黨員身分。我向她表明，我願意參加。
>
> 一個星期以後，我將自傳交給計老師。自傳中陳述了我的家庭背景與歷程。再過了差不多一個星期，審查通過。那一天，她到我的宿舍來，將一份寫好的誓詞交給我，我依著誓詞宣誓：「我志願加入中國共產黨……」

在我交自傳以後，一直到宣誓之前，起碼一個星期的時間，我的心情是五味雜陳，想了很多，現在已經無法形容。而正式參加工作的第一個任務，就是把《野草》辦起來。我的入黨申請，是由計梅真先生介紹。這個過程包括了許多對我的嚴謹觀察、調查認識與教育。據我後來的理解，計老師如果沒有百分之百的把握，她是不會輕易向我開口，甚至於讓我知道她的地下身分，最後吸收我入黨。

事實上，如果根據陸象賢在《九三述懷》中對計梅真在郵電局組織吸收黨員的描述，劉建修應該不是計梅真所邀請入黨的第一位學生：

計梅真的任務是在台灣省郵務工會的掩護下，以郵工補習學校為基地，在台灣省籍青年郵電工人中發展地下黨員，建立黨的組織。她先在受壓迫最深的本省籍女郵電工人中發展黨員，第一個是許金玉，以後有高秀玉等一批女郵電工人入黨。以後在本省籍的男郵電工人中發展黨員。從此就可以通過本省籍的男女黨員在青年郵電工人中發展黨員……她很高興的對我說：發展黨員已有突破。當時，在台北郵電工人中發展黨員人數居全省的首位。這是在一九四九年四月我從北平到剛解放的南京的途中，張執一告訴我的。[49]

許金玉在歷次的訪談當中，雖然從來沒有如劉建修一般正面承認其加入地下黨的事實，但也從未否認過。過去許金玉受訪時的策略，最接近側面迂迴承認其黨員身分的方式，大概當屬她多次描述到她日後遭捕後在監獄中遇到計梅真，最後一次對老師詢問：

以後誰都認定我是共產黨了。那麼，我應該要怎樣做一個好的共產黨員呢？

實際上，許金玉在《春天》中也提到一段她在成為工會幹部後，計梅真就有暗示過她走這條路遲早都有被抓坐牢的可能，甚至有生命危險。計梅真當時問許金玉怕不怕、會不會後悔。當時許金玉回答「不會」，並表示既然要出來做，就要有這樣的心理準備。計梅真除了讚許她以外，更交代：

萬一碰到情況，記住，絕對不可承認自己的「身分」……。50

從各種訊息都可以間接證實，許金玉在一九四七年十一月決定參選工會幹部之前，極有可能就已經接受計梅真的邀請加入地下黨了。事實上這也才是相對合理的推測，畢竟我們後續會清楚交代許金玉擔任工會幹部時，對整個「歸班運動」推展所起到的關鍵作用。

至於高秀玉的黨員身分，她則在〈對恩師計梅真不盡的思念〉一文當中，寫道：

一九四八年十二月，我終於接受了計老師的革命思想……我做了對內對外的聯絡員。51

高秀玉的表白方式與許金玉頗為類似，同樣以側面迂迴、但卻十分明顯的方式做了交代。

同學會與《野草》的功能

從計梅真發展地下工作的考量，以及《野草》當中記載同學會辦過的活動來看，同學會與《野草》的功能，應該就是負責宣傳、組織與動員（尤其展現在歸班運動的推展上）。根據《野草》第一期〈補習班同學會成立經過〉文中，我們可以知道同學會架構分為「編輯」、「康樂」與「研究」三個部。而根據目前我們所掌握到《野草》各期與受難者的口述歷史紀錄，同學會編輯部的功能主要就是《野草》的編輯與發行工作；而康樂部則是負責課外與工作之餘安排同學參與相關活動，例如郊遊、音樂欣賞會等。劉建修就曾經回憶到：

> **當時同學會有定期爬山的活動，這也是群眾工作。光台北郵局就有七百多個人，雖然都屬郵電員工，但是很多人彼此不認識，沒有機會來往，不知道彼此的想法，於是利用爬山、海邊游泳的機會交流。**

1962年2月4日，在監的高秀玉。（台灣民眾文化工作室收藏）

《野草》第一期中由高墀煊寫的一篇〈登山拾零〉中，就記載了同學會在三月二十九日青年節當天一同去登草山，出席皆男同學，包括了高墀煊、鄭逢春、李俊臣、張欽傑、周添福等人。《野草》第四期的〈小消息〉短文中，也記錄了康樂部所辦的音樂唱片鑑賞會：

一九四八年六月十二號（星期六）下午十二時半，本會康樂部舉行音樂唱片鑑賞會。參加人數約三十多人……幽靜的音樂，使大家忘了炎熱與疲勞，最後大家跟著唱片學了一只「春光好」的曲子，欣欣而散。

一九四八年八月一日出刊的《野草》第七期，則是公告了一則〈活動邀請通知〉，預告同學會將在八月八日早上前往基隆海水浴場出遊。通知中洽詢報名的同學會幹部如下：

台北局：高墀煊、許金玉、王文清
管理局：張欽傑、鄭逢春、李俊臣
電信局：呂傳裕、劉建修、李熒台

而同學會「研究部」的工作，根據《野草》第二期李熒台所寫的〈同學會第二次全體大會記〉提到：「研究部四月份舉行了二次討論會，因為同學們熱心的參加得到很好的結果，希望以後繼續維持這樣的精神，五月份二次座談會希望諸位多多參加。」但我們無法清楚得知討論會或座談會的確切內容為何，此後各期《野草》的內容亦少有關於研究部的相關消息。

至於同學會三個部的負責人是哪些人，根據劉建修二〇一五年的口訪內容：

光復初年，劉建修（右）與李熒台於台北電信局東門宿舍前。（劉建修提供）

編《野草》算是很大膽的舉動，我們做得非常小心。《野草》是以補習班為基礎所組織的同學會編的公開刊物，也是我入黨之後才開始編的，創刊的文章我寫了一篇。後來，大家輪流編《野草》，電信局派兩個人、台北郵局派兩個人、郵電管理局兩個人一共六人，兩個人一組，輪流編。

我們目前可以確認，編輯《野草》的電信局的兩個員工，應該即是劉建修與李熒台，而郵電管理局的編輯應有張欽傑（黃宏基文章曾述），另一人以及台北郵局的兩位編輯則仍無法確定。

至於研究部，由於《野草》第二期特別提到原研究部委員黃震同學因病辭職，另外推選王文清同學擔任，然而我們兩度訪談王文清，詢問研究部實際相關工作，王文清都表示：因年代久遠且記憶力減退，已記不得當初辦過什麼具體的活動了。另外，康樂部委員由何人所擔任，目前同樣無法確認，在我們的訪談中，每位郵電案受訪者都表示時日實在太久遠，真的想不起來了。

而除了上述以參加國語補習班的同學為核心對象，期望透過活動擴大接觸面以外，《野草》還舉辦過兩次規模較大的徵文活動。第一次是在一九四八年六月十六日所發刊的第四期中公告，徵文題目為「忘不了的事」，預計錄取：頭等一名、二等二名、三等三名。評審由同學會四位顧問擔任，原預計收稿到七月二十日截止，但七月十六日出刊的第六期則說明因收到稿件不足，將期限延至七月底。八月十六日第八期當中，對第一次的徵文結果公告，最後一共收進了二十一篇稿件。由同學會顧問電信局馬健飛先生、台北郵局汪承運先生[52]、管理局項瑞麟先生[53]與管理局劉紹忠先生擔任評閱。

評審結果如下：

頭等：〈第十三人〉（淡水局黃宏基）

二等：〈掙扎〉（電信局李熒台）、〈五月卅一日〉（電信局劉建修）

三等：〈台灣光復的一天〉（管理局張欽傑）、〈忘不了的事〉（管理局楊顯耀）、〈忘不了的事〉（管理局柯有益）

第二次徵稿則是一九四八年十月一日出刊的第十一期公告，因擔心應徵件數，將徵文題目範圍擴大，希望未寄過稿的同學踴躍投稿。截止日期定為十月三十一日，但為紀念光復節，希望稿件在十月二十日前寄來，編輯將會把原訂十月十六號所出刊的第十二期，延至十月二十五日出刊，並定為

《野草》第4期公告舉辦「忘不了的事」徵文比賽。（劉建修提供）

「紀念光復節特刊」。題目為以下四個方向任選：（一）我學習國語文的經過；（二）台灣光復三年的回憶；（三）三年來的感想；（四）其他：凡是關於紀念光復節的文、詩歌，均可。而字數以不超過三千字為限。

只不過這一次的徵文活動，後續並未如第一次一樣有顧問評比並定等級，而只在第十二、十三期合刊的「光復節紀念特刊」中刊出。

比較有趣的是，我們訪談劉建修時，他回憶了當時同學會為何會特別聘請四位顧問，以及特別找他們擔任徵文活動評審的原因。

不論是編《野草》，還是組織補習班同學會，都會遇到一個問題，那就是被派赴或被吸收的國民黨特務、眼線，其實都以職員身分在我們的周圍監視、打小報告。究竟是哪一些人，我們大概知道。我們特意將這樣的人找來擔任《野草》的編輯顧問，故意跟他搞好關係。好比電信局裡頭有個叫馬健飛的以及其他兩位同事，我就故意去邀請他們三人來當顧問，偶而拿稿子給他們看、假裝請教一下他們的意見，他們高興得要死。找他們來當顧問，就像買個保險一樣，讓他們不至於懷疑，甚至於反過來保護我們。遇到需要他們出面的時候，就讓他們出面。他們的真實身分，其實計老師多少都已經掌握了，並且要我也提防。

第一次規模較大的徵文活動，最大的收穫，應該是透過此次活動，接觸並組織到了原先不曾在補習班上國語課的黃宏基。黃宏基當時在淡水郵局工作，根據他所寫的〈我如何認識了計梅真老師〉一文：

一九四八年[54]夏天，我到台北郵局看朋友時無意中得到一本油印的雜誌《野草》。是台北郵局補習班的同事辦的，裡面有一道徵文比賽啟事，我寫了一篇當兵時的故事投稿，意外得了第一名。編輯張欽傑寄來獎品。其後張編輯常常要我寫稿。那年光復節前夕……我寫了一首長詩……內容是敘述台灣同胞如何興高采烈迎接光復，卻遇到一股強烈血腥的暴風雨，把他們打下黑暗絕望的深谷底。在悲慘的日子裡，看到一道從西邊照進來的光明，於是人們重燃希望之火，站起來迎接上去。[55]

黃宏基寫到，後來張欽傑告訴他，是這一篇長詩打動了計梅真，決定要吸收他，於是請張欽傑先試探黃宏基的意願。黃宏基想到進郵局前的窮苦日子以及小時候一起著住在貧民區的鄰居們，反問自己：為何不參加讓窮人翻身的大事業呢？於是，一九四八年十一月，張欽傑帶著計梅真前來找黃宏基長談，計當時並未自我介紹，那是黃宏基與計梅真的第一次談話，並從此與計梅真以及地下組織建立關係。

「香港會議」與計梅真此後在補習班的「缺席」

《野草》的第一期是在一九四八年四月二十五日發行，第二期於五月十日出刊，第三期出刊則已經是六月一日。值得注意的是，根據保密局、調查局等史料都可以證實，一九四八年五月或六月，中共上海局曾經在香港召集台灣省工作委員會的重要幹部進行了一次重要的組織發展會議，即所謂的「香港會議」，而計梅真則以省工委郵電支部代表的身分前往香港開會。

根據陳芳明一九九一年出版的《謝雪紅評傳》中所載，從台灣前去參加的「台灣省工作委員」包括了：蔡孝乾、張志忠、洪幼樵，以及其所屬縣市工委會與重要幹部：計梅真、郭琇琮、孫古平、唐海光、陳福添、李媽兜、李武昌、朱子慧等。[56]

而古瑞雲（周明）於一九九〇年出版的《台中的風雷——跟謝雪紅在一起的日子裡》中，則提到了「香港會議」的各項議程：

議程則有六項。第一項：有關省工委的組織發展問題；第二項：外省籍幹部與本省籍幹部的協調問題（糾正外省籍幹部輕視本省籍幹部的偏向）……第三項：統一對託管派的認識。決定對託管派進行有利的鬥爭；責令省工委斷絕與蕭來福、潘欽信等人的接觸。第四項：決定謝雪紅作為台盟代表出席新政協會議……第五項：討論舊台共問題。討論此項議題時，李偉光從上海趕來參加……第六項：討論「二二八」若干問題，並做出結論：蔡孝乾事先對形式估計失誤，事後放棄對武裝鬥爭的領導是錯誤的，蔡承認自己失誤……這次會上決定，根據中共中央的指示，將陸續向解放區輸送台灣籍幹部。57

從時序來看，《野草》發行前兩期後，計梅真應該就已經啟程前往香港開會了。這一點在後來一九四八年十一月二十五日《野草》第十四期，由計梅真親自撰寫的一篇〈對同學們說幾句話〉中，對補習班的同學們有這樣的交代：

自今年五月底我因病請假，補習班提前結束到現在和同學們分別已有半年了，在這半年中，雖然大家停止了課堂裡的學習，但是做了許多課外的集體的活動，如開音樂會，集體看電影，出壁報，出版定期刊物《野草》等……這短短半年中，同學們沒有機會在課堂裡學習，但我相信大家的「知識」和「能力」，一定比以前提高一步了。《野草》的經常出版，和它內容的逐漸豐富，就是一個具體的證明……

……補習班雖然暫時不開課，我們雖然暫時不能在一塊兒學習，但當拿到每一期《野草》時把眼睛閉下來想一想，同學會成立那天的盛況，彷彿就在目前。我今天寫這幾句話時，也彷彿在課堂裡跟你們說話一樣，對於你們以後為投稿《野草》而寫的文章，我仍願跟你們一起研究修改，在學習上，你們如果有什麼問題，我仍願跟你們一起討論解決，希望你們仍和過去一樣，不要把我當作「老師」而把我當作和你們一起學習一起求進步的朋友。

也就是說，計梅真在五月底以「請病假」為名義去了香港參加「香港會議」後，即便會議後回到台北，也並未繼續其國語補習班的教學工作。根據計梅真文章的文句，我們無法判斷計梅真回台北後是主動離開教職崗位，還是國語補習班本身的運作與存續有所變動。

根據一九四八年九月二十五日，「台灣省郵務工會第二屆第九次常務理事會」的會議紀錄：會中討論事項（六），即為「本會國語補習班教員計梅真辭職照准遺缺應請另聘人員待補案」。最後常務理事會的決議是：「遺缺暫時保留必要時登報招收錄用。」

然而，我們從劉建修或是許金玉等人的口訪資料或回憶紀錄中都可以證實，一九四八年香港會議之後，回到台北的計梅真，應該都還有持續與他們保持聯繫，無論在指導《野草》的編輯上，還是討論如何在工會中推展「歸班運動」上，甚至在一九四八年十一月，計梅真還為了吸收淡水局的黃宏基而親自與其面談。也就是說，從一九四八年六月到九月工會常務理事會討論計梅真的辭職案，直到十一月計梅真在《野草》上的交代，這段期間即便補習班沒有運作，計梅真依舊實際領導著郵電支部的各項事務。

我們無法判斷的是，計梅真在結束「香港會議」返回台北後，未再繼續其在補習班的教學工作，是基於「香港會議」上組織的決議另有其他交付工作，還是省郵務工會對國語補習班開班的政策有所改變。我們也無法確認，省郵務工會在九月討論計梅真辭職照准的案子，是代表計梅真直到九月份左右才辭去教職，還是更早之前就已經請辭。而依據高秀玉的文章〈追憶錢靜芝老師〉中提及：

一九四八年十二月，計老師和曾國榕先生結婚，計老師趁此機會便辭去了國語補習班教

員的職務。計、錢兩位老師在國語補習班授課也有了兩年多的時間……後來國語補習班改為函授學校……

又或者，計梅真的辭職，果真如高秀玉文章所述與其十二月和曾國榕的婚事有關，時至今日，同樣是一個難以證實的謎團。不過，一九四八年末至一九四九年初省郵務工會的「國語補習班」從實體開班授課，改為函授學校的可能性確實很大。我們可以發現：《野草》一九四九年一月一日出刊的十六期當中，就已經擴大刊載了各地接受函授國語教學學生的文章稿件。

打入工會與「歸班」運動

從過去「郵電案」受難者的口述、書籍和影像等資料，乃至我們的訪談，都可以發現到：計梅真與錢靜芝發展地下黨組織的「郵電支部」，是先透過國語補習班接觸，長時間觀察、陪伴、交往、深入瞭解郵電工人後，才極為謹慎地進行第一波地下黨員的吸收工作。

而在吸收第一波黨員（目前可以證實至少包括了許金玉與劉建修）、「補習班同學會」成立後，組織開展的工作大致可以分為兩條相互發展的主要軸線：第一條，就是前面提到的《野草》編輯與出刊的發展軸線；第二條，則是由許金玉等人試圖打入省郵務工會，影響工會運作的發展軸線。這兩條軸線之間，雖然一定程度發揮了相輔相成的效果，但在開展負責的人員上，卻是個別清楚分開的。

舉例而言，歷次對許金玉的訪談中，許金玉可以很詳細地描述其被計梅真說服出來參選工會幹部、當選工會幹部之後的活動，與如何在工會內推展「歸班運動」，但她對《野草》的編務工作或者如何運作幾乎是一無所知。另一方面，對劉建修的歷次訪談同樣可以發現，他對於《野草》的編務工作、邀稿、徵文比賽等活動可以如數家珍，但對於「補習班同學會」內，被推派去參加工會事務的同事，在工會內的詳細運作過程，其實是無從清楚得知的。

過去對省工委（或共黨）地下組織運作的研究，往往都會強調一個關鍵重點，就是「單線聯繫、單線領導」的原則，並且嚴禁黨員之間的「橫向聯繫」。這是為了地下工作的保密，避免組織遭到破壞後，成員因為橫向聯繫遭到擴大牽連。

在郵電支部的運作上，我們綜合此前相關的線索可以推論，許金玉作為打入工會組織、推動「歸班運動」的實際領導者之一，應該在一九四七年十一月工會第二屆會員代表大會的改選前，就已經加入地下黨了。

省郵務工會的第二次代表大會，是「歸班運動」的重要轉捩點。實際上，在第二次代表大會之前，第一任理事長陸象賢的地下黨身分就疑似被國民黨情治單位掌握了。我們在前文抄錄了保密局台灣站安插在郵電單位中的線民李阿祿（工會第一屆監事）所報的三個情資，其中之一就提及：

> 查據李阿祿同志報稱：於本月十日下午十時許有郵電管理局報務科郵電員張彩雲（現年二十三歲，前新竹郵局通信股長）潛入台北電信局通信科，竊用電報機，用日文電碼，向新竹、台中、高雄各郵電局發出反對陳郵電管理局長及煽惑本省籍郵電員工之秘密電報，後欲在向其他之郵電局發出時被當夜值機員尤万囲發現，當即被其阻止並將該原稿燒棄，

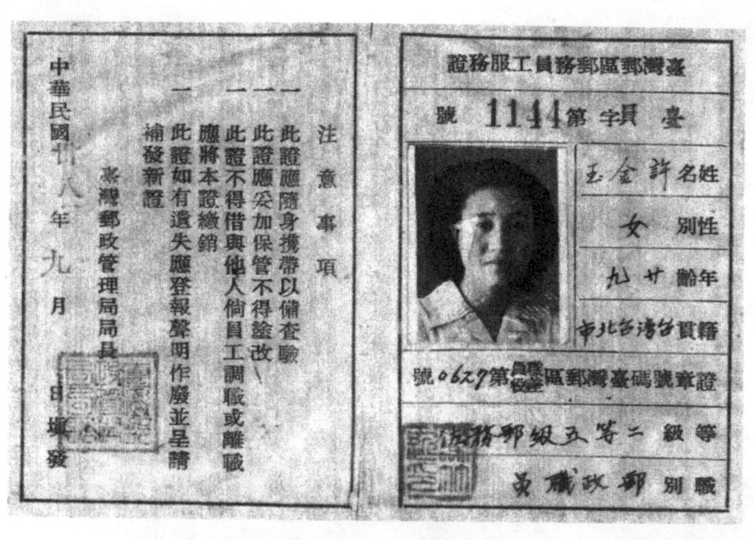

臺灣郵區郵務員工服務證

臺員字第1144號

姓名 許金玉

性別 女

年齡 廿九

籍貫 台灣台北市

證章號碼 臺灣郵區郵政員工第0627號

等級 二等五級郵務佐

職別 郵政職員

注意事項

一 此證應隨身攜帶以備查驗

一 此證應妥加保管不得塗改

一 此證不得借與他人倘員工調職或離職應將本證繳銷

一 此證如有遺失應登報聲明作廢並呈請補發新證

臺灣郵政管理局局長

中華民國卅八年九月 日填發

許金玉郵局員工服務證。（台灣民眾文化工作室收藏）

該張彩霑素與陸象賢所掌握之主要人物劉錦芳（請參照戊巧七十號代電）頗有聯絡……

也是因為如此，國民黨的軍統系統（保密局）才會主導由侯崇修取代陸象賢接任第二任理事長。也就是說，在一九四七年十一月工會改選前，陸象賢、郵電支部的計梅真、錢靜芝甚至是省工委的領導人蔡孝乾，就已經預料到，當十一月陸象賢離職之後，工會內部將缺乏地下黨提供消息與內應協助。所幸計、錢兩人曾有一年多的經營與組織，計梅真才可以在這次工會改選，從補習班同學會中挑選出合適的人出來參選，讓陸象賢離開工會後可以有人打入工會，繼續加強力道推動「歸班運動」。

根據許金玉多次的訪談回憶，都曾提到工會第二屆會員大會上改選的過程：

在此之前，工會的首任理事長陸象賢已經被國民黨視為「眼中釘」，並且決定要把他拉下馬來。大會當天，國民黨提出不能讓陸象賢當大會主席。可是，我們這些代表們還是當著與會的警備司令部、社會處和省黨部的「貴賓」的面，選舉陸象賢當大會主席。大會選舉了新的理監事。陸象賢在必要的妥協之下，沒有連任理事長，改由軍統方面的全國郵務總工會常務委員陸京士派來的侯崇修繼任。然而，軍統硬塞進來的理監事候選人卻沒有一個當選，我們工會提出的候選人則全部當選。我也被選為理事之一。[58]

許金玉在接受我們訪談時說，她能夠當選工會代表，背後計梅真對選舉的運籌帷幄十分關鍵：

在無法掌握工會全部系統的情況下，我們也有我們的人，像計老師也會幫忙聯絡工會的會員。我選上工會幹部的過程，計老師起了很大的作用。那時候不是我自己動員，大家都會幫忙動員，不是我一個人的力量，有的根本就不認識我。

根據陸象賢《九三述懷》中的回憶，大會隨後選了出席全國郵工第五屆代表大會代表團二十人，他被推選為團長。十二月，在上海召開的全國郵工第五次代表大會上，他當選為全國郵務工會聯合會理事兼駐會副秘書長。經中共上海局張執一批准留在南京，自此結束在台灣的地下工作。

雖然許金玉提到「我們工會提出的候選人則全部當選」，但除了許金玉之外，我們無法完全掌握由「國語補習班同學會」推薦參選而當選的名單為何。在二〇一四年由劉建修自編自印的

《一九五〇年代白色恐怖檔案》中，〈檔案四十二宋世興〉一文以第一人稱的方式寫作，因此應該是宋世興本人所撰寫，其中出現了一句「後來我當選為郵務工會的常務監事，與台北郵局的常務理事李振貴、曾清萬常見面」。[59]

我們從一九四九年八月五日出刊的《野草》第二年第八期中的記載也可以看到，在三月底工會發起了史無前例的「歸班遊行」後，「省工會常務理事許金玉、台北工會理事李萬順、直屬管理局支部常務幹事宋世興」遭到國民黨調職的「秋後算帳」。另外，在陳玉籐早年的口述歷史訪談[60]中，也提到自己當選過「工會理事」。從上述資料歸納起來，「國語補習班」同學參選工會幹部並當選者應該至少包括了：許金玉、宋世興、李振貴、曾清萬、李萬順、陳玉籐六人。

另根據一九四八年九月二十五日，「台灣省郵務工會第二屆第九次常務理事會」的會議紀錄，出席者包含了：王啟震、蔡媽愛、李潤屋、卓周紐、鮑伯玉、侯崇修。列席者則包含：何達仁、周至成、許金玉、莊木錄。這裡似乎顯示，補習班同學會當選的幹部，可能僅止於「理監事」層級而未至「常務理監事」層級。另一點讓人起疑的是，《野草》第二年第八期中提到許金玉身分為「省工會常務理事」，但許金玉若是常務理事，那麼為何在這份會議紀錄中僅為列席而非出席。在另一份中研院台灣史研究所取得的保密局流出檔案中（B_17_0013_0030）[61]，記載了一九四九年三月省郵務工會為了「歸班」問題特別召開了「解決歸班問題各地各級代表大會」，大會職員名單如下：

【總務科】

一、膳食組：李萬順、蘇灯輝、周海樹、李金條、林坦、林瑞、徐彩雲

二、住宿組：周添福、曾清萬、張定國、邱文東

三、招待組：許金玉、李振貴、張美玉、陳英英、謝琴

四、事務組：宋世興、洪泰山、陳玉籐、李天助

五、會場組：莊木錄、王金生、楊木發、楊銘正、李萬順（兼辦）

六、收支組：林文通、陳振源

從這份職員名單當中我們可以發現，包括：李萬順、林坦、徐彩雲、曾清萬、許金玉、李振貴、宋世興、陳玉籐等八人，均為「國語補習班同學會」之成員。事實上，這八人除了李萬順以外，後來無一倖免受到「郵電案」的牽連，而遭逮捕入獄服刑。

總結來說，雖然我們無法確認在一九四七年十一月的第二次代表大會之後，由計梅真、錢靜芝所組織運作「國語補習班同學會」參選而打入省郵務工會的確切人數有多少，但可以肯定，在陸象賢身分暴露撤離台灣後，省郵務工會內至少還有一股由「補習班同學會」成員（包含已成為地下黨員）幹部的力量取而代之，繼續推動「歸班運動」。

歸班運動：一場長期的鬥爭

此前曾提及，當陸象賢一九四六年八月成功籌組台灣省郵務工會並當選為第一屆理事長，返回上海向黨報告時，當時陸的上級陳公琪，一方面肯定陸象賢所抓的「歸班問題」、「同工同酬」訴求，對組織動員台籍員工是正確的，但也預言了「這將會是一場長期的鬥爭」，果不其然。

「歸班」問題，源自於國民黨政府來台接收後，將日本殖民時期就已經在郵電部門服務的

六、七千名台籍員工，視為臨時的「留用人員」，遲遲不肯將其納入與大陸其他省分郵電單位相同的正式編制中。並且，還在郵電機構中，區分本省籍「留用人員」與外省籍調派至台灣之人員，分別適用兩套人事與薪資制度，如此公然不平等的對待與「同工不同酬」，讓台籍郵電員工滿腹委屈、憤恨不平。

周淑貞在早期台灣省文獻會的口述歷史訪談中就已經這麼說：

當年來台接收的官僚威風十足，不了解台灣，胡亂作為製造社會亂象，令人感覺很失望，例如中央派人來接管郵局，只接管財產，不接收職工的正式身分……而且隨接收人員來台的外省籍職員做的工作不比我們多，領的薪水卻比我們多很多，而且不公開，這種待遇的不公平造成台籍職工感覺不平和悲哀……使我們覺得在同樣的民族下，竟有不平等的待遇。過去台灣在日本人的殖民統治下日本人把我們當二等國民，我們處處受日本人的壓迫已夠痛苦，光復後說祖國愛我們，來接收的官員卻也把我們當二等國民……[62]

在我們進行的訪談當中，王文清則是如此描述：

光復以後，郵電工人的薪資標準一直與外省職工存在著差距。我親眼所見，外省職工領錢的時候，是拿著布袋來裝的；相反地，本省籍工人領的薪水摺一摺放到口袋還裝不滿。明明大家都是一起在工作，甚至他們的工作量還比較輕鬆，薪水卻領得比我們多很多，憑什麼會有這樣的差別待遇？所以這是相當不公平的。「歸班運動」就是從這樣的待遇落差來的，我們要求將所有留用工人轉為正式員工，並且比照中央制訂的標準給予平等的待遇。要不然，物價一直飆漲，連基本生活都不知道怎麼維持。

劉建修在二〇一四年的訪談中回想起來同樣憤憤不平地說：

我們台籍工以「留用」的方式工作，但我們明明是正式考進來的員工，若是針對日本籍的員工，還可以說是「留用」，怎麼我是台灣人，你也留用？我們認為，台灣回到祖國，應該跟祖國僱用人員的待遇一樣，現在光是薪水就相差五、六倍，太不像話了，大陸員工是交通部的正式員工，薪水是按照物價指數計算，他們等於是大陸的薪水拿到台灣來使用，而我們卻是日本的工資水平滯留在台灣，一「留用」，還「留用」了四年！[63]

當年陸象賢以「爭取歸班」、「同工同酬」的訴求來號召台籍員工加入工會，然而，一如陸象賢自己所述，在他當選理事長返回大陸，向郵政總局或交通部尋求解決之道時，通通踢了鐵板而無功而返。「歸班」的問題，直到一九四七年十一月工會第二屆代表大會改選後，陸象賢撤離台灣前，依舊沒有實質的進展。同時間，台籍郵電員工對遲遲無法「歸班」與「同工同酬」的不滿情緒持續醞釀著。

歸班有機會成為一場「運動」，關鍵是一九四六年九月「國語補習班」的成立，計梅真和錢靜芝擔任教員後，才終於有機會透過課堂時間來接觸員工，瞭解台籍基層員工最真實的想法與需求，自此「歸班運動」才逐漸由下而上地開展起來。在許多郵電案受難者的口訪或是紀念計梅真、錢靜芝的文集《魂繫台北》中，都有提到同學在課堂上與計梅真、錢靜芝日益熟悉後，感受到兩位老師是真誠地關心台籍員工，也因為計、錢兩人本來就會在課堂上討論時事以及同學生活上遭遇到的各種問題，因此課堂上或下課的討論時間，漸漸出現同學一方面向計、錢兩位老師訴苦長期「留用」的不公平待遇，一方面希望請教兩位老師們要如何才能達到「歸班」的目標。

依據許金玉在《台灣好女人》中的描述，台籍員工對於無法「歸班」雖然不滿歸不滿，大家卻都不知道要如何去推動「歸班運動」。

有天上課的時候，當計老師和我們討論社會問題時，有一個同事就向她提出這個問題，請教她，我們該怎樣來推動這個「歸班」運動？

許金玉當時依自己的判斷認為，計梅真其實早就把這個問題看在眼裡了，只是不主動說，要等同學自己提出來，她才順勢表示個人的看法。許金玉回憶計梅真當時的回答：

「自己的權益，一定要自己去爭取；自己如果不去爭取，是沒有人會替你爭取的！」

計梅真首先嚴肅地對大家說，然後接著建議同

《魂繫台北——紀念台灣郵電工人運動先驅》書影。

學：

「你們可以充分利用工會，通過工會爭取發言權，並且爭取你們應有的權益！」[64]

同樣跟著計梅真學習國語，只是在不同時段上課的王文清，在〈深切懷念計梅真老師〉[65]一文中也提到了他主動詢問計梅真關於「爭取歸班」問題時的情況。他有一次問計梅真：

台灣人的命為什麼這麼苦，日本統治時代受盡歧視……現在光復回歸祖國，仍然不能翻身，還要受同族歧視，就郵局來說，我們台籍員工不能成為正式職工，貼著「留用台籍員工」的標籤，與國內來的郵務員同工不同酬。

王文清回憶當時計梅真的答覆是，她到台灣才幾個月，還不夠瞭解台籍員工的待遇職位等等問題，要王文清給她一段時間，等她深入研究、充分了解後，再一起和大家針對問題討論解決方法。

隔了一段時間後，計梅真果真向他提到：關於台籍員工處境與待遇的問題，確實非常不人道、相當不合理。而當局也沒有誠意要解決，這是國民黨蠻橫壓榨人民的慣技。計梅真緊接著說：

我們要從無到有，從點到面，發動群眾起來爭取大家共同的利益……第一步就是要團結群眾……擴展你的接觸面……想盡辦法，增加朋友，越多越好。第二步要利用郵務工會，使工會真正為台籍員工服務，要達到這個目的，一定要設法控制工會。因此我們的工作目標，在下回改選理監事時，取得半數以上的席位。

我們從上面的描述可以確定，計、錢應該就是在一九四七年十一月前以「國語補習班」學生為核心，物色、遊說了合適的人選出來參與工會改選，進而成功進入工會內部，成為推動「歸班運動」的發動引擎。

然而，在許金玉等人當選進入工會後，運動的推展也非一蹴可幾。由於工會理事長已被換成了國民黨軍統系統的侯崇修，工會組織基本上還是掌握在國民黨人馬手上。即便工會改選後加入了多位年輕的台籍新血，都將「歸班」視為工會最重要的目標，但對侯崇修與郵電機構的國民黨人馬而言，根本沒把台籍基層員工的訴求當一回事，依舊是能拖就拖，能敷衍就敷衍。

可以看到，在一九四八年四月十七日的中華民國郵務工會全國聯合會常務理事會第六次會議紀錄中，針對「台灣留用員工改班案」，大會討論後的決議，僅有寥寥的「**向總局繼續交涉**」七個字而已。

一九四八年九月二十五日，「台灣省郵務工會第二屆第九次常務理事會」的會議紀錄中，即將前往南京總局交涉的主席侯崇修針對有關「歸班」的報告，僅是官腔官調地表示：「改班案交通部正擬召集各相關首長舉行專門會議研究辦法」。而根據許金玉的回憶，侯崇修此次「赴京」雖然是為回應工會內與台籍基層員工的「歸班」訴求，但侯崇修回台灣後，只帶回了「按照省政府標準加（薪）三成」來敷衍，卻絕口不提本來允諾交涉「歸班」的結果。

到了一九四八年底，中華民國郵務工會全國聯合會在上海召開全國郵工第五次代表大會，侯崇修率台灣省郵務工會共二十名代表前往開會。當時各省分會可以在會上提出問題來討論，力求解決之道。身為與會代表之一的許金玉回憶：

我們都認為這是解決台籍員工「歸班」問題的好機會。在會上，我看到其他省分的代表發言都很熱烈而且具體……然而，侯理事長卻什麼也沒提。儘管我們有一些代表起來發言，卻因為國語的表達能力還不是那麼好，而沒有引起具體反響。

後來，侯崇修為了安撫其他台籍代表，又說要帶大家到南京總局陳情，到了南京後，侯卻說他會講得比台籍員工好，而不讓大家跟著進入南京總局交涉。結果侯見了總局局長後，同樣沒得到任何具體的回應，侯崇修最後甚至以要留在南京以利跟總局「交涉」為藉口，沒有跟著其他代表返回台灣。[66]

從一九四七年十一月「國語補習班同學會」台籍員工加入工會後，就試圖在體制內推動「歸班運動」，但在理事長侯崇修與國民黨人馬消極抵制下，似乎也沒有顯著的進展。然而，郵電管理方和國民黨當局的敷衍態度、罔顧台籍員工期望獲得平等待遇的的呼聲，已經讓不滿的情緒，在各地郵電基層員工當中不斷升溫。

其中一個特別有趣的案例是，我們從前述國民黨保密局台灣站在台北郵局內所布建的線民——李阿祿所回報的前兩項情資中可見一斑。第一則情資是：

郵電管理局報務科郵電員張彩霑（現年二十三歲，前新竹郵局通信股長）潛入台北電信局通信科，竊用電報機，用日文電碼，向新竹、台中、高雄各郵電局發出反對陳郵電管理局長及煽惑本省籍郵電員工之秘密電報，後欲在向其他之郵電局發出時被當夜值機員尤万囲發現，當即被其阻止並將該原稿燒棄。

張彩霑向新竹、台中、高雄郵電局發出的秘密電報，內容即為呼籲郵電員工團結爭取「無條件歸班」，但隨後在向其他郵電局發出時被當夜值機員尤万囲發現而阻止。

李阿祿回傳給保密局的第二則情資則是：

續飭李阿祿同志查稱……（一）本月十日下午十時張彩霑竊用電報機傳發電報時曾被尤万囲阻止。但嗣後該尤万囲亦被煽惑，於本月十八日上午十時在該電信局續再發出同樣電報。（二）本月八日晚，台北電信局電信試驗室職員楊新知率同處二名至該試驗室利用公用電話以日語電話符號向新竹局發出前張、尤兩人傳發之電文並轉電湖口郵局聯絡，行動甚為詭密。

換句話說，第二則情資顯示，本來第一次阻止張彩霑發電報的尤万囲，在理解並支持爭取台籍員工歸班的訴求後，一個星期後反倒是向他局發出同樣電報。

光是根據這兩則保密局內部的情資回報史料，就可以推測，「爭取無條件歸班」已經逐漸成為六、七千名郵電台籍員工最大的共同目標了。光復四年來遭受到國民黨政權不平等對待的情緒有如遍地的乾柴一般，就等著適時的星火，即可興起燎原之勢。

《野草》在歸班運動上的宣傳效果

我們前面提到，計梅真與錢靜芝在郵務工會「國語補習班」發展出兩條主要工作軸線，一條是吸收黨員打入工會內並推動歸班運動，而另一條看似無關卻相輔相成的，就是由「國語補習班同學會」自辦的《野草》刊物發揮的宣傳、組織和動員效果了。而從我們可以取得並辨識的二十六期《野草》內容來看，自一九四八年五月十日第二期由王添貴所寫的文章〈一個夢〉起，許多內容就已經開始在對歸班運動進行說明、論述甚至動員了。

稍微統計一下可以發現，在《野草》二十六期當中，除了在一九四九年三月二十五日出刊的〈解決歸班問題各地各級代表大會特刊〉中的六篇詩文在內，總計多達二十六篇主題是和「歸班」有關聯的文章。而且時序上越晚——約莫自一九四八年十月起——《野草》關於「歸班」的文章數量就越來越多，可以推測很可能是為了日後希望促成的大規模動員，有計劃地進行增溫的宣傳效果。

而一九四九年三月二十五日所出刊的〈解決歸班問題各地各級代表大會特刊〉，更可以說，就是為了因應三月二十四日到二十六日由省郵務工會召開的「解決歸班問題各地各級代表大會」，所做的宣傳動員刊物。

這一期的內容除了〈我們的要求〉、〈合理合法〉兩篇論述性的文章之外，還有一篇〈木柵外的綿羊〉的長詩，並有借用〈義勇軍行進曲〉的曲調、署名由補習班同學集體作詞的〈改班

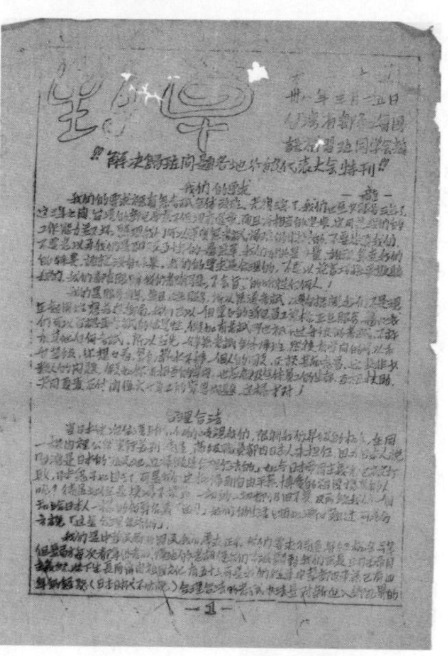

野草

卅八年三月二十五日

!!解決歸班問題各地代表大會特刊!!

我們的要求

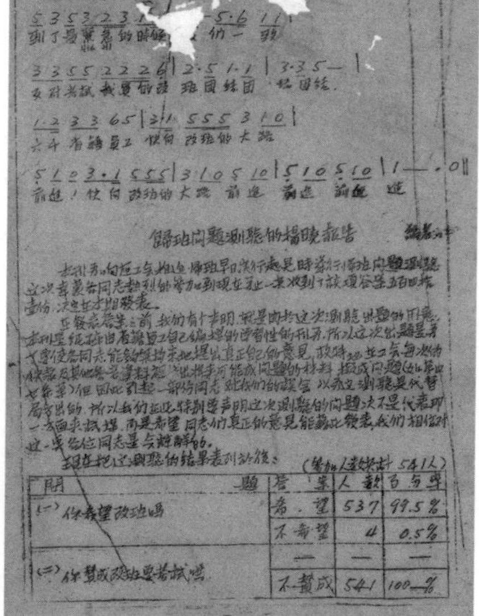

歸班問題測驗的揭曉報告

(參加人數總計541人)

問　題	答案	人數	百分率
(一)你希望改班嗎	希望	537	99.5%
	不希望	4	0.5%
(二)你贊成改班要考試嗎	—	—	—
	不贊成	541	100%

上圖：1949年3月25日《野草》第20期「解決歸班問題」特刊，要求當局應讓台籍員工享有合理、合法的待遇。

下圖：《野草》第20期「解決歸班問題」特刊，刊出〈改班行進曲〉曲譜；下欄文章則為《野草》舉辦的不考試歸班問卷調查結果，不贊成考試的高達100%。（劉建修提供）

行進曲〉。最後，還列出了同學會對歸班問題所進行的「問卷調查」結果：在五百四十一位受訪者中，「希望改班」的比例高達百分之九十九點五，「不贊成改班還需要考試」的比例則達到百分之百。換言之，此次的擴大會議之前，補習班同學會就已經接觸到超過五百名的台籍員工了。

一場預先安排的「意外」：從「各地各級代表大會」到請願遊行

從一九四九年起，連報紙上對台灣省籍郵電員工要求歸班的報導都開始大量增加。依據《公論報》、《和平日報》和《台灣民聲日報》的報導：

一月十二日，台中郵電局員工要求無條件歸班。報導提到「內地與省籍員工，待遇相差太懸殊。台籍員工（課長級）最高月薪不過台幣三十萬元，但自內地調台服務同仁最高待遇超過兩、三百萬，最低如雜役也可領一百萬元左右。」

一月二十日，郵電省籍職工要求歸班，電交通部等機關呼籲解決懸案，並將推派代表謁陳主席陳情。

一月二十一日，本省郵電員工考試歸班在即，高雄郵工會開會討論。報導提到：「高雄郵電務工會十九日召集座談會，員工代表近百人，由工會理事長何正肇主持，會中主張不經考試歸班。高雄市總工會理事長林亮表示本省人豈不是中國人，並非日本人，哪裡有『留用』兩字。」（出自《台灣民聲日報》）

一月二十四日，各縣市的省籍郵工，紛請當局准予歸班，包括了嘉義、彰化等地郵務工會皆

廢除不平等待遇 要求迅予「歸班」

彰化郵工會向各界呼籲

【本報彰化訊】彰化郵務工會為影響省籍郵電員工歸班案，特於昨（二十二）日上午十時招待記者呼請輿論聲援，並電請彰化市參議會，市黨部伸賜聲援，並轉當局呼請速日解決以安群情，茲抄誌原文如次：

臺灣光復業已三載，省籍郵電員工迄今仍援『留用』名義効勞國家，致與內陸調臺服務同人不能享受同等待遇，而在同一機關同一職守，竟有形成差別之矛盾，查調臺同人待遇係悉照內陸待遇，報據指數核發，此為當前維持最低生活一種合理之待遇，然省籍員工却係此照省府辦法核發而無省府各項配給規定等福利優待，此種兩不相類又不合理之差別，實屬含有侮辱省籍員工性質，尤

未獲得任何實現，然而涸轍之魚奈堪久待，要求迅與歸班之洶湧迫切呼聲如火如荼，本會職司工運當應妥予領導業已向當局提出本案務請於本年三月底前解決，是以本省淪陷五十餘年還境特殊文化水準與內陸迥異，應以不經考試歸班為原則，萬一格於法令必經考試亦須按年資，考績，學識三種給分，儘量給予有利條件，考試不及格員工應仍留用，不能藉歸班而裁員，引起社會秩序混亂，經獲臺灣郵電管理局允予考慮，素仰貴會部愛護衆庶為民喉舌用特陳情敬祈鑒核賜予援助轉向當局呼籲，廢除歧視，俾便台籍員工能護普天同霖之實，即邦家幸甚，我七千員工

《台灣民聲日報》報導，彰化郵工會要求廢除不平等待遇，迅予「歸班」。（《台灣民聲日報》1949.01.24）

要求歸班。

二月九日，郵電員工歸班問題，郵務工會代表謁陳主席陳情。報導提到：「郵務工會理事長侯崇修、常務理事鮑伯玉向陳主席陳情，要求三月底前歸班為正式郵電員工。陳主席允諾轉達給中央交通部長俞大維。」

三月三日，郵電員工建議交通部，要求全體免試歸班。報導提到：「郵務工會反對先前交通部歸班承諾中的甄試規定，要求依資歷能力分等級，不得藉口裁員，廢除留用制度。」

三月十日，郵電歸班問題，郵務工會呼籲不考試歸班。報導提到：「台北郵務工會呼籲全員歸班，不考試歸班，徹底取消留用身分。」

三月十九日，台灣旅滬同鄉會，支援省籍郵工歸班，致電省參議會請予援助。報導提到：「台灣旅滬同鄉會致省議會，希望郵務員工盡速歸班，免於大批失業引起社會問題。」

換言之，「歸班運動」從一九四九年一月起，已經不只是台灣省郵務工會內部討論的議

題，而是普遍在全省各地的郵務工會與台籍基層員工之間大規模發酵，這段期間包括了台中、高雄、嘉義、彰化各地的郵務工會都表達了「不考試歸班」的訴求。在不斷升高的情勢下，省郵務工會理事長侯崇修在二月被逼得再次對外承諾將當面向省主席陳誠陳情，要求三月底前台籍員工歸班為正式郵電員工，然而陳誠僅允諾將轉達給交通部長俞大維而已。

也因為台籍基層員工對侯的不信任，當年三月二十六日爆發的歸班請願遊行，其實早已有跡可循，宛如一場預先安排的「意外」。

根據一份台灣省參議會保存、由台灣省郵務工會所陳送邀請派員出席指導的歷史資料「台灣省郵務工會函請派員出席本會解決歸班問題各地各級代表大會」[67]，其中有一份「工會爭取不考試全體歸班進行經過」的說明文件，內文提到工會在一九四九年二月二十日第八次理監事聯席會議決定不考試歸班原則，並推派理事長侯崇修赴中樞交涉（二月二十三日赴滬）。

該文接著又提到，三月二十一日工會舉行第十八次常務理事會，議定本月二十五日召開各級代表大會，一面急電廣州侯理事長並呈報省社會處備案及邀請省籍警務機關等出席指導。文中載明：三月二十五日工會舉行「本會解決歸班問題各地各級代表大會」，地點為台北郵局大禮堂。

我們將這份「爭取不考試歸班進行經過」文件，比對劉建修與許金玉的說法就可以了解，看似臨時舉行的「解決歸班問題各地各級代表大會」，其實是計梅真與錢靜芝以及加入地下黨的國語補習班成員的沙盤推演計畫中的一環。

合理推測，計梅真與補習班同學會的工會幹部的考量，應該是先在二月二十日第八次理監事聯席會議同意推派侯崇修離開台灣「赴中樞交涉」。然後選在侯崇修不在台灣的時候，在三月二十一日常務理事會突襲決議於二十五日召開「解決歸班問題各地各級代表大會」，並立刻通知全省各地的郵務工會各級代表與會，為的就是希望在同一個場合與時間內，集合、動員到最多人數的台籍員工，對可能升高為陳情遊行的計畫預做準備。劉建修在訪談當中就說得很明白：

事實上，早在擴大代表大會召開之前，我與計老師就已經針對即將召開的會議有過幾次討論。當時歸班問題早已形成氛圍，不需要再繼續談。討論的內容反而是「代表大會怎麼開」的技術問題。包括請願書怎麼寫的問題。因此，遊行表面上看起來是臨時的，但實際上我們對於事態的發展事先早已經有所準備。當然，如果不是存在著不合理的事實，那麼郵電員工也不會這麼地忿忿不平。

而許金玉在訪談中也坦承，代表大會前台北街頭已經出現呼籲歸班的標語和漫畫，其實也是整個遊行陳情計畫的一環，甚至連一旦要遊行時需要使用的單子（傳單）、布條都已經預先寫好了：

遊行之前的報紙寫到當時在開的全省各級代表大會時說，台北街頭已經有呼籲歸班的標語和漫畫。這也是計先生的建議。標語是要求改班，我們要活。寫在單子上、紙上，遊行的時候有拿出來。

當然，國民黨的情治系統也不是沒有掌握到相關的情資，至少在中研院所獲致的保密局台灣站檔案（B_17_0013_0054）中，回報的情資已經掌握代表大會前的晚上，李萬順、李振貴、高墀煊書寫傳單，而負責黏貼者為林瑞、林明、吳鴻儀等三人。傳單內容則是：「我們豈不是中國人為何殖民待遇」、「我們力爭無條件改班」、「為什麼叫做留用」、「爭取待遇平等」。即便如此，情治單位恐怕還是沒有預料到，二十六日當天會演變成一場二二八事件後台北街頭最大規模的遊行陳情行動。

雖然「解決歸班問題各地各級代表大會」定在二十五日，但許多訪談資料都顯示，其實二十四日會議就已經開始了，推測有可能二十四日是由省郵務工會的理監事或會員代表預先開會，二十五日則是正式的「解決歸班問題各地各級代表大會」。會議一直開到二十六日，已經是大會的最後一天，大會推舉了包括許金玉在內的十名代表，前往郵電管理局交涉，要求局長把大會與台籍員工的意見直接向南京總局反映。根據許金玉的回憶，局長很客氣地接見他們，並答應馬上打電話到南京總局，轉達大家的意見。「他立刻就撥了一通電話，跟對方說我們的意見，然後再告訴我們，總局說你們的問題會盡快處理，請大家放心工作吧。」

然而許金玉說，出了局長室才發現，局長根本只是在敷衍，他根本沒有打電話給南京。[68]他因為不敢當面拒絕，才在大家面前演了這場戲。

> 我們十名代表懷著滿腔悲憤的心情回到了會場，其他代表們迫不及待地問我們：「怎麼樣？」這時候，我按捺不住地哭了出來，說：「我們被騙了！」……整個會場的情緒立刻激動起來，許多人也跟著哭了出來……就在這個時候，突然有一個人大聲喊說：「遊

郵電員工在歸班問題代表大會上的怒吼。（何倍爾繪）

行！」這一下，這股力量真是排山倒海，大家都衝出會場，準備遊行到省政府。[69]

這裡需要特別交代一下高秀玉作為當天「聯絡員」的角色。根據黃宏基〈錢勤在台灣〉一文中寫到：

> 正式開會那天，錢老師擔任現場指揮，因不能露臉，藏匿在女廁所，通過聯絡員高秀玉，掌握全局。

高秀玉自己在〈追憶錢靜芝老師〉一文當中則有類似的描述：

> 當年我十七歲，因年紀小，不太引人注意，於是我接受了計老師的指示，與錢老師做聯繫工作，我們找了二樓的女衛生間為聯繫點……

高秀玉另一篇〈對恩師計梅真不盡的思念〉中則更詳細地說明，作為「聯絡員」的她在幾個重大轉折點上的工作。從第一次派出十名代表找郵電管理局局長交涉，即是錢交代高秀玉回到會場轉達的建議。此後，在與局長交涉卻遭到敷衍甚至欺騙後，整個大會現場群情激憤時，高秀玉再次前往二樓女廁把情況向錢靜芝轉達，錢靜芝果斷地說：到省政府請願！因此高秀玉回到會場向工會理事們問：為什麼不向省政府請願呢？一開始討論後，現場忽然就有人高喊：「遊行！遊行到省政府！」

就這樣，一九四九年三月二十六日，約莫下午四點半，春分未久的台北城上空飄著綿綿細雨，來自台灣各地超過四百名憤怒的郵電工人代表，步出了台北郵局「解決歸班問題各地各級代表大會」會場，集結在中正西路（日據時期的北門町，一九七〇年後改名忠孝西路）街道上，隨即浩浩蕩蕩、無畏地沿著中正西路，一路朝向台灣省政府，即今天忠孝東路的行政院方向前進。

當時的許金玉還記得計梅真曾經交代，遊行一定要有領隊，不然萬一出事，他們會倒楣。因此，許金玉一開始要求代理理事長鮑伯玉出來帶隊，但怕事的鮑伯玉抵死不從，僵持下，最後由一位外省籍的台南郵務工會理事長彭寶良出面接下領隊職務。

雖然只是短短一千公尺左右的路程，但卻是台灣的社會運動、工人運動在三〇年代遭日本殖民政府全面鎮壓後，相隔了近二十年，規模最大的一次以工人為主體的集體行動。更重要的是，郵電工人遊行前往的省政府，正好就是兩年前爆發「二二八事件」時，國民黨政府第一波流血鎮壓的地點。當天，同樣是下午，行政長官公署（即後省政府）頂樓上的衛兵，以機槍對著近千名往官署集結的抗議民眾掃射，不但造成民眾傷亡，更讓後續衝突一發不可收拾。

1949年3月26日，逾四百名郵電工人冒雨走上街頭遊行。（何倍爾繪）

劉建修對二二八事件時行政長官公署前的血腥鎮壓都還有印象：

（二二八事件）第三天，有人到廣播電台……他們用廣播要大家到省政府行政長官公署請願，也就是現在的行政院的位置。廣播後，人群很快地包圍行政長官公署廣場。公署的屋頂上，出現了很多阿兵哥，在一陣機關槍掃射後，我不知道死多少人，聚集的人群就跑散了。[70]

因此，實在很難想像，僅僅事隔兩年，台灣郵電工人竟如此無所畏懼地以集體遊行的方式重回當年的「案發現場」。根據參與當天請願遊行的見證者回憶，隊伍行進至省政府的路途中，陸陸續續還有聲援的民眾一同加入，因此，遊行隊伍到了省政府人數估計已經超過千人。

根據許金玉的回憶，遊行到了省政府前，當

郵電工人進入省政府陳情。（何倍爾繪）

場推選了三個人（分別為許金玉、李萬順、宋世興）由鮑伯玉陪同進省政府見陳誠。進到了會客室，過了一陣子陳誠才進來，見了請願代表也不理會，故意走到窗口看著窗外下的細雨。過了許久，陳誠才開口罵許金玉等三名代表：你們這樣叫大家淋雨，你們對得起大家嗎？然後隨即走回到他的座位後說：「好啦！你們回去吧。」許金玉一聽心想大家費了這麼大的力才見到省主席，他居然問都沒問來意就要三名代表回去，這樣要怎麼對得起在外面等待的大家。許金玉站了起來用不太流暢的國語說：

「啊！你沒有話講，怎麼就叫我們回去。我們怎麼回去告訴大家？」

陳誠先瞄了許金玉一眼後，才說他很關心這個問題。許金玉還不滿意這個回答，正想著要如何追問時，其他人尤其是鮑伯玉已經不停催促著離開。出了省政府後，很多記者已經在外面等候多時，李萬順特別交代許金玉，只要回答說陳主席很關心即可。[71]

遊行隔天，三月二十七日，當時隸屬於台灣省政府新聞處的《台灣新生報》，以相當顯著的篇幅報導了請願遊行：

台籍郵電員工不考試歸班問題，廿六日又生波折，全省各級代表及台北市郵電員工四百餘人，因獲悉郵政總局認為不考試歸班事，總局無權應允，必須轉呈考試院決定後，廿六日下午結隊至省府向陳誠主席請願。

同一日，台灣島內發行量最大的民營報紙《公論報》，同樣大篇幅報導了前一天的遊行：

五、六百名郵電員工列隊到省政府請願，男男女女大大小小都唱著歌，調子是義勇軍進行曲，歌詞則大意是「要求不考試全體歸班」、「要全體郵電員工站起來爭取」，唱到激烈的時候，好多人都流出眼淚來，有的老郵員不禁抱頭痛哭著，這情景真夠淒涼。

而曾任國民黨中央農工部部長的馬超俊於一九五九年所主編出版的《中國勞工運動史》中，對「台灣省郵務工會」則有以下的記載：

台灣郵務工會……在陸匪操縱下，由於「甄試歸班」、「同工同酬」、「年資折算」等

《台灣新生報》以「歸班問題又生波折」報導了前一天郵電工人的請願。（《台灣新生報》1949.03.27）

問題，使省籍郵工心理不安……迨三十八年三月二十五日，各地台省籍會員為爭取不考試歸班，各推代表齊集台北連續三天舉行爭取歸班大會。並於二十六日集合近二千人至省府遊行請願，鬧得滿城風雨。72

遊行之後，四月一日，郵局與電信局正式分家。雖然當局仍然維持了考試才能歸班的堅持，但考試基本上接近形式，絕大多數的台籍員工在考試後正式納入郵政人員的等級，極少數考試不及格者也能留用日後再考。歸班的考試在七月二十六日最後一批郵佐考完後告一段落。「歸班」問題的這場長期鬥爭，總算是獲得了解決。

國民黨不想接收工人 台灣郵電非特例

其實，國民黨接收時只重視資產，罔顧工人權益，台灣郵電工人並非特例。根據上海社會科學院整理的一九五〇年代前的上海工人運動史料文獻《上海工人運動歷史資料》，就曾出現與台灣郵電員工爭取不考試「歸班」頗為類似的案例。[73]

一九四五年十月起，國民黨政府的經濟部在上海陸續接收了日本人經營的紡織廠，並考慮恢復開工。然而，國民黨當時接收的官員卻對工人的復工問題提出了不合理的條件，主張老工人一律需要重新登記，必須經過考試甄選才能錄用。而且提出：年齡太大的工人不要、年齡太小的不要、不識字的不要等等附加條件，藉口是工廠剛復工無法容納過去所有工人。當時大康紗廠工會的立場是：堅決反對另行考試甄選，要求在抗日時期工作過的工人都應該無條件復工！類似的情形在其他被國民黨接收的紡織廠當中同樣發生，在這一波的鬥爭中，中共大康黨支部以此為機會在工人中宣傳，揭露國民黨反對工人權益與生活的作為：「從前日本人還要我們做工，現在國民黨反而不要我們了」、「國民黨只管劫收發財，對工人的生活卻如死人勿管」，並從這些具體事件向工人說明團結的重要性。

上述國民黨接收上海紡織廠的案例，雖然無法與台灣省籍郵電員工爭取「歸班」完全類比，但巧合的是「考試甄選」同樣是國民黨政權用來排除工人工作權的說詞，而且兩個案例中，都隱然凸顯了國民黨政府無論在上海抑或是台灣，對基層工人的生活與權益，均非其政權所關注的重點，而對這樣事實的揭露，也讓工人更能具體理解到國民黨政權的本質。

遊行後的秋後算帳

在郵電工人一場轟轟烈烈的大遊行後，「歸班」問題基本上是解決了，但針對遊行三位代表

國民黨軍警逮捕郵電案相關人士。（陳立君繪）

的秋後算帳卻也展開了。一九四九年八月五日《野草》第二年第八期刊了這麼一則消息：

> 省工會常務理事許金玉、台北工會理事李萬順、直屬管理局支部常務幹事宋世興三位同志奉令調往北斗、鳳山、龍潭局服務，台北同仁為答謝他們三年來的辛苦，廿七號晚上開了一個盛大的送別會，省工會也在廿八日中午在台北工會交誼室開了送別茶話會，大家頗表依依惜別之感。

遊行當天進到省政府的三名代表都被調到偏僻的北斗、鳳山與龍潭，許金玉得知消息後跑去找台北局長理論，局長坦白說這其實是警備總部的意思。許金玉和計梅真討論後，決定先到北斗報到。

白色恐怖的暴風雨來襲

然而，到了一九四九年底時，計梅真透過他人告知許金玉，說台北的地下組織工作幾乎都停頓下來了，希望許金玉可以辭職回到台北全力來做工會的工作。許金玉回覆計梅真她可以辭職去工廠當女工，一方面維持自己生活，一方面繼續組織工作。然而，當許金玉還沒正式辭職之前，一九五〇年二月初回台北過年時，就接獲通知計老師「出事了」，要許金玉不要再去找她了。根據記錄，計梅真二月五日即遭到逮捕。三月九日到十一日，台北又有一大批補習班同學會成員被抓走，三月十七日，終於輪到許金玉被便衣特務一路從北斗押到保密局南所。

國安局檔案中「台灣省工委會郵電總支部計梅真等人案」中的偵破經過最後寫著：「依據計梅真所供之線索，即研判有關資料，進行擴大偵破，自二月七日起，至三月三十日止，先後復將錢靜芝等三十五犯捕獲歸案訊辦。」

一九五〇年八月三十一日，台灣省保安司令部軍法處合議庭，審判長邵彬如、審判官周咸慶、審判官殷敬文正式判決，計梅真、錢靜芝「冀為種種不法活動，是其共同意圖以非法之方法顛覆政府而著手實行，犯行確鑿，罪無可逭，亟應處以極刑以昭炯戒」，而遭到判處死刑。許金玉、劉建修等其餘三十三人，則分別被判處十五年、十年、七年不等之刑期。十月十一日計梅真、錢靜芝遭處決，命喪馬場町。

台北槍決
女匪諜

【台北十一日電】台灣省保安司令部於今晨槍決滲台煽動工潮及吸收黨徒的女匪諜錢靜芝計梅眞二名，均係於今晨六時發交憲四團綁赴刑場執行槍決。

左上：計梅真被綁赴刑場槍決前的照片。（國家發展委員會檔案管理局典藏）
右上：錢靜芝被綁赴刑場槍決前的照片。（國家發展委員會檔案管理局典藏）
左下：計梅真、錢靜芝遭槍決的報導。（《正氣中華報》1950.10.12）

關於《受壓迫者教育學》的聯想

我們盡可能完整地透過郵電案受難者歷年來的口訪紀錄、本書再訪內容，以及部分受難者紀念計、錢兩位老師的重要文集《魂繫台北》與各項史料輔助，描繪、拼湊出計梅真、錢靜芝兩位具有中共地下黨員身分的「國語補習班」老師的面貌，並試圖回溯、重建出他們與學生——也就是台灣省郵電機構內的台籍員工們的上課教學、討論、互動情境，以及在計、錢兩人「吸收」了這些郵電工人為地下黨員後，是如何讓他們一步步覺醒、改變受到歧視的不公平處境，成功地透過互動、討論、反思、陪伴與培力的過程，將他們從受壓迫者轉變為清楚知道自身權益，甚至是更深刻地理解到其自身處境在更大的社會、國家與世界中，所處的位置與所代表的意義，進而成為願意挺身行動，投入改變受壓迫狀態的「戰鬥者」。

事實上，我們在作為「教師」的計梅真與錢靜芝的「教學」上，非常清楚看到了：巴西一九四〇年代知名的農民和工人識字運動重要推動者——保羅・弗雷勒（Paulo Freire）在一九六八年出版了深深影響整個第三世界教育界的著作《受壓迫者教育學》一書中，所描述「教師」的任務與「教育」的目的。《受壓迫者教育學》的台灣譯者方永泉在該書譯序中，有這麼一段文字：

弗雷勒將教育重心轉移賦與政治與社會的意涵……民眾的識讀能力與批判意識的形成有著密切的關係，教學行動因而是一種政治性的文化行動。弗雷勒將教師的角色定位於文化工作者……不只是教學的活動，其從事的更是「介入性」的活動，教師必須「介入」現實改造的過程……教育行動的目標應該是政治性的、解放性的……教育活動應該促成文化革命的產生，它必須以壓迫現實的消除以及人性的回復作為最終目標。受壓迫者教育學可說是為真正的革命所進行的預備工作。[74]

而弗雷勒寫到他心目中如何透過「教育」培力受壓迫者的論述時，更是處處顯現在計梅真與錢靜芝與「國語補習班同學」乃至後來加入地下黨「革命」工作的成員的互動中。弗雷勒在書中不斷說明，一個希望透過「教育工作」介入現實改造的教師（或革命者），不能只把受壓迫者視為單方面接受宣傳與領導的客體，必須透過對話、討論、反思甚至辯論，讓受壓迫者以主體的方式生長出力量：

在解放的任務中，革命領導的正確方式不是去進行「解放的宣傳」，也不是僅在受壓迫者心中「植入」自由的信念，以為這樣可以贏得受壓迫者的信任。正確的方式是在於對話。藉由對話的過程，受壓迫者相信他們必須為自己的解放而戰鬥，因為解放不是革命領袖所賞賜的，而是受壓迫者自身覺醒的結果。

……受壓迫者（除非受壓迫者自己相信，否則他們無法真正投入鬥爭，如果他們不能做出這樣的投入，他們就等於拒斥了鬥爭中所不可少的條件）必須有著身為主體而不是客體的信念。他們必須以批判的態度介入周遭的情境，光只靠宣傳並不能達到這個目的。[75]

事實上，我們從積極投入「同學會組織工作」、《野草》編輯到「歸班運動」的這群計梅真與錢靜芝的「學生」當年的轉變來看，幾乎可以說就是弗雷勒書中所提到的境界。

受到壓迫、不平等對待的台籍郵電員工，在「國語補習班」及後續與計、錢的互動中，透過了對話式、啟發性的「教育過程」以及實際的行動，最終「相信他們必須為自己的解放而戰鬥」，這是受壓迫者自身覺醒的結果，而絕非只靠「宣傳」，或者國民黨政權在白色恐怖時期慣常使用的敘事：即無知的群眾受到陰險的共產黨人煽動、蠱惑。也不會是如部分研究所推論的，當年省工委之所以可以快速擴張的原因是：「中共最擅長的統一戰線戰略……直接操作省籍衝突來打擊國民黨」[76]，所以才能「吸收」到地下黨員、快速地發展組織與革命工作。

有趣的是，在五〇年代身為地下黨一員，後來被捕後選擇向國民黨「自新」，而後長時間在調查局工作，李登輝執政時期擔任過國統會研究委員，陳水扁總統時期曾被聘為總統府國策顧問的曾永賢，在其《從左到右六十年——曾永賢先生訪談錄》一書中，對地下黨（共產黨）幹部，反而有了一段相對持平而部分準確的描述：

> 我們常依照自己的標準，很重視學歷，而且習慣用學歷來判斷一個人的能力，但如果用這種標準來評斷共產黨的幹部，那就大錯特錯了……
>
> 不只是交付任務、學習文件，還有很多事情都是通過長期的組織生活來完成的。比如做工作報告，一定要有條有理……我們經常說共產黨學歷不高，教育程度太差，但是如果同他們真正接觸後就會了解，他們有自己獨特的思路和想法。共產黨員對於如何在觀察情勢，評估環境之後，去決定在這種情勢和環境下應該怎麼工作，自有一套特別的訓練，而且不是刻意的訓練。就是經由這種生活方式和制度，使得共產黨員具有非常豐富的經歷，講話也是有條有理。這是共產黨幹部的一個特徵。[77]

當然，已經選擇「自新」的曾永賢的描述，對地下黨（共產黨人）的「訓練」，還是充滿了「機械式」、「目的性」的解釋，而非如弗雷勒的著作一般，具體掌握了受壓迫者從無力的客體到戰鬥的主體之間的轉變是如何而來的。

仍在迷霧中的地下黨文藝戰線——工人擔綱演出的諷刺劇

我們從過往的口訪資料中發現，曾經在一九四八年左右，出現了由地下黨所組織的工人（以郵電、鐵路工人為主）參與具有社會諷刺意涵的戲劇表演。

根據「台北司機工會案」受難者張金爵過去的幾次訪談，都曾明確地指出地下黨在一九四八年：

> 為了確定我們確實的民意力量有多少，我們利用五一勞動節做一個民意測驗，由各工會發動。於是，商量由各工會選出的人才來表演技藝、戲劇等項目……郵政局的壓軸劇，他們演出《民主閻羅殿》，演出各單位提出申冤，但判官都判決枉死，死者不服，再向閻王訴冤呻吟：「人間黑暗，對社會待遇不滿，但政府規定不能罷工抗爭，叫我們如何生活下去！」[78]

在另一次的口訪中，張金爵則是如此描述：

> 一九四八年五月一日勞動節，組織想要測試工會的實力，發動各工會在中山堂舉辦晚

會，命令台北市各個工會都要參加，每個工會表演一項節目。中山堂的管理員說，從開館以來，不曾演出那麼晚，將近凌晨兩點才收；參觀的人擠得滿滿……壓軸的節目叫《民主閻羅殿》，由郵電工會演出，描述台灣的黑暗，民生痛苦，冤死者向閻羅王訴冤。[79]

實際上，不僅張金爵這一位受難者提到了這齣「民主閻羅殿」的諷刺劇，在二〇一四年由桃園縣政府文化局所出版的《重生與愛：桃園縣人權歷史口述文集》當中，同樣曾經參與過地下黨工作的受難者鐵路工人陳景通在訪談紀錄裡亦提及：

後來鐵路工會主辦舞台劇《民主閻羅殿》，我們多次接觸。好幾次我們主辦《人道》、《民主閻羅殿》兩齣戲，那時演戲的人都是鐵路和郵電工會會員，我曾參與演出。《民主閻羅殿》當時很轟動，劇中有一句台詞：「民主免跪」，意思就是：民主人人平等，不用下跪，民間很流行這樣的說法，組織就下令宣傳這種說法。[80]

而在本書進行的口述訪談當中，郵電案受難人王文清，更是有史以來第一次提到：他是《民主閻羅殿》最初的編劇者，雖然後來因為其所撰寫的內容與台詞似乎未到位，因此轉由其他人接手改寫，但他至今仍對此劇印象深刻。

五一勞動節當天，郵務工會跟包括鐵路工會在內的其他工會在中山堂聯合演出《民主閻羅殿》，寫實地暗批國民黨政府的不民主以及對現實的不滿。這個劇本形成之初就是由我

起草，而後整合補習班同學以及鐵路工會、司機工會成員的意見，再由其他執筆人修改而成，演出以後獲得了相當不錯的迴響。

由於年事已高的王文清已記不清楚當時起草撰寫《民主閻羅殿》劇本的確切年份，若依據張金爵的說法，在一九四八年勞動節即已經在中山堂進行公演，那麼王文清起草劇本的時間點肯定早於一九四八年五月一日。[81]然而，若是一九四八年，郵務工會國語補習班的同學會於三月二十三日正式成立，四月二十五日第一期《野草》出刊，而作為地下黨在郵電部門最重要的靈魂人物——國語補習班老師計梅真，則在五月底起請了「病假」，實則與其餘省工委幹部一同赴港參與「香港會議」。

因此，綜合張金爵、陳景通、與王文清三人的證言，比較合理的推測，五一勞動節在中山堂包括《民主閻羅殿》話劇的公演應該是一九四九年的可能性比較高。無論如何，我們都可以證實：當年在地下黨所組織影響的工人當中（至少在郵電與鐵路部門），曾流傳演出過《民主閻羅殿》這一齣諷刺劇。只是，此劇除了五月一日在中山堂的各工會集會中公開演出以外，是否鐵路工會也曾在其他場合舉辦過此劇的演出呢？且根據陳景通的說法，此劇是鐵路工人與郵電工人一同演出。

可惜的是，在缺乏更詳細的資料佐證、比對下，我們難以確認中山堂以外的演出，是藉由什麼樣的場合與形式進行、如何排演？而後續接手王文清撰寫劇本的究竟為何人，又為何此劇亦在鐵路工人部門流傳？與地下黨有關聯的鐵路工人與郵電工人是否因此出現了橫向聯繫的情況？亦無法進一步得知當時參與演出的鐵路與郵電工人為何人，是否皆與地下黨有關？

在目前幾乎難以再訪談到此劇的其他相關人，或重新發現新史料的情況下，對於《民主閻羅殿》這樣一齣單純由工人所擔綱演出、諷刺時政的戲劇運動，我們僅能從上述有限的資料中，拼湊出其模糊的輪廓，至於更清晰的細節，恐怕只能深陷在歷史的迷霧之中。

第四章
從「郵電案」反思白色恐怖和轉型正義

「好！我們攜手罷！使你們吃苦也使我們吃苦的是同一種類的人！……」

——楊逵，《送報伕》

建立以「案件」為中心的研究路徑

回顧台灣至今累積的白色恐怖研究論述，以一九九〇年代末台灣省文獻會與台北市文獻會為主，所開啟的五〇年代白色恐怖受難者口述歷史為開端，這二十年來，實際上已經累積了大量以個人生命史、順著「時序縱軸式」的對受難者口訪採集。然而，正因為幾乎悉數均為「時序縱軸式」的書寫，因此，對於許多當年中共地下黨即台灣省工作委員會下各個支部、小組之間的實際運作，包括了受難者與地下黨組織之間，以及受難者之間當時的互動（包含了思想上、組織上與行動上），乃至於不少支部實際上都曾發動行動（尤其在一九四九年之後），諸如工人運動、學生運動等等，由於缺乏了以「案件」或「事件」為中心的思考路徑與企圖，我們難以看到某一段期間內「案件橫軸式」的研究與書寫成果。

「依時序縱軸式」與「依案件橫軸式」兩種路徑之間最大的差異，在於前者為一次對一位受難者的生命經驗進行記錄與書寫，其中當然會包含了一部分談及一九五〇年代前後為何涉案、如何涉案的訪談內容，但基於不同訪問者、不同訪問單位、不同受訪者，甚至，同一個受訪者、在不同時間、面對不同訪問單位與訪問者時的各種排列組合，其實就會衍生對個人生命史各個階段不同比重與篇幅的差異。

最早期由台北市文獻會與台灣省文獻會所進行的口述歷史，除了實際案情（涉及地下黨組織運動）部分描述甚少外，在許多內在主觀與外在客觀環境的影響下，受訪者「冤假錯」的敘事基調，或是對其涉入地下黨過程「輕描淡寫」其實是相當普遍的現象。而晚近，雖然這種「冤假錯」敘事有漸漸翻轉的跡象，願意開始更具體描述當年涉入案情的口述歷史也日漸增多，但仍舊是在一個「依時序縱軸式」以個人為中心的書寫結構下來進行。

換言之，當要試圖重建、拼湊出一個有關地下黨支部組織運作的歷史事實各個切面時，就會遭遇到即便同一個「案子」（例如「郵電案」、「台北司機工會案」等），研究與書寫若未能一開始即整合在同一個出發點上（即以「案情」始末的重建作為思考核心）來考量，我們往往只能看到零星、破碎、甚至同案不同受訪者之間參照比對，基於受訪者的個人記憶力與各種考量等，而出現不一致或對人事時地物的記憶落差。因此，若僅僅依靠過往「依時序縱軸式」以個人為中心的書寫的口述歷史，就無法進一步完成對「案情」的重建，更遑論將這個案件置入一個更大的歷史、政治經濟與國際情勢的發展下，來交相參照與反思。

正因為如此，本書從一開始就很清楚地將目標設定在盡可能重建出省工委「郵電支部案」中組織內部細緻與實際的運作過程。要達成這個目標，我們必須在口述訪談內容之外，盡可能地蒐集到更多足以從旁佐證或是反駁過往錯誤解釋的史料，並以涉案者（受難者）為行動主體，來還原當下他們參與組織運作的個人思想轉折與主體性展現。我們暫且稱它為「依案件橫軸式」的研究路徑與書寫。

而在第一次採取「依案件橫軸式」的研究路徑與書寫時，省工委「郵電支部案」事實上存在三點「優勢」：

第一，涉案人數較多。

本案除了被槍決的兩位國語補習班老師以外，尚有三十三位涉案的受難者。由於仍在世能訪談的受難者正快速銳減中，在與時間賽跑的過程中，人數較多的案子，才有可能留下較多尚能接受訪談的受訪者。在郵電支部案上，據我們的調查，在研究剛進行時，三十三位受難者估計尚有六至七位仍在世，有機會接受我們訪談。研究進行後，一位受難者已移居香港多年，且從側面得知其記憶力與體力均難以再訪。而其中一位受難者，則是願意訪談，但至今依舊不願意公開訪談內容。因此，本書實際上訪談了五位郵電案受難者（如前述其中一位不願公開）。讓人遺憾的是，本案極為關鍵的一位受難者許金玉女士，在我們親至屏東對她進行第一次口訪後，正要進行第二次約訪時，卻驚傳高齡的許女士因病住院，在來不及進行二訪的情況下離開人世。即便如此，由於受難人數較多，本書仍有機會訪談到多位均已經超過九十高齡的本案受難者。

第二，受難者留下大量第一手資料。

如前所述，郵電支部案中另一位極為關鍵的受難者劉建修先生，在當年全程參與了台灣省郵務工會「國語補習班同學會」刊物《野草》編輯的工作，更近乎完整地保存了二十六期刊物的珍貴原件，他在我們的溝通之下，願意暫借我們對二十六期刊物、一百四十四篇文章（逾九萬字）全數完成謄稿的工作。在其他案件中，似乎還沒有出現如此大量的第一手資料。因此，有了這部分組織刊物的稿件，也讓本書得以在一個更有利的基礎上來進行「依案件橫軸式」的研究路徑與書寫。

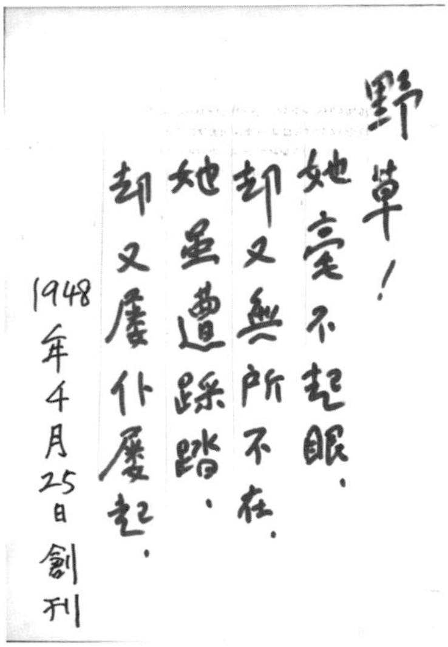

野草！
她毫不起眼，
卻又無所不在，
她虽遭踩踏，
卻又屢仆屢起，
1948年4月25日創刊

上圖：劉建修出獄後的結婚照（1967年）。（劉建修提供）
下圖：劉建修保存了大部分的《野草》原件，整理成冊，在收藏冊前頭，他親筆寫下象徵「野草精神」的短句。（劉建修提供）

第三，受難者過往的訪談資料亦頗豐富。

從本書整理引述的資料可發現，由於郵電支部案涉案人數多，所以已留下來或出版的「依時序縱軸式」以個人為中心的書寫的口述史頗為豐富。另外，與本案直接相關、曾經參與台灣省郵務工會組建並以國語補習班名義聘請兩位地下黨人來台教學，過程中提前返回大陸的地下黨員陸象賢，同樣記錄下了不少當年參與台灣「郵電支部」組織工作的回憶文字。這些相對豐富的個人口述史訪談與回憶書寫，也提供我們仔細比對、拼湊、還原細節時的重要依據。

換言之，本書探討的台灣省工作委員會「郵電支部案」，本身即提供了一個較有利的條件，得以支撐起第一次以「案件橫軸式」的研究與書寫。而本書也在這些基礎上得以更加完整與一致地對整個案情進行歷史重建工作。然而，我們仍然高度建議，在面對涉案受難者不斷凋零的情況下，能夠盡快對其他相關案件進行「案件橫軸式」的研究與書寫，以進一步還原這段重要的歷史。

重新理解版本歧異的白色恐怖敘事

一如上一節我們提到的，早年對五〇年代白色恐怖受難者所進行的口述歷史，受訪者在描述涉案時常顯現出某種「冤假錯」的敘事基調，或是對自身涉入地下黨過程「輕描淡寫」甚至直接略過的言談策略，其實是相當普遍的現象。而我們也提到了，近年來這樣的敘事基調逐漸有了翻轉的跡象，越來越多受難者願意承認當年並非單純而無辜的「冤假錯」案「受難者」，而是實際加入地下組織，為了心中理想與理念而奮戰的行動者。

這種轉折以及對「案情」描述比重的落差，其實在部分郵電案受難者前後期的口述歷史紀錄當中也看得到。例如，一九九五年起台灣省文獻會進行五〇年代政治案件受難者的口述歷史工作時，郵電案中涉案的李熒台、周淑貞、林坦、黃宏基都曾接受訪談，然而，在文字紀錄中，李熒台選擇對「涉案」過程近乎隻字未提，而周淑貞與林坦則是以極少篇幅僅承認自己參加「國語補習班」學習國語，輕描淡寫地帶過「涉案」過程。而在一九九九年台北市文獻會的《戒嚴時期台北地區政治案件口述歷史》當中，對於「郵電案」則是訪談了陳玉籐與宋世興，宋世興對與案情相關的過程一字未提，而陳玉籐則是在口述訪談紀錄的最後以「冤假錯案」來定位自己。

極少數的特例是關於許金玉的訪談書寫，許金玉並未接受過上述兩個半官方單位的訪談，然而，藍博洲在一九九六年時[1]，即已將許金玉的故事（其中較多篇幅描述到郵電案案情與許金玉參加工會爭取歸班的過程），以〈路，還是要繼續走下去的〉為題發表在《聯合文學》上（該文二〇〇一年被收錄進《台灣好女人》一書中）。許金玉在該文中的形象，就已經一如往後所有有關她的著作或紀錄片，不以單純「受難者」而是「台灣五〇年代工會運動參與者」、「工人權益爭取者」的形象展現。

其實，光是許金玉與其他郵電案受難者在九〇年代末期受訪所展現出的差異，就足以說明訪問者與受訪者之間的信賴關係，很大程度上會影響受難者如何陳述自己的白色恐怖敘事。我們後續會再更詳細地討論這個變數。

值得留意的是，距離半官方單位所進行的口訪沒幾年的時間，由陸象賢主編的《魂繫台北——紀念台灣郵電工人運動先驅》一書也在二〇〇二年出版（但在台灣並未公開流通）。該書是受難者同學為了紀念計梅真與錢靜芝兩位五〇年代命喪馬場町的「國語補習班」老師，親筆所寫的紀念文集，包括李熒台、林坦、周淑貞、黃宏基等等，都在文章中對「案情」——亦即與兩位老師互動、如何參與了「歸班運動」有了相對清楚的描述。事實上，如果我們進一步留意該書每一篇紀念文章完成的時間點，就會發現，大部分文章甚至是完成於一九九五至一九九八年，甚至比「郵電案」受難者日後接受台灣省與台北市文獻會口訪的時間更早。而從這點差異來看，我們更能夠體認到受難者的言談、書寫內容與其敘事版本，其實與「說給誰聽」、「寫給誰看」、「與誰一起寫」有著極大的關聯。

除了我們從「郵電案」受難者發現的敘事版本的差異以外，近年來也有不少探討、反思受難者的白色恐怖敘事版本出現差異的討論或研究。在林傳凱的研究〈「大眾傷痕」的「實」與

「幻」——探索「一九五〇年代白色恐怖『見證』」的版本歧異〉[2]中，相對複雜地區分了四個層次，來解釋如何理解這種版本的差異性：

該怎麼理解這種歧異？我想分成四層次來解析，分別是：（一）廣遠的文化層次；（二）制度化的層次；（三）私人網絡與親密關係的層次；（四）個人心理與認同層次。

> 簡要來說，文化層次所談的是，一方面在五〇年代白色恐怖受難者入獄後，蔣介石統治的台灣被納入國際「冷戰秩序」，在冷戰秩序下站穩腳步的國民黨政權開始在台灣社會「通過義務教育、大眾媒體、政府宣傳品、及對出版與言論的嚴格控制，不斷在日常生活建構與傳播『共匪』的形象。」二方面等到受難者出獄後，七、八〇年代起直至今日又遭逢「台灣民族主義史觀」興起，「他們曾投身的組織、支持的政黨，常是以『敵人』的角色被分類、詮釋」，因此面對「兩股政治文化的主要潮流，無芥蒂地訴說地下經驗，便成為困難的任務。」
>
> 至於制度化層次所談的是，一九九八年起白色恐怖時期政治案件「平反制度的確立，（非預期的）限縮了當事者的訴說空間」。而私人網絡與親密關係層次談的是「歷史的眾多機遇，卻使四〇年代投身地下革命的人們，在組織早已破壞後，繼續在至親面前履行著『地下身分』的煎熬歲月。渴望被理解……但兩造間『知』的差距，與疏離造成的隔閡，又經常形成『理解』的高牆……親密人際網絡的各種掙扎，也成為影響五〇年代口訪的另一層因素。」

而個人心理認同層次所要談的是「當『年邁的自己』面對『年輕的自己』時，時空轉移，人事已非。對價值、組織、民族認同的抉擇，後悔與不後悔，常使『兩個自己』交戰，也影響了

『說』與『不說』，或如何『訴說』的軌跡。」

本身進行過大量五〇年代白色恐怖受難者訪談的林傳凱，試圖在這篇長文中提出一套相對「細緻」、複雜多層次的歸因，來解釋、探索版本歧異的緣由。我們可以說，林傳凱的解釋很大程度上涵蓋了目前我們所面對到版本差異的可能因素。

以本書訪談的兩位受難者所說恰恰可以印證。李熒台對前往台南住處訪問他的我們，語帶期待與無奈地說：

到現在為止，我還是認為我們當年做的事情是對的。但是，現在年輕一輩對於這些曾經發生過的事情好像沒有辦法理解。今天你們來採訪，我仍然希望我的孩子也在這裡，希望他也知道我的這些過去。以前是不敢說，怕對孩子有不好的影響，現在要說可能也晚了。我已經九十一歲了，說起話還可以，但是以前的事情跟記憶，每天都在衰退，有的事情我知道自己還有個印象在，可是卻怎麼想也想不起來、說不清楚了。

至於王文清則是清楚說出大環境的轉變對言說與否的重要影響，我們對於王文清下述所引的最後一句印象特別深刻，他用了一個特別鮮明的形容詞「溫暖和煦」，來形容當前談論白色恐怖的氣氛：

白色恐怖的事，是近十幾年才比較敢說出來。以前不敢講，講出來可能就沒工作、沒飯可吃。過去紅帽子就跟過街老鼠一樣，是很淒慘的。在當時「反共」第一的氛圍下，一切

> 都是反共優先。這樣的氣氛、味道是會感染的，整個社會對紅帽子是避之唯恐不及。因此，我們剛出獄的時候，面對整個台灣社會的反共氛圍，那是你們現在怎麼都想像不到的，不是像現在在談白色恐怖談得這麼溫暖和煦。

不過，亦如同郭耀中在〈跟著「國界」駐紮歷史：「白色恐怖」訪調內外的摺疊政治〉[3]當中所提醒的：

> 近年來對於五〇年代白色恐怖訪談，已經有幾篇反身性的檢討文章。其中最有趣的，是這些看似具有反思檢討的提醒，都不把「作者／訪談者」本身，作為影響介入的因素……進一步談其中所涉及的研究倫理與難友義理。

換言之，每一個階段的訪談者以「訪談介入」，以及其後續如何再詮釋受難者所提供給他不同於過往版本的敘事，同時也是一個重要的影響變項，它甚至會影響到受難者（受訪者）之後與訪談者的互動，以及其所願意再揭露的事實。

除此之外，關於林傳凱所提到的「文化層次」，實際上，蔣介石政權在美國所主導的冷戰秩序下，在台灣全面肅清所有左傾人士後，從公領域到私領域要求台灣的社會與人民，進入到全面「反共」的教育、宣傳與政治動員上，其影響台灣民眾集體思想程度之深、持續期間之久，恐怕是一個需要特別強調的重點。尤其是五〇年代後建立在以「反共」為最高目標的各個層級教育體制，對每一位白色恐怖時期的「青年學子」從小到大近乎洗腦的植入「反共意識」，可以說是蔣介石政權在台灣所遺留下來、至今仍主導台灣島內集體思想最巨大且深刻的影響之一。

管美蓉、王文隆在二〇一一年的研究〈蔣中正與遷台初期的教育改造（一九四九—一九五四）：以「課程標準」與「大學聯考」為例〉[4]，非常清晰地描述了蔣介石政權在台灣透過一切正式與非正式管道所實施的反共教育。蔣介石在一九五一年的兩次演講中如此總結國民黨被共產黨逐出大陸的原因：

生平最慚愧的一件事：就是過去在大陸上教育的失敗……從前一切的教育訓練，對於革命事業，毫無效果，甚至發生相反的作用。

……過去大陸上學校的教育對青年們的領導失敗，實在應該是這次革命嚴重失敗的主要因素……當時學校教育如果對青年領導有方，對共匪認識清楚，對國家觀念、民族思想和我們傳統精神，培養有素的話，就不會失去青年，而使青年附和中共，轉與中華民國政府作對。

在蔣介石的指示下，當年的教育部長程天放即著手推動建立各項「反共」教育：

當時台省教育改造的重點有三：第一、提倡民族精神教育；蔣認為大陸淪陷以前，許多知識分子，包括大學教授、中、小學教師、大專學生等到處發動學潮，罷課遊行、請願發傳單、貼標語，甚至包圍官署、斷絕交通，造成無秩序的狀況，瓦解民心士氣，此即教育與民族精神背道而馳的後果。蔣乃指示今日若想反共抗俄，首先必須實施民族精神教育，包括將三民主義定為高中和大專學生的必修課程，在中學的標準教科書及大學用書的社會學科……加入大量民族精神與反共抗俄教材……蔣認為那些在大陸上受過教育的青年，沒有自食其力的本能，率皆以公教人員為出路，當公教兩方面容納不下時，就怨恨政府，走上反動之路，蔣認為此一趨勢若不矯正，中國教育愈發達，國家前途愈危險。

除了正規的學校教育以外，

教育部也規劃在中等學校及大專院校中設置中國青年反共救國團的分部，推動反共抗俄之民族精神教育……將黨的力量延伸至中等學校教育……在授課內容、教科書以及課程標準的三面籠罩之下，搭配非正規的演講、救國團系統等諸多力量，中小學教育改造的發展慢慢朝著以三民主義為核心的民族、忠黨、愛國教育發展，欲以整體氛圍的籠罩，創發出一股令學子無從懷疑的反共抗俄氣氛，壓制可能的異思想秧苗，以期培植忠於黨國的新生力量。

在這樣長期的反共氛圍底下，坦白說，一切「反共」的用語與思維的延續，在當前看似兩種不同的國族認同陣營之間，其實具有高度的一致性。從這方面來看，整個台灣社會至今仍未曾真正轉型的集體反共意識型態，恐怕會是影響白色恐怖受難者如何敘事的主要因素之一。

超越省籍衝突的歷史詮釋：是省籍衝突還是左右之爭？

「在台灣的時候，總以為日本人都是壞人，但田中君是非常親切的！」

「不錯，日本的勞動者大都是和田中君一樣的好人呢。日本的勞動者反對壓迫台灣人，蹧蹋台灣人。使台灣人吃苦的是那些像把你的保證金搶去了以後再把你趕出來的那個老闆一樣的畜生。到台灣去的大多是這種根性的人和這種畜生們的走狗！但是，這種畜生們，不僅是對於台灣人，對於我們本國的窮人們也是一樣的，日本的勞動者們也一樣地吃他們的苦頭呢。」

他的話一個字一個字在我腦子裡面響，我真正懂了。故鄉的村長雖然是台灣人，但顯然地和他們勾結在一起，使村子的大眾吃苦……我把村子的種種情形告訴了他。他用了非常深刻的注意聽了以後，漲紅了臉頰，興奮地說：「好！我們攜手罷！使你們吃苦也使我們吃苦的是同一種類的人！……」

——楊逵，一九三二，《送報伕》

會特別引述楊逵《送報伕》小說中的這麼一段文字，是因為本書在試圖重建、拼湊出郵電支部案史實的過程中，越來越明確感受到的是：對於理解白色恐怖案件或更早之前的二二八事件，我們確實需要一套超越省籍衝突的歷史詮釋，依據史實回到當年社會矛盾核心的根源而非表象。而這個社會矛盾的根源，隨著我們更完整地拼湊與重建郵電案的歷史真相時，就越是清晰地浮現出來。

過去一部分對白色恐怖地下黨運作的論述，仍然高度建立在「省籍衝突」的框架下來開展，吳叡人二〇〇八年的文章〈國家建構、內部殖民與冷戰——戰後台灣國家暴力的歷史脈絡〉[5]中，是這麼描述與理解地下黨省工委的：

利用台灣民間普遍不滿國民黨的心理積極進行組織發展。他們試圖將後二二八期台灣人對祖國的不滿情緒，或者引導向左／右、階級衝突，或者民主／獨裁對立的認知，從而將台灣人反對派收編到中共民族解放陣線之中……表面上，「白色恐怖」的暴力形式主要涉及「左右」或「階級」的問題，不過二二八事件誘發的民族／族群衝突並未消失，因為中共省工委並沒有能力在短時間內在台灣人之間塑造廣泛的「紅色祖國」認同，因此他們實質上採用了類似結合少數民族所使用的「統一戰線」策略，以「台人治台」連結台人的主要訴求。因此，在「白色恐怖」時期，台灣社會中的民族／族群衝突因素依然存在，它只是被包裹或隱藏在省工委的統一戰線訴求之中而已。

而吳叡人二〇一六年所發表的另一篇研究〈三個祖國：戰後初期台灣的國家認同競爭，一九四五—一九五〇〉[6]中，對於地下黨與被地下黨所「吸收」的成員詮釋的整個論述大體上並沒有改變：

中共就是在二二八之後瀰漫於台灣社會中對國民黨政權的不滿與怨恨氛圍中，憑藉其強大組織力量，在這個左翼傳統薄弱的土地上發展起來的……由於日人長久的反共教育，台人大多不易接受共產思想……在社會不滿與強大組織力奧援的有利基礎之上，中共地下黨在台發展迅速的另一個重要關鍵，在於其正確掌握當時台灣最重要的社會矛盾——也就是戰後兩年內形成的族群（省籍）矛盾，以及台灣人當時最強烈的政治期待——台人治台，因而能夠與不同政治傾向的台籍人士，建立起鞏固的結盟關係。這個策略或許可以被理解為來自中共的理論性奧援，因為這是中共最擅長的統一戰線戰略……直接操作省籍衝突來打擊國民黨，並且也階段性地寬容台人治台的主張……省工委在台灣吸收的最主要對象，不是性格實際的政治菁英，而是對意識型態特別敏感的知識分子，包括教員、醫生、學生、文化人等。

這類論述認為，當年台灣人會被中共省工委地下黨所「吸收」，是地下黨「利用」、「操作」台灣社會當時的省籍（族群）衝突與矛盾來打擊國民黨，「表面上」白色恐怖的暴力形式看似涉及「左右」或「階級」問題，然而對吳而言，二二八事件誘發的「民族／族群衝突」並未消失，而只是被「包裹在省工委的統一戰線訴求之中」。換句話說，這類論述認為，二二八事件或後續的白色恐怖案件，是「階級、民主為表，省籍（族群）為裡」的矛盾與衝突。

然而，這種省籍（族群）衝突為台灣當時（或日後）主要矛盾的論點，至少與我們的發現是恰恰相反，亦是本書認為此時此刻台灣的白色恐怖研究與敘事亟需超越與克服的盲點與誤區。廖家敏在二〇一六年所發表的文章〈時代之輪的生命擠壓——從白色恐怖之庶民勞動者的生命經驗談起〉[7]，其實已經有過類似的提醒：

> 庶民／勞動者是有意識、主動地以生命行動來回應了歷史，但這樣的回應因其階級意識牴觸到冷戰二元對峙體制，而被統治者殘暴地鎮壓撲殺。正因五〇年代白色恐怖的反共與肅清，庶民／勞動者在歷史中的主體位置，在歷史刻意掩蓋下，湮滅於荒草之中。

本書在第三章最後有關「受壓迫者教育學的聯想」當中，也在很大程度上挑戰了這種用省籍（族群）矛盾來詮釋白色恐怖案件與當時參與地下黨成員的論斷。事實上，包括本書探討的「郵電案」，省工委在台灣所「吸收」（事實上這個詞彙的使用本身就帶著濃厚的「反共」遺緒）的成員，除了一部分為知識分子以外，其實有更多是感受到具體「壓迫」與「不公義」的勞動者與庶民。

然而遺憾的是，這些參與到當年地下黨行動以回應自身遭受到的壓迫與不公義的勞動者與庶民，在白色恐怖口述史初期因為上述討論的各種因素而被置入「冤假錯」案的無辜形象，近年來即便越來越多受難者的口述歷史文本開始反駁了早年作為「被動的被害者」形象，描述他們當年主動參與到社會改造事業的思想轉變與實踐，但這些好不容易有機會讓歷史真相浮現、建立一個新的、代表著受壓迫者角度的歷史詮釋的契機，在近年部分的白色恐怖論述中，他們卻依然被研究者視為是「無知」、「被統戰」失語的客體對象來看待。這恐怕是當前部分白色恐怖論述最讓人擔憂與遺憾的一個問題。

以本書探討的郵電案為例，一步一步對台灣省籍郵電工人進行「培力」，讓台籍工人真正長出力量，並願意挺身出來爭取自身權益的，正是「外省籍」且具有地下黨員身分的兩位教師。換句話說，這個案例本身就是一個認為白色恐怖本質為「省籍（族群）衝突」的反例。而我們以下也會、且不厭其煩地舉出各種證言來建構出一個超越省籍衝突的白色恐怖敘事，凸顯郵電案受難者如何看待與詮釋自己當年參與行動的過程與目的。

許金玉曾經多次談到她二戰前在位於台北萬華附近的「龍泉汽水」工作的經驗，她回憶中的壓迫者與被壓迫者，同樣都是「台灣人」：

公學校畢業後，我先後在萬華地區的汽水工廠、肥皂工廠和棕刷工廠做女工。我記得，那家汽水工廠叫做「龍泉」。龍泉汽水在當時的台灣算是很有名的工廠。廠裡頭大概有一、兩百個工人，幾乎都是女工……女工的工資不高，工作又有危險性。那時候的玻璃瓶子不像現在的，經常會有裂縫。因為汽水會氣爆，一有裂縫，瓶內汽水就會亂噴，噴得臉上、身體都是汽水。很恐怖！有時候，瓶子還會爆裂，人被炸傷了，工廠老闆也不會給我們醫藥費。龍泉的老闆是台灣人。[8]

而許金玉在我們的訪談當中，也提到了她在一九四八年末代表台灣省郵務工會出席在上海的郵務總工會經驗，則是另一個明顯超越「省籍衝突」的回憶：

上海那時候就是工會的總會，那時候大陸一些比較偏僻沒有開化地方的人跟我們台灣的比較親，親是親但不會說話，不容易溝通。上海開會遇到其他地方的婦女代表比較左傾，對我們都很親切，看到我們就哭，說這麼多年都不曾看到過了，這是頭一次看到從台灣來開會的人。他們那邊都是北方的代表，東北那邊的。光復之後一兩年，已經有很多不平等的待遇，所以那時候對國民黨的統治也好，對那時候來台灣的外省人也好，其實都很失望，但是到了上海遇到的都是工人階級的外省人反而有好感。

作為一個早年白色恐怖口述歷史的極少數特例，黃宏基在一九九六年台灣省文獻會所進行的訪談當中，就已經如此明白地說明自己當年的思想與立場了：

說實際話，即使我沒有遇到計梅真，而遇到任一位像她的人我也會投進去。本來我是膽小怕事的人，為何有這樣的勇氣？我想只要內心深處有著苦難人民的印象，並希望有個公平合理社會的人，最後都會走這條路的。就我個人而言，對十年的牢，既沒有後不後悔的問題，也沒有該不該的問題。

至於劉建修在本書的訪談中，則是這麼總結看待自己的：

我從小家裡就窮，就覺得這個社會存在著相當多的不平等。我一直是這樣想，也一直在找答案。所以我的思想根源並不是說計老師跟我講幾句話，我就聽她的。不是這樣子的。現在有人覺得，我們這些人都是被騙的、被害了，那也不是事實。我會說，「你錯了」。與其說計老師吸收我加入地下工作，倒不如說，她給了我一個機會。同時，也給了我一個方法。這樣的機會跟方法，讓我可以想得更完整。至於有人問我，會不會為這樣的經歷感到後悔？不會。我當然不會。

李金火在二〇一四年受訪時，與劉建修有著類似的自我描述：

說實在，我是一個窮苦人家出來的，是最底層的人，處在這樣的環境中，總是希望社會可以公平一點、日子好過一點。一方面，我對那些可以快活賺錢的人、事，說難聽一點，會有忌妒的心，強烈一點的說法就是仇恨心態，因為被壓在下面的人，總是對壓在上面的人沒有好感。那時的我只有這些素樸的感覺，還沒有具體的思想，說起來，這是一種「階級意識」。所以，這些左傾的東西很容易引起我的共鳴，我不會用言語論述，但心底會有一種同感……像我這樣的人，照國民黨的說法是「我的頭殼被染紅了」，但我認為，事實上我並不是被染紅，我本來就是「紅底」的。[10]

而王文清在我們的訪談當中，即便否認他加入地下黨，但他仍然如此看待自己與計梅真當時的互動：

事過境遷，現在有一些人提出質問，認為我是被共黨所騙、被計梅真所害，對於這樣的說法我個人無法接受。也有人問我，跟計老師之間是否存在組織關係，或者我是不是入了黨？事實上都沒有。但是可以確定的是，我從她身上學到了很多，特別是生命觀與世界觀或者更進一步的哲學層次的問題。可以這麼地說，計老師的確影響了我的一生，然而我遭遇到的牢獄卻是一點也不能怪她的。

李熒台則是在二〇一四年的訪談當中，主動提及他在幾年前建議劉建修一起透過藏書來表達對「外省籍」老師計梅真的紀念與懷念之意：

現在人們問我：「認不認這頂紅帽子？」老實說，我真答不上；不過講起計老師，我對她只有感激，我很感謝她當時的教導，從補習班同學會、《野草》，到台籍郵電員工爭取同工同酬遊行，我從計梅真身上學到太多……幾年前，我跟劉建修說：「我們買一點跟大陸有關的書，刻一個印章叫做『計梅真老師紀念藏書』，來紀念計老師吧。」於是我開始蒐集相關書籍，直到現在有六百多本，都蓋上「計梅真老師紀念藏書」，以計老師的名義收藏著。[11]

雖然周淑貞對當年被捕之前「涉案」的內容，除了參加國語補習班學習以外一概未提，然而早在一九九六年台灣省文獻會的口訪當中，她就已經如此看待兩位地下黨身分的老師了：

我們家人看到當時那種濫殺的情況也很擔心，但後來知道只有兩位老師犧牲都很感動，說老師把事情全部擔負，否則不知會死多少人。兩位老師不只生前幫助過許多人，死後還是受大家尊敬。我想兩位老師崇高的尊嚴永遠不會被社會的變遷遺忘，被時代的洪流所湮沒。12

另一位在本書中唯一非涉及郵電案，而是遭到「基隆中學案」所牽連的受訪者阮紅嬰，雖然並非地下黨員，但他同樣是如此看待與評價他當年帶領罷工、組織工會的行動，以及後續遭到判刑的結果：

由於白色恐怖的影響，現在的工會發展已經不像我們當時，我從監獄回來後就感覺到工會的運作怎麼跟以前差異這麼大……所以，我感到很奇怪，為什麼現在的工人對自己的權利不知道爭取，寧願委屈地過日子。回顧過去，我覺得我做的事情是正確的，包括工人爭取自己的權益，發動罷工，做這些事我從不後悔。

如果我們以本書的「郵電案」整體研究與訪談內容為代表，當年無論是否有參與到地下黨的受難者，都很清楚白色恐怖與他們的被捕，所涉及的並非「省籍（族群）衝突」，而更接近於左右意識型態上的差異。

省籍為表、階級與民主為裡

我們再舉前面提到，很可能在當年被計梅真改編為國語補習班的課堂教材、台灣省籍劇作家簡國賢的《壁》一劇作為例子。

2009年前後，郵電案受難者們在劉建修的竹東自宅聚會合影，前排右起：劉建修、許金玉、王文清，後排右起：周淑貞、林坦。（劉建修提供）

簡國賢的獨幕劇《壁》為諷刺台灣光復後貧富兩極之社會劇，一九四六年六月九日至十三日於台北市中山堂首度公演，描述牆壁一邊住著依靠囤積米糧而發財致富的奸商「錢金利」，另一邊則住著貧病交迫的失業工人「許乞食」一家。在《壁》的演出當中，主要使用的語言為台灣話，擔綱演出奸商錢金利的則為本省籍藝人矮仔財（張福財，本名鐘福財）。[13]然而，在簡國賢透過《壁》一劇來深刻批判貧富兩個階級生活的懸殊對比時，奸商的角色顯然並未特別指稱「外省人」，甚至劇中設定為「本省人」的可能性更高。

在一九四六年四月十日的《民報》報導〈奸商造謠省民宜戒近日中繼續配銷〉中亦曾提到：「本省籍富商巨戶之中，大量囤積糧食者頗不乏人」。由此報導，至少可以推測在簡國賢《壁》一劇當中，所欲批判的對象與其說是以「省籍」為區分的「外省人」，還不如說是對貧富兩種不同「階級」生活的巨大不平等，以及造成這種兩極化發展的政治制度的控訴。

《壁》原定於七月二日進行第二次公演，但遭到國民黨警察單位介入勒令停演。七個多月後，爆發二二八事件的當天晚上，簡國賢所居住的桃園，八點鎮上大廟已經聚滿了不滿的群眾，攻擊國民黨政府腐敗無能，簡國賢與其夫人理子也參與了群眾抗爭的聚會，並受邀在桃園座（今新生戲院）的群眾大會上發表演說。簡國賢除了抨擊國民黨政府、官員的腐敗外，還不忘特別呼籲本省籍群眾不要傷害無辜的外省同胞。[14]

而簡國賢自己則是在一九四六年六月如此回應他的劇作：

由於現實的錯綜複雜，一個晚上能夠花費數萬，沉迷於花天酒地的人卻冷漠地面對掙扎於飢餓邊緣的人。當酒家與舞會正謳歌著自由與歡樂時，居住於低矮屋簷下的勞工正呻吟於生活的重壓下。被扭曲的世態恰恰就在「桃花源」盡頭的隔壁。我的《壁》也就出自那裡。

……有人認為《壁》沒有提出解決的方法而對我深感不滿，希望我能謀求解決之道。可是，我只提示一個暗示與課題。只有現實的矛盾能解決，《壁》的問題始能解決吧。只要一直存續現在這種矛盾的社會制度，如許乞食的犧牲者不能絕後，精力有限的他，雖然被強迫一天要工作十二小時以上，他依然默默承受，終因操勞過度，得了肺病，他不但沒有拿到分毫的慰問金，反而被雇主像衛生紙一樣的丟棄，這就是台灣勞工的宿命。[15]

從上面的描述中，我們可以很清楚地看見，從簡國賢一九四六年的劇作，到他在二二八事件中的呼籲，以及此後他決心投身地下黨最終遭國民黨政權逮捕與槍決的背後信念。簡國賢所關懷的「台灣勞工的宿命」，所看見台灣社會的真正矛盾與衝突，顯然並非省籍（族群），而是認清了國民黨政權本身的性質以及地下黨所代表，兩者之間左右意識型態上的具體差異。簡國賢主動用他對左右的選擇，回應了他的深切關懷與真實理想，正如郵電案當中許許多多的受難者一般，在看清自身的處境與社會不平等的來源後，熱切地用實踐回應。

事實上，當年參與地下黨成員所追求的，除了渴望翻轉階級壓迫之外，還包括了對全面政治與經濟民主的追求。然而，這種對更深刻而全面民主的「追求」，在今天的白色恐怖敘事或者更廣泛對於台灣百年來民主發展的描述，卻同樣遭到了遺漏。

一個頗為顯著的案例是，二〇一三年出版，由陳翠蓮、吳乃德與胡慧玲所共同撰寫的《百年追求：台灣民主運動的故事》三大卷，可以說是近年來橫跨百年歷史的描繪台灣人民追求「民主」相當重要的著作。然而，在其《卷一：自治的夢想》，對民主追求的描寫事實上僅止於二二八事件，而《卷二：自由的挫敗》的一開頭馬上從《自由中國》雜誌的創辦來談起。如此的編排並依著時序的書寫，反映了這一套介紹台灣百年來追求民主運動歷史的重量級套書，並未將台灣的白色恐怖受難者（尤其是自願參與地下黨）的奮鬥與犧牲，放置於追求「民主」運動的歷史敘事中。然而，如果我們重新檢視地下黨人所追求的目標與理想，以及受難者家屬是如何自我描述與定位其受難家人的狀態時，就會發現如此的尷尬之處。

舉例而言，在《秋蟬的悲鳴：白色恐怖受難文集第一輯》中，由受難者女兒黃春蘭所寫的〈父親黃溫恭的遺書〉一文中，黃春蘭是這麼描述自己倒臥在馬場町的父親：

一九二〇年出生的黃溫恭，在台南二中畢業後即赴日留學，畢業於日本齒科專門學校。戰後返台開業，是當時高雄路竹鄉第一位牙醫師。二二八時目睹國民政府的鎮壓屠殺，在行醫之餘，決心投入民主反對運動。[16]

嚴格來說，黃春蘭對於當年加入地下黨而遭槍決之父親黃溫恭的描述，很可能才是更準確的。曾經在戰後與舊台共成員蘇新結合一批左翼青年，在一九四六年十月十五日創辦《自由報》的王白淵，在一九四六年三月二十日的雜誌《新新》上曾有這麼一篇〈民主大路〉的文章，當中對民主有以下的區分：

……民主主義亦有種種、亦有騙人的民主主義、例如資本主義社會的民主主義、雖然標榜民主、其實竟限於資本家間的自由平等、普通一般民眾還置在其外。亦有掛羊頭賣狗肉的民主主義、中國的軍閥和官僚的民主主義……民國革命以來三十多年「民主」兩字不是空談。就是奴化的工具而已。

而早在二二八事件前即已加入地下黨，身兼文藝人、記者等職，最終同樣命喪馬場町的徐淵琛，曾將他自一九四六年八月至十月以日文所寫評論台灣時政的文章，收錄於《直言台灣現狀》一書，其中一篇題為〈「民主」漫談〉的文章寫到：

看看我們的周圍吧！高談民主政治，彷彿這是他們的職業，其實卻橫暴且獨裁的人不存在嗎？這些人就是戴著假面具的民主論者……自治並不僅僅是政治機構上的問題。不論是工廠、機關或其他公司、團體，還是人們集體生活，民主機能果真能得到發揮嗎？民主革命應首先從這種地方開始。[17]

而另一篇題為〈經濟民主化問題〉的文章則是論及了經濟的民主化：

……人人都在談政治民主化，所有的輿論機關都在大肆倡導之，但是，大家難道就不能順便考慮一下經濟的民主化嗎？……我想問問這些公司的董事長、董事、監事。「你們口口聲聲地喊著政治民主化，大聲疾呼著今日政治每況愈下，貪官污吏橫行跋扈」，那麼你是否知道在你們身後，你們雇用的人正在說你們的壞話呢？……要求民選省長、縣市長是件好事。但是，我認為如果民選不建立在為多數人謀幸福和利益的社會結構上，絕不可能為人民帶來真正幸福的。對我們來說，只代表一部分特權階級的首長和縣市長是沒有必要存在的。[18]

換言之，對於當時加入地下黨而最後遭到國民黨政權全面肅清的知識分子與工農階級，從左翼的角度來看，一個同時在政治上與經濟上的民主，以及階級的真正解放，才是其所欲追求的完整理想。然而，如此對「民主」的具體追求與實踐，同樣未能被放入當前白色恐怖敘事的歷史詮釋當中認真看待。

也因此，我們嚴肅地認為，嘗試建立一個「省籍（族群）為表，階級、真正民主為裡」的白色恐怖案件與地下黨人的歷史詮釋取徑，真正還原這一批當年試圖以行動改變歷史發展的「理想主義者」——無論是知識分子還是工農階級，都將會是一項與當前「民主化論述」與「轉型正義論述」進行實際對話、甚至交鋒的迫切工程！

第二部

受難者口述

劉建修（一九二八—二〇二〇）

一九二八年出生於新竹縣六家地區的麻園庄，光復後為「台灣省郵電管理局」電信局員工，受郵務工會國語補習班老師計梅真、錢靜芝的啟蒙與影響，於一九四八年間加入地下黨台灣省工委郵電總支部，並參與創辦國語補習班同學會刊物《野草》，成為主要編輯。他於一九五〇年白色恐怖時期被捕入獄，判刑十五年。出獄後，一九七〇年代又因陳明忠案二次被捕，感化三年，關押五年。兩次入獄共坐牢二十年。

劉建修出獄後，仍繼續支持左翼與民主運動，堅持左翼立場、關心社會、兩岸和平，直至二〇二〇年逝世為止，都不改其志。

2019年，劉建修出席在新竹舉辦的「激進1949：台灣郵電工人與他們的刊物《野草》」圖文展。（何倍爾攝）

＊本訪談聚焦劉建修講述一九四六年郵務工會國語補習班成立，到一九四九年歸班大遊行前後的歷史細節。

參加國語補習班

一九四六年九月，郵務工會開辦補習班，聘請計梅真與錢靜芝兩位老師來教國語。郵電局的班由計梅真老師負責，上課地點就在台北郵局的大禮堂。另外，管理局也開辦了國語補習班，由錢靜芝老師負責教學，那邊的詳細情況我比較不清楚。

台灣光復後，我原先是在光華補習班學習國語。由於郵電局本身就開辦了國語補習班，我於是轉過去那邊學習。這有兩個好處，不用學費；再一個是有時候上課時間在下班前，如果參加補習班，就可以提前開溜了。

計老師對於上課使用的材料很有方法，所有的讀本都是她自己印的。其中不乏像是魯迅寫的〈聰明人和傻子和奴才〉這一類進步文章與時事評論。每堂課會固定留下時間讓同學做討論，發表意見、心得與看法。計老師也是在這個過程裡頭做觀察。好比說，我們學完了〈聰明人和傻子和奴才〉以後，她問了大家：「同學們，你們想要當聰明人？傻瓜？還是當奴才？」野草辦到第六期的時候，有同學用「純志」的筆名寫了一篇文章投稿，篇名就叫做〈社會需要傻子〉，這也是閱讀補習班上課材料後所寫的一篇讀後心得。至於純志是誰，時間太久，我已經忘記了。

計老師的上課方式就是這樣，教學中啟發你，啟發中觀察你。上課時有很多這樣的機會，每一堂課計老師會讓同學盡量發表意見。計老師提供給我們看的油印讀本中，不乏魯迅、巴金、老舍等等當時代的進步文學家與作品。這些文章啟發性很大，並且還可以從你對文章內容的態度，來知道你的想法、思想與傾向。

與計梅真交往

參加補習班初期，我與計老師沒有特別的互動。但是通過上課、閱讀文章與寫心得的過程，我們有了進一步的認識。

計老師經常要我們寫心得，你有什麼思想、想法，幾乎都會在裡面呈現，一看就能看出來了。這樣的課堂互動以及心得寫作持續了很長一段時間，她對我有初步的了解，才直接跟我接觸。有一次，他問我：「劉建修你明天禮拜天有沒有去哪裡啊？」我說，沒有。「那我找你假日去玩可以嗎？」我說，好啊，歡迎啊！於是她就到我家裡來。那一次的拜訪，計老師通過談話充分地知道了我的出身背景。

在那之後，她經常會到我在泉州街四十一巷的宿舍跟我談話。談話的內容從家庭到生活日常，無所不談。到家裡去談，時間最充裕，也最安全。就這樣，計老師前後到我家來拜訪過不下數十次。話題也從起初的了解彼此的出身背景，漸漸地擴大到對於社會與時局的看法。這時，計老師對我也有了一定程度的判斷。

我仍記得，曾經描述自己小時候生活上困頓的經歷給她聽。現在我已經表達不出當時的氣氛了。計老師聽了以後，說了她的看法，並且具體地向我說明個人的經歷是怎麼與社會的時態不可分割地聯繫在一起的。當時，二二八事件剛剛發生不久，於是在那幾天裡她又向我說明了國共鬥爭的歷史。

也因為這樣，光復以前我只知道中國有一個蔣介石，這是我頭一次知道原來除了國民黨以外，在大陸還有一個共產黨，並且正與國民黨政權做艱苦的鬥爭。計老師同時也從一八四〇年鴉片戰爭談起，講述中國近代受帝國主義欺壓的過程，針對一九二一年中國共產黨成立後的過程、大陸上的情況、幾次的國共合作，一直到日本投降、台灣光復，對我做了一次相當詳細的說明。

往後幾個月，我們還是經常約在我的宿舍裡談話。漸漸地，不僅對近代中國的歷史有所理解，同時也談台灣的現狀以及時局。

計老師在上課時，曾經讓我們讀過一篇叫〈牆〉的文章。她透過解說文章，告訴我們這個社會有一堵看不見的牆，牆的這邊是做官的跟富有的人家，牆的另一邊則是像我們這樣的窮困的、受壓迫的人們。這個過程，我逐漸明白了什麼是階級與不平等。同時，她也更進一步將一些書陸續交給我，要我讀。其中有毛澤東的〈論人民民主專政〉、劉少奇的〈論共產黨員的修養〉、〈中國共產黨黨史〉、黨綱黨章等。看完之後，我就向計老師交代心得，通常不會只看一次。因為這樣，我的思想開始產生轉變。

投入地下工作

一九四八年初，計梅真老師在我的宿舍中正式向我提出申請入黨的詢問。在同時，我也終於確認了她是中國共產黨的地下黨員身分。我向她表明，我願意參加。

一個星期以後，我將自傳交給計老師。自傳中陳述了我的家庭背景與歷程。再過了差不多一個星期，審查通過。那一天，她到我的宿舍來，將一份寫好的誓詞交給我，我依著誓詞宣誓：「我志願加入中國共產黨……」

在我交自傳以後，一直到宣誓之前，起碼一個星期的時間，我的心情是五味雜陳，想了很多，現在已經無法形容。而正式參加工作的第一個任務，就是把《野草》辦起來。

我的入黨申請，是由計梅真先生介紹。這個過程包括了許多對我的嚴謹觀察、調查認識與教育。據我後來的理解，計老師如果沒有百分之百的把握，她是不會輕易向我開口，甚至於讓我知道她的地下身分，最後吸收我入黨。

野草與它的任務

一九四八年三月二十三日，補習班同學會在台北郵局禮堂舉辦成立大會，大會由計老師主持，工會方面也有派人來參加，場面相當熱烈。同學會成立之前，由郵局、電信局、管理局三個單位各選出兩位熱心的同學擔任籌備會幹部，再依照章程選出委員三人組織委員會。藉著同學會成立，我們向同學提議辦一份刊物，以練習作文、交流感情為主要作用，刊名就叫做《野草》，並規劃編輯、康樂、研究三個組，我就分配在編輯組。就這樣子，把它辦了起來。這個是第一步工作。

《野草》從一九四八年的四月，在我正式入黨之後開始編，一直出到一九四九年的大概是八月份。

剛開始辦《野草》的時候，我們連怎麼編刊物都不懂，我們都是受殖民教育，才剛剛學會寫中文，上課的時候寫了幾篇心得，普通話也都不會太講，更不要說寫文章。閱讀心得寫了半年，期間計老師經常幫我們改，教我們認字，改來改去改得多了，就學會怎麼寫文章了。

起先我想，編刊物一定需要人幫忙，也需要找到志同道合的同志。因此，我就找了我在遞信員養成所就認識的老同學李熒台幫忙。當然，他是不曉得我的地下身分的。一方面，我通過編輯《野草》的過程向李熒台介紹國共內戰的情況；另一方面，定期地向計老師回報李熒台的情況。這期間，他是完全不曉得我與計老師的關係。野草編了幾期以後，李熒台也一起加入地下工作。

《野草》除了作為組織同學們練習作文與交流的平台外，團結郵電職工才是它真正的主要目標。可以這麼說，通過解決台籍郵電工人遭受的不平等待遇來進一步發展組織才是主要目的。

光復後，台籍郵電職工占員工人數的三分之一，薪水卻比照日據時期敘薪，僅僅只有大陸員工的六分之一。任用上，也是以「留用」代替正式聘任。因此，經常可以聽到一些比較要好的大陸籍員工向我們透露，每次領薪水的時候，雖然是大家一起領，但是他們在電信局以外的地方領其他五份薪水。就怕我們知道了，會刺激到我們。

起初，《野草》的編輯由我與李熒台負責，刊登在《郵報》的副刊上。此外，編輯組也負責寫壁報，不定期張貼，內容也跟爭取員工待遇有關。辦刊物經費不足，我與李熒台就捐出薪水買了一台油印機與刻鋼板用的蠟紙，至於紙張就拿電信局的廢紙來印。就這樣，從寫蠟紙、刻鋼板、油印，由我們兩個一手完成，前面幾期都是這樣幹的。

第一期的野草終於在一九四八年四月二十五日，距離補習班同學會成立不到一個月後發行了。第一期的第一篇文章是〈關於「野草」〉，介紹這份刊物的緣起，內容由我執筆。第二篇是我跟李熒台一起寫的報導〈補習班同學會的成立經過〉。至於稿件的收集、邀稿，由郵局、電信局、管理局三個單位的幹部分別進行，再把文章交給我。一開始，發行的份數大約一百多份，對象都是同學或同事，範圍從北到南都有，其他縣市的郵電員工也看得到。往後的編輯，則是三個單位輪流，也就是說我與李熒台每三期會主編一次。每期的文章內容，在編輯之前都會跟計老師討論。

《野草》第一年發行二十期，第二年發行九期。一直到一九四九年八月共發行二十九期。總的說起來，它的內容一直是與歸班運動相互配合，許多待遇不平等的問題以及同學們的不滿情緒，都通過《野草》來發表。甚至可以說，除了工會方面與郵電工人間的組織外，《野草》也作為其中一個戰線，有計劃地推動著歸班運動的發展與議題的上升。這樣，它的性質在文學內容的掩護下，其實還是相當明確的。當然，那跟大環境也有相對關係。通貨膨脹的情況相當嚴重，大家吃不飽飯，自然而然這樣的運動最終一定能夠引起作用。

特務監視

不論是編《野草》，還是組織補習班同學會，都會遇到一個問題，那就是被派赴或被吸收的國民黨特務、眼線，其實都以職員身分在我們的周圍監視、打小報告。究竟是哪一些人，我們大概知道。

我們特意將這樣的人找來擔任《野草》的編輯顧問，故意跟他搞好關係。好比電信局裡頭有個叫馬健飛的以及其他兩位同事，我就故意去邀請他們三人來當顧問，偶而拿稿子給他們看、假裝請教一下他們的意見，他們高興得要死。找他們來當顧問，就像買個保險一樣，讓他們不至於懷疑，甚至於反過來保護我們。遇到需要他們出面的時候，就讓他們出面。他們的真實身分，其實計老師多少都已經掌握了，並且要我也提防。

組織與擴大組織

一九四八年十一月二十五日發行的《野草》第十四期，刊出一篇署名梅真的文章，篇名是〈對同學們說幾句話〉，這是計老師寫的。她通過文章向同學說明，自從五月她請病假後補習班已經停課半年了，並且鼓勵同學們利用《野草》成為大家的集體力量。我是在被捕坐牢以後，才知道原來計老師是去參加了中國共產黨華東局以及台灣省工作委員會召開的「香港會議」。

計老師返回台灣後向我說明，一九五〇年我們將解放台灣。並且下達了一個指示：加快發展組織。

當時，我全力配合工作，在補習班同學會以及投稿文章中尋覓對象。當然，主要還是以電信局的同事為主。遇到可能的對象，分階段接觸，最後吸收、加入工作。

既然，補習班同學會負有發展組織的職能，那麼就必須讓它能夠運作並且起到實際的作用。因此，我們經常舉辦活動。比如辦登山活動、去海水浴場玩、音樂唱片鑑賞會等等，需要動腦筋想。這樣的活動計老師偶而才會去，我則是幾乎每次都參加。在辦活動與認識的過程中，通過互動與談話，幾次下來已經有個初步的觀察跟判斷。之後，又個別密集的持續接觸聯繫，那麼最終就會發展出可能的合適的對象。

在這個過程裡，幾乎花掉我大半的時間跟薪水，所有的精神都投入在發展組織的工作上。這樣的接觸是密集且認真的，不是膚淺的表面的互動，如果不是這麼做，對象是沒有辦法發展的，人家根本不會當成一回事。當時計老師也是這麼對我的。

我不斷地通過接觸來發展工作對象，並且定期向計老師做報告，交代內容。包括找了誰、為什麼找他、經過與結果如何……等等。她針對我的報告內容來判斷，並且評估哪幾個對象適合發展，哪幾個不要碰。

我曾經花了很大量的時間接觸一個我認為可以試著發展的對象，他是我在電信局總務科的同事，後來我向計老師做報告，計老師直接說，「這個人不要，他的關係太複雜，會有危險。」要我立即放棄。

請願遊行的計畫

一九四九年三月二十四日，郵務工會在台北郵局的大禮堂召開「全省郵務工會擴大代表大會」，主要討論如何解決台籍員工歸班與待遇的問題。當時我也以電信局代表的身分參加了，有更多人其實沒有代表身分，但是一樣可以進入參加會議。會議召開時，工會理事長侯崇修正在南京，因此由代理事長鮑伯玉主持。包括許金玉在內的許多代表，在現場都針對歸班的問題發表意見，認為這個問題一定要靠大家團結爭取才能獲得解決，靠侯崇修是得不到結果的。

二十五日，代表大會已經開了兩天，還持續在進行。當天也是《野草》第二十期的發刊日，應歸班問題提前製作了特刊，斗大的刊頭標題就是「解決歸班問題各地各級召開代表大會！！」刊尾文章是一首歌，叫做〈改班行進曲〉，相當有行動的意味，它的原曲就是〈義勇軍行進曲〉套上歸班訴求的歌詞。

二十六日，會議最後一天，大家決定推派幾名代表到管理局，要求局長打長電話到南京反映代表大會的意見。後來才知道被耍了。管理局局長只是敷衍，甚至說謊，根本沒有打電話到南京。幾名被推派出來的代表決定回到會場，並將這個消息告訴在場的所有人。現場群情激憤，不滿的情緒轉而憤怒。當場，有人喊出「遊行！」所有人就衝出會場走上街頭，冒著雨往省政府（今行政院）出發。本來只有幾百人的會議，從北門出發，一路上喊著要歸班、反對不平等待遇……諸如此類的口號，到了目的地省政府時已經有近一兩千人參加。

本來現場群眾已經鼓譟，除了郵電工人以外也有不少老百姓。突然，有人喊著「衝進去！」另外一邊又有人阻止，說「千萬不可以！」最後決定找省主席陳誠陳情，於是就推派包括許金玉在內的幾位代表進去省府遞交陳情書。

這一場請願遊行，最後得到一定程度的回應。群眾裡頭也有同情我們的，也引起了報紙輿論的報導。官方最終在五月中公布了歸班辦法，完整名稱叫做「台灣郵政員工甄別辦法」，明定了考試歸班的各項規定。雖然是這樣，但要通過考試才能歸班，仍然是不合理的辦法，於是我們繼續主張無條件歸班。

事實上，早在擴大代表大會召開之前，我與計老師就已經針對即將召開的會議有過幾次討論。當時歸班問題早已形成氛圍，不需要再繼續談。討論的內容反而是「代表大會怎麼開」的技術問題。包括請願書怎麼寫的問題。因此，遊行表面上看起來是臨時的，但實際上我們對於事態的發展事先早已經有所準備。當然，如果不是存在著不合理的事實，那麼郵電員工也不會這麼地忿忿不平。

鄉土藝術團公演

一九四九年三月二十九日，青年節。歸班遊行後的第三天，在台大法學院的草地上，有一場法學院學生為主的音樂晚會，有麥浪歌詠隊的話劇演出。那個時候，還有其他工會成員等等的校外民眾參加，我看到來參加活動的群眾，雖然彼此嘴巴不講，但其實心照不宣，大家心裡有數。我心裡知道，這些，都是我們的人啊！現在說起來可能很難想像，但是那時候時局已經走到了這樣的程度，大家心裡是很清楚的。

同一年的七月份，在中山堂與新公園有個「鄉土藝術團」的公演，一連演出了好幾天，一些同事們也參加了表演。在當時，雖然各方面的地下工作都是採取單線聯繫，誰也不會知道誰是同路人、沒有平行關係，但是同樣地，當我去看了鄉土藝術團演出《壁》與《白蛇傳》等新劇時，馬上就知道這些人跟組織一定有關係，肯定是自己人了！那時候是這樣的情況，相當有自信。但是，後續的發展是怎麼也料想不到的。

急轉直下

歸班問題解決以後，《野草》到了一九四九年八月底出了最後一刊，就中止編輯了。《野草》扮演的角色，是與補習班同學會共同發揮團結郵電工人的作用，《野草》作為爭取歸班的平台，隨著歸班的落幕也就完成它的階段性任務了。

眼前的任務需要，是直接加快擴大發展組織。因此，在電信局單位中所有可以進行的、可能的對象，我都盡可能地對他們做工作。甚至於在初步觀察判斷後，就開口邀請他們加入組織，其中也有不少人同意加入。他們的組織關係只到我這裡為止，也就是說加入工作後個別只對我負責。

差不多也是這段期間，國共在大陸的三大戰役結果已經非常明朗，我從計老師的轉述以及《光明報》等地下黨的宣傳資料中頻繁地接觸到內戰的消息。到了解放軍渡江以後，國民黨完全處於劣勢，長江以南一些城市甚至打都不用打就和平解放了。局勢與氛圍已經相當確定，可以說許多人心裡也有底，都覺得國民黨就要完蛋，共產黨馬上就要來了。

到了一九四九年五月，台灣省宣布戒嚴。雖然如此，我們對局勢仍抱持正面的態度，認為內戰即將結束，台灣就要解放。因此，對於組織發展還是持續地加大力度在進行，包括在人際範圍內廣泛地寄發《光明報》。實際上，這樣的輕忽也是日後基隆中學案之所以爆發的一個重要因素。但是，當時的形勢大好，是普遍肯定的。

有一個比喻是這樣子：有一條毒蛇，我們以為牠剩下半口氣差不多要死了，結果怎麼也沒想到牠突然翻過身來咬你一口！這條毒蛇就是國民黨。

停辦《野草》以後，我將工作主力放在發展更多同事參加組織，同時我每隔一段時間就向計老師匯報工作情況，並且交代我已經吸收了哪一些人。這樣的工作一直持續到一九五〇年初。

一九五〇年二月，計老師被捕了。三月十日，我也被捕。相隔一日，李熒台也進來了。

回首：命運與機會

我從小家裡就窮，就覺得這個社會存在著相當多的不平等。我一直是這樣想，也一直在找答案。所以我的思想根源並不是說計老師跟我講幾句話，我就聽她的。不是這樣子的。現在有人覺得，我們這些人都是被騙的、被害了，那也不是事實。我會說，「你錯了」。與其說計老師吸收我加入地下工作，倒不如說，她給了我一個機會。同時，也給了我一個方法。這樣的機會跟方法，讓我可以想得更完整。至於有人問我，會不會為這樣的經歷感到後悔？不會。我當然不會。

我這一輩子，從年輕到現在，仍然為此感到光榮。這就是我對於這段經歷的所有態度了。

附註

訪談時間為二〇一七年八月二十二日、二〇一七年九月十二日，地點在劉建修竹東住處。陳柏謙、李中、許孟祥、郭耀中、黃顯淨採訪，張宗坤、劉羿宏撰逐字稿，許孟祥整稿。

許金玉（一九二一—二〇一八）

一九二一年出生於台北萬華窮苦家庭，父親以拉黃包車維生。因生活困苦，自小就被送作養女。養父培養了她的反日民族意識，養母則私下帶她去上公學校。她畢業後白天到汽水工廠工作，貼補家用；晚上則到附近私塾學習漢文。一九四四年，許金玉考入台北郵局擔任職員。

一九四六年九月，台灣省郵務工會開辦國語補習班，在計梅真鍥而不捨地關懷和邀請下，許金玉也前去上課，從此打破了害羞內向的個性，走向群眾。一九四七年，許金玉參選郵務工會的選舉，成為工會幹部，並大力推動爭取同工同酬的「歸班運動」。一九四九年三月二十六日，許金玉等代表連同數百名郵電工人，集體遊行至省政府向陳誠陳情，要求無條件歸班。

一九五〇年三月十七日，許金玉因「省工委郵電總支部計梅真等人案」被捕，最終判處十五年，直至一九六五年三月十七日才刑滿出獄。出獄後，許金玉和同為白色恐怖受難者的辜金良結婚，並在經濟穩固後，積極支持讓社會弱勢者翻身的事業。二〇一八年她因病過世，享壽九十八歲。

許金玉。（黃顯淨攝）

＊本訪談聚焦許金玉講述一九四六年郵務工會國語補習班成立，到一九四九年歸班大遊行前後的歷史細節。

國語補習班

劉建修跟李熒台是國語補習班裡頭很優秀的兩位學生，寫作能力很好。他們兩位在國語補習班上課的時候很安靜，老師提問，他們才開口發言。計梅真老師很喜歡劉建修與李熒台這兩位學生，他們剛到班上的時候，計老師曾經介紹說，這兩位同學非常優秀，以後大家互相研究。劉建修亦曾自述，台灣光復的時候，先在光華補習班上過課，不過兩個補習班的教法很不一樣。計老師的教法跟普通的老師不一樣，可以說全精神貫注在教書上，由於班上同學的國語不流利，而計老師不熟悉閩南語，所以她會比手畫腳讓你知道，除了教學，計老師也很關心學生們的生活。她聽到同學有什麼事情，很要緊，馬上到家裡面去看他，是非常好的一個老師。

國語補習班根據工作時間的不同，安排了三個班級，上課時間分別是早上七點、下午一點、下午四點。早上都是我們郵政局的員工。雖然不記得班上確實的人數，但在印象裡課堂上有很多人。

計梅真老師之前在大陸的時候在工廠工作，在工廠也指點那些工人，因為覺得她指點得很好，所以那些工人對計老師很好。

計老師來台灣之後，那時候外省人不會說台灣話，台灣人不會說外省話，在工廠門口常常打架，看到這個情況就有了國語補習班的開始。

歸班運動

歸班就是我們那個時候還是照日本的待遇，在這樣的情況下，計梅真老師極力打開我們的想法，例如我們應該要怎麼樣去爭取這個歸班、這個歸班根本就是對我們不公平的一個待遇、大陸人的待遇跟我們的待遇差得很多。所以在這樣的情況之下，計老師說這個要求是合法的，你們不要怕，絕對不會在歸班成功後把我們全部都抓去關。

計梅真老師到台灣來之前，在上海的紡紗工廠進行組織工作。陸象賢撰寫的資料裡頭也提到，計梅真先被派到台灣發展組織，後來在工會成立補習班。計老師來教書，私下很關心每一個人，包括我、高秀玉、曾清萬，覺得家庭或本身有問題，就叫出來談話，談了之後，計老師也會建議遇到怎樣的情況應該怎麼做。

我們跟計老師的往來沒有一定的時間，她有時間就約我們到某個不會被外人看到的地點，主要是怕爭取權益的事情被破壞。那個時候計老師告訴我們，最主要就是應該要團結，團結以後應該想出什麼方法來跟政府要求，後來我們就一起組織了工會。在這樣的情況之下，官方才覺得以前這群憨鴨子都憨憨的，現在居然會提出方法了，才開始懷疑起背後或許有什麼人在策劃。

參與工會選舉

一九四七年十月、十一月，我參與工會選舉。那個選舉可以說計老師花了好多精神，一直開導我們的想法，不然我們沒有辦法想像，怎麼可以去要求改班。這個要求是要做什麼？要怎麼要求？跟誰要求？

計老師說，從大陸到台灣來的郵電局員工，職務都比台灣員工高，最少也是科長，而我們這些日據時代留下來的老員工都只是普通的職員，非常不公平。由於外省籍的員工初到台灣，對台灣的郵政業務都還不熟悉，也不能理解本省員工的想法，再加上本省員工國語不通，不能為自己的權益說話。計先生告訴我們，遇到這種情況，應該由工會的代表出來講話，在工會組織裡面，由我們自己去商量提出應對的策略。

計梅真老師的能力很強，而錢靜芝老師的能力就沒有那麼強，所以很多主意都是計老師提出，錢老師比較是幫忙協助性質。我出來選舉就是計老師的建議。那時候我不懂，不懂就不敢。計老師最開始就是說，「你若覺得不平等，就應該出來爭取，只要大家團結就有機會。」其實，一開始計老師要我加入工會，我說我不太會說話，她說沒關係，要我邊做邊學，因為越怕就越不會。

光復初期，由國民黨派到台灣的外省官員都是比較反共的。加入工人組織前，計老師就曾私下跟我們說，哪一種人可以說真話，哪一種人不能。除了國民黨派來的外省官員不支持本省工人的爭取權益運動外，當時也有本省的台灣人，如李阿祿，雖是郵局的員工，卻不管台灣人的死活。我記得，解密後的保密局的檔案裡，就提到李阿祿具有保密局線民身分，由他負責向保密局報告郵局的狀況。李阿祿這個人的品行很差，為了阻止我參加工會選舉，他就派人到我家恐嚇我，當時我不在家，他們一夥人被我爸爸罵走。

工會裡面有許多保密局特務系統的人，也有一些是專打小報告的線民。在無法掌握工會全部系統的情況下，我們也有我們的人，像計老師也會幫忙聯絡工會的會員。我選上工會幹部的過程，計老師起了很大的作用。那時候不是我自己動員，大家都會幫忙動員，不是我一個人的力量，有的根本就不認識我。

工會一個月開一次理幹事會議，照理說大家在工會裡面都很希望爭取歸班改班的事情，可是一直都沒有進度的原因，主要就是官方系統的人在裡面搗蛋，不是說我們不認真爭取，是一些像李阿祿這樣的人會起破壞的作用。

到上海開會

一九四八年，我代表台灣省郵務工會到上海參加總工會的會議。從基隆出發，坐船坐了大概兩個晚上。說到坐船才是大事情，在船上如果讓我坐著，我就會暈，我就起來到處走，一堆人在外面吐，看他們這樣吐，大家就跟著吐。正月初一去，在海上遇到大風，到了上海還下大雪，看到下雪大家很開心，因為在台灣沒看過，那是我第一次去大陸。

到上海的時候，工會的人非常親切，好像見到親人一樣，由於我們沒有帶冬天的衣服，他們買衛生衣給我們穿，買棉被讓我們晚上睡覺時蓋。

我們住在上海工會裡面。當時全國都有人過去，台灣的代表跟大陸的代表在一起開會。工人對工人的感情一樣，大陸的工人那時候也是受到不平等的待遇，所以我們就變得很團結。

在上海的時候，由於我的國語還不太好，外省的工人聽不懂，所以工會開會時我一直沒有說話。那時候台灣去的代表中女性有四位，男性有十位。有一位本省的女代表叫做張美玉，差我一兩歲，品行比較不好，計老師不會跟她接觸，也建議我們盡量跟她遠離一點。管理局工會的宋世興也有去上海。宋世興很單純，對工會的事情不是很拿手，人雖然很老實，國語也說得不錯，但是並沒有在上海工會會議上為本省員工的困難多說什麼。

上海開會時，我們遇到其他省的婦女代表比較左傾，對我們都很親切，看到我們就哭，說這麼多年都不曾看到過了，這是頭一次看到從台灣來開會的人。他們大多是北方的代表，也有東北那邊的代表。

光復之後一兩年，已經有很多不平等的待遇，所以那時候我對國民黨的統治也好，對那時候來台灣的外省人也好，其實都很失望，但是到了上海遇到的都是工人階級的外省人，反而產生很多好感。

歸班遊行

一九四九年三月的歸班遊行，本來在郵局裡面開討論改班的會議，因為會議一直沒結果，開會當中就有人喊著要遊行，大家都衝出去，那時候沒辦法擋，但是那些特務一直擋，要大家不要出去，出去就危險了。我們這些人就說，哪裡危險！當時的路線是從台北郵局出來後，沿著現在的忠孝西路一直走到現在的行政院也就是當時的台灣省政府。

遊行之前的報紙寫到當時在開的全省各級代表大會時說，台北街頭已經有呼籲歸班的標語和漫畫。這也是計先生的建議。標語是要求改班，我們要活。寫在單子上、紙上，遊行的時候有拿出來。

我們一出去街頭，其他群眾就都靠過來，遊行隊伍一下就聚集了幾千人，有郵局的員工，也有好奇的群眾，很多人一起跟著走。遊行途中，我們就一直喊改班！要改班！我們應該有權利要求，我們的要求不是多賺一點錢，而是照規定來，應該是怎麼樣，我們就照規定來。

遊行隊伍大家推鮑伯玉帶頭。這是因為計老師曾告訴我，我們如果要遊行一定要找一個人帶頭。計老師說鮑伯玉是特務，建議讓鮑伯玉帶頭，也說要我們不要自己走，自己帶頭會吃虧。因此，當天大家指名鮑伯玉帶頭，那時候他也知道大家是不懷好意的。

鮑伯玉知道如果出事，帶頭的會被先抓，所以一開始他怎麼樣都不願意，其他人說那你就想辦法看怎麼樣好，我們不走，就站在這裡等你。鮑伯玉看到這個情況也沒辦法只好答應。我們這些人進去省政府跟陳誠談，就是他建議的。他也有進去，但是他不敢出面，怕得要死。那天晚上就叫我們四個代表去他家。鮑伯玉看到我們就哭得要命，說你們要害死我，這一次我一定會死。我們這些人一直笑，笑他怕死。他要求我們不要再繼續了。

回到遊行當時，當我們到了省政府門口，看到屋頂都安置了槍，阿兵哥也配了槍。那時候遊行的民眾聚在省府門口，沒人敢說怕，沒人敢說要回去。後來，軍隊並沒有開槍，我猜是省主席陳誠有出來說不要傷害群眾，我們才平安退出來。

當時，我們選代表進去跟陳誠談，要跟陳誠要求改班，陳誠看到我們就說，他很支持我們，但是不是用這種方式，要我們回去。那時候遊行是三月底，五月就改班了。

計梅真的影響

計老師說的事情都是為了大家生活得更好。像改班就是大家要怎麼做，這不是為了個人，像有什麼事情，就好像說特務這個事情，她就會問我的意見，看是哪一邊對、哪一邊錯，如果是我，應該要站在哪一邊。我如果說錯，計老師不會罵我，而是會問我為什麼是這樣的想法，我說這樣比較不會傷害人家，她會接著問那人家傷害妳要怎麼辦呢，這樣我就慢慢知道這個問題是什麼樣子。

跟計老師認識的時候談過台灣問題，計老師說台灣最後還是會解放，我說要等到什麼時候？她說要看情形，我說要看什麼情形，計老師說我問話怎麼問到這麼徹底啊。我對這個的印象非常深。我說，像我們這種腦子不夠的人，猜不出來，所以才會凡事問得徹底。

附註

訪談時間為二〇一七年八月三十日，地點在屏東。陳柏謙、李中、許孟祥、郭耀中、黃顯淨採訪，李中撰逐字稿、整稿。

王文清（一九二七—二〇一九）

一九二七年出生於南投集集，祖居為台北新店。公學校四年級以前，都是住在集集。之後因父親工作轉調，舉家遷回新店，他也在新店完成最後兩年公學校學業。接著他進入老松公學校就讀了兩年的高等科，並考上當時的開南商業學校。

由於日本後期侵略戰爭需求，王文清收到殖民當局命令被迫提前畢業，前往高雄岡山「六一航空廠」報到，為戰爭進行後勤工作。他在六一航空廠待了三年，直到台灣光復後，軍隊才解編歸鄉。

歸鄉後，王文清找到郵局的工作，被分派在台北郵局的掛號課。不久後，他也參加了台灣省郵務工會的國語補習班，並遇到影響他一生的授課老師計梅真。

一九五〇年三月十日，王文清因「省工委郵電總支部計梅真等人案」被捕，後依「參加叛亂組織」罪名遭判刑十五年。但出獄後王文清仍強調，他所遭遇到的牢獄，一點也不能怪計梅真老師。

晚年的王文清，接受訪談時講述當年爭取權益、卻被羅織「叛亂」罪遭判15年政治獄的種種。（陳柏謙攝）

差不多二十年前，應著前郵務工會理事長陸象賢的邀請下，多位郵電案受難人就各自的記憶寫下了懷念計梅真與錢靜芝老師的追憶文章，最終集結成一本小集子，書名就叫做《魂繫台北》。關於我在郵局的經歷與想法，差不多已經在書裡面清楚地表達。

白色恐怖的事，是近十幾年才比較敢說出來。以前不敢講，講出來可能就沒工作、沒飯可吃。過去紅帽子就跟過街老鼠一樣，很淒慘的。在當時「反共」第一的氛圍下，一切都是反共優先。這樣的氣氛、味道是會感染的，整個社會對紅帽子是避之唯恐不及。因此，我們剛出獄的時候，面對整個台灣社會的反共氛圍，那是你們現在怎麼都想像不到的，不是像現在在談白色恐怖談得這麼溫暖和煦。

關於我的受難過程，曾經由人權館邀稿，收錄在二〇一二年出版的《秋蟬的悲鳴》一書當中，也能夠作為參考。此次訪問，我就按規劃來談一談受難前乃至於台灣光復前的些許經歷。

幼年時期

一九二七年，我出生在南投集集，但是我的祖居是在台北新店，由於父親工作的關係，公學校四年級以前，我都是住在集集。說起來，這個跟父親的職業有關，同時也跟日本在台殖民的產業政策是有關係的。

日本殖民台灣，起初對產業的掌握並不足，像三井這樣的自德川幕府時期繼承下來的日本財閥，在當時也在殖民地尋找發展的項目，面臨資本要如何投放的問題。因此，香蕉運銷日本就是從這裡開始的。

三井物產株式會社利用當地居民種香蕉（山蕉），同時設了一個總所在中寮，另外在林子坑又設了分所。香蕉收成後，就一船一船地載往日本，讓日本人去享受，集集的蕉在當時很有名氣，還是日本天皇的「御用蕉」。我的父親就是在林子坑分所當主管，是三井物產株式會社的職員。到了我適學的年齡，就就近在集集公學校入學了。一直到公學校四年級，父親因為工作轉調的緣故，我才遷回到新店。

由於氣候的緣故，台灣北部過去一直是茶葉的生產大宗。茶樹必須生長在有霧氣的地方，氣候首重。我年輕的時候，北部山區一年四季都有霧氣，雨一下個把月也是經常有的事情，所以種茶是相當合適的。因為這樣，日本人就開始動腦筋，選在桃園的角板山蓋了一個茶廠，廠房就設在茶葉產地，並且將我父親調職到那邊從事茶葉種植與製造的開發工作，運用機械化的方式生產茶葉。

父母親到角板山工作以後，我就回到新店由祖母照顧，並且完成最後兩年的公學校學業。父親熟知當時的中學校的入學考試，對於台灣人來說並不是容易的事，他四處打聽找到了老松公學校一個教學成績優異的老師，據說由他教導的學生八成都能通過中學校入學考試，於是就把我送到了老松公學校去讀了兩年的高等科。每天我就從新店搭著五分車路經大坪林、梘尾、十五份、公館，沿著汀州路、古亭到艋舺車站下車走路去上學。就這樣，在高等科就讀兩年後，我如願地考上了開南商業學校。

台灣人才會讀的開南商業學校

日本帝國發起南進政策，名義上叫做「開發」南洋，並且以台灣作為南進基地。「開南」商業學校的名字是這樣來的。學制上，我到開南讀書以前，工、商還是不分校的，到了我去讀的時候，工、商已經分開了，分成開南商業跟開南工業兩個學校，所以現在的開南商工，是光復以後又再次合一的。

當時的開南商業學校，多半是台灣人就讀，班上六十位同學之中只有四個日本人。對於日本人而言，只有沒有用的人才會淪落到跟台灣人一起讀書。我在開南商業學校是提前畢業的。以當時的學制來說，要到四月一日才是新的學期，然而前一年的年底，學校收到一紙命令，就草草地要我們畢業了。畢業證書夾著派令一起交給我們，收到以後馬上就去了位在高雄岡山的「六一航空廠」報到，想不去都不行。

岡山六一航空廠

六一航空廠屬於日本海軍軍部，在南洋戰事期間負責各種飛機的修理與保養以及糧食與武器的配給。從戰場上回來的飛機不用回到日本本土，直接就在岡山維修。

到了六一航空廠後，先是接受足足一年的職業訓練，內容包括種種與航空機械有關的基本常識，過了半年以後開始實習，之後再依照特長分派，於是我被派到文書事務，帶著十二名打字員，屬於管理職。當時的薪資是按級職敘薪，一個月六十塊錢。六十塊錢在今天來看是什麼概念呢？米價便宜的時候可以買得起幾斗米，米價一漲，那是連半斤米都買不起的。在戰時體制下，戰爭的情勢不斷地變化，並且動員的範圍也擴大到一般老百姓。這是我經歷過的動盪不斷的時代。

我在六一航空廠待了三年，直到被告知大戰已經結束的消息。台灣光復了。過不了多久軍隊解編，我與其他台籍青年也就各自歸鄉了。

到郵局工作

歸鄉以後，馬上就面臨到餬口的問題。我原想找個自己有興趣的工作，但是半年多的日子過去了依舊找不到。那樣的時局，這種願望幾乎是不可能實現的。恰好，我有一位姑丈，光復前在遞信部工作。他告訴我，郵局要招募一批青年，有工可做、有飯可吃最要緊，於是在他的引介下我就到郵局去詢問。原先在那邊工作的日本人都走了，非常缺工，他們一聽我是商業學校畢業的，馬上就採用了，而後我被分派在掛號課，工作地點就在北門邊的台北郵局裡。我在掛號課的職稱是業務，負責的工作是把郵工們從各地收來的堆積如山的郵件分區、分地方，以便下一步配達到收件人手上。

當時台灣光復還不久，本省籍的郵工多半還不太會講漢語，與外省同事在語言上有溝通困難。我在開南商業學校就讀時，正值日本占領中國並向南洋發動戰爭，因此曾經學過三年的馬來語跟當時叫做「支那語」的漢語，說、聽、讀程度還不錯，但是還不到能寫的階段。即使是這樣，面對各省不同方言口音的漢語還是令我摸不著頭緒。隨後，郵務工會成立了專門的國語補習班教導台籍郵工學習中文，我也趁工作之便就近參加了。

補習班上課的地點設在台北郵局的講堂裡面，利用上下班的空檔時間上課，參加補習班的同事相當多，授課老師就是計梅真。由於我本身已經具備一定程度，而且可以閱讀像是《新聞天地》、《展望》這方面介紹國際政治的雜誌，因此與計梅真老師能夠直接進行討論，也因為這樣彼此交換了不少關於時事問題的看法。同時，我自身對於知識有迫切的渴望，因而經常向計梅真老師當面請教。補習班是一九四六年秋天成立的，成立不久後的隔年初，就發生了二二八事件。

二二八事件中的經歷

一九四七年三月，某一天早上輪到我當班，我從新店騎著自行車到了台北郵局，就看到七八個人倒在門口。當天，軍隊從基隆開到台北，在太平町一帶見路上有人就開槍，在延平南路與博愛路口附近的民眾一聽到不遠處傳來的槍聲就紛紛散開，軍車繼續往前開，卡車上的機槍仍對著逃散的人群掃射。我當場見到一個頭戴毛呢帽走在路上的老伯中槍倒地，倒地後血流到了帽子裡，那頂帽子裡的血足足有八分滿。我當時深受震撼，怎麼有這種政府會對人民做出這樣的事？這是我在二二八事件期間親眼所見，一直到今天我都忘不了。

關於歸班運動

就我所知，國語補習班運作了差不多一年半以後，基於同學們交流以及活動的需要，就進一步成立了國語補習班同學會，之後又以國語補習班同學會的名義發行了刊物《野草》。

《野草》的編輯工作，劉建修與李熒台的投入很多。由於他們屬於電信局，上班的時間比較特殊，因此經常有一整個半天的空檔時間可以處理《野草》的相關事務。日後，《野草》這份刊物也在歸班運動中有一定的角色。

光復以後，郵電工人的薪資標準一直與外省職工存在著差距。我親眼所見，外省職工領錢的時候，是拿著布袋來裝的；相反地，本省籍工人領的薪水摺一摺放到口袋還裝不滿。明明大家都是一起在工作，甚至他們的工作量還比較輕鬆，薪水卻領得比我們多很多，憑什麼會有這樣的差別待遇？所以這是相當不公平的。歸班運動就是從這樣的待遇落差來的，我們要求將所有留用工人轉為正式員工，並且比照中央制訂的標準給予平等的待遇。要不然，物價一直飆漲，連基本生活都不知道怎麼維持。這是相當實際的問題，在爭取歸班的過程裡頭，計老師也會就我們的問題提出建議，她認為本省郵電工人待遇不公的問題必須要解決，但這不僅僅是郵電工人的問題，同時也是社會不公的問題，要從整體社會問題的角度來看待。我自己由於工作時間的緣故，並沒有參與工會的事務，但是如果有行動我會參與。

一九四九年三月二十四日郵務工會召開全省的擴大會議，地點就在郵局的大禮堂，會議主要目的是為了要解決歸班問題。當時我因為工作的關係並不在場，事情發生的詳細經過我不清楚，遊行的事也是後來才知道的。

關於鄉土藝術團

在我記憶中，郵電職工做了兩件事是有產生具體的社會影響力的。一是歸班遊行，另一件事就是參與鄉土藝術團的演出。這兩件事，將原本只發生在郵局職工之間的議題與交流，擴大到社會中。鄉土藝術團與各工會間的互動就是一個例子。

一九四九年五一勞動節當天，郵務工會跟包括鐵路工會在內的其他工會在中山堂聯合演出《民主閻羅殿》，寫實地暗批國民黨政府的不民主以及對現實的不滿。這個劇本形成之初就是由我起草，而後整合補習班同學以及鐵路工會、司機工會成員的意見，再由其他執筆人修改而成，演出以後獲得了相當不錯的迴響。

我和計梅真老師的交往

我與老師的交往，一直到我們被捕為止，我始終沒有聽她透露過她的地下黨身分，也從來不曉得她帶有任務。我跟她的相處，一直是知識與看法方面的往來交流，至於組織方面的事，她不會告訴我。我們經常會針對問題進行辯論，特別是內戰的性質與世界局勢的現況，看法會有不一致之處，我也不一定同意她的說法。即使如此，她的世界觀、學識以及人格，對青年時期的我產生一定的影響，這是可以確定的。

在二二八事件發生期間，有不少外省人被毆，當時我很擔心計老師的安危。事件緩和以後我向她表示關心，才曉得原來有很多本省的同學在保護她，特別是許金玉，因此相當安全。

事過境遷，現在有一些人提出質問，認為我是被共黨所騙、被計梅真所害，對於這樣的說法我個人無法接受。也有人問我，跟計老師之間是否存在組織關係，或者我是不是入了黨？事實上都沒有。但是可以確定的是，我從她身上學到了很多，特別是生命觀與世界觀或者更進一步的哲學層次的問題。可以這麼地說，計老師的確影響了我的一生，然而我遭遇到的牢獄卻是一點也不能怪她的。

結語

我是一九五〇年三月十日被捕，這是我完全沒有意料到的事，甚至不知道自己做了什麼事？為什麼會被捕？到了保密局時，我不知道是不是特務故意帶我經過計老師的押房，我看到她的一隻眼睛被打到睜不開來。她向我說了一句話：「我現在保護不了你們了，要堅持住，好好地活下去。」

我一九五〇年被捕時二十三歲，一直關到一九六四年出獄，出獄後又過了十年我才結婚，隔年當上父親時我已經四十八歲。

說起來，國共之間的內戰影響太多人了。因為這樣，我的一生算是被國民黨跟共產黨的鬥爭給吞噬掉了。這是時代的悲劇，這樣的悲劇甚至延續到現在。

我今年九十一歲，身體老化了，心智也鈍了。所以這個時候要我來接受訪問，我就算是還有記憶也說不清楚了，能表達多少，也很難說了。

附註

訪談時間為二〇一七年十二月七日、二〇一八年三月二十一日，地點在新北市新店王宅。陳柏謙、許孟祥採訪，陳玟亘撰逐字稿，許孟祥整稿。

李熒台（一九二八—）

一九二八年出生於苗栗銅鑼，在大家庭中長大。公學校畢業後，就讀銅鑼的高等科。畢業後，考取當時電信局的「遞信從事員」，前往台北工作。一九四五年二戰結束、台灣光復，時年十七歲的李熒台在電信局受訓期間，認識了劉建修並結為終身好友。

一九四六年九月，台灣省郵務工會聘請計梅真、錢靜芝來台教國語，李熒台在延平學院上了約一年國語後，開始參加郵務工會的國語補習班，因此認識了計、錢兩位老師。日後，他成為補習班同學會發行的《野草》的重要編輯，更參與了爭取「同工同酬」的歸班運動。

一九五〇年三月，李熒台遭到國民黨特務逮捕，被控「叛亂罪」遭判刑十年。然而，李熒台直至白髮蒼蒼，一談起計梅真老師，沒有怨言，只有滿滿感激。李熒台感謝她當時的教導，無論是從補習班同學會、《野草》編輯，到鼓舞、指導台籍郵電員工爭取同工同酬運動，他認為，這輩子從計老師身上實在學到太多了。

李熒台。（李新民提供）

我在一九五〇年代白色恐怖期間被捕，關押了整整十年。有關我的受難過程與情形，我想必須從郵電管理局的工作開始說起。

一九二八年，我出生在苗栗的銅鑼鎮，在日據時期行政上屬於新竹州。稍微懂事時，家裡把我送到銅鑼公學校去讀書，畢業後又繼續讀了兩年的高等科。完成了高等科學業，我就報考了電信局的「遞信從事員」，並且順利錄取。也因為這樣，我頭一次離開家鄉銅鑼，到了人生地不熟的台北。

一個遞信從事員的養成

遞信從事員在當時是隸屬於台灣總督府交通局遞信部，我在收到錄取通知後，就去到了「遞信從事員養成所」報到並接受職前訓練，之後分派到電信局工作。在遞信從事員養成所受訓時我認識了一個人，並且在日後結為好友。說起來，那個時候根本無法預知我跟這位好友，會在一連串的大時代的遭遇中成為同志，更不會知道我們會成為難友。這樣的情誼經過了幾十年，到了今天絲毫未減。我說的這位同志就是劉建修。

初結識劉建修的時候，太平洋戰爭已經發展到末期了，當時他以為我是日本人，也因此有過一段誤會。這一切得從我的家庭說起。

我在大家庭中長大，有四個兄弟、一個妹妹，我在家中排行老大。在我讀公學校的時候，中日戰爭已經爆發，日本在台灣實施皇民化政策，並且公布包括「國語家庭認定規程」等一系列皇民化法規與措施。當時我有個堂哥在銅鑼庄役場做事，據說申請國語家庭有一些獎勵，於是就主動把我們家族都弄成國語之家，我們每個人就都改了日本名。也因為這個日本名字的緣故，劉建修曾經認為我極想要接受「同化」而成為「真正的日本人」。我向他說明了原委後，他才知道事實並不是這樣。

昭和十九年年底（一九四四年），我跟劉建修完成了養成所的訓練，先後分派到了電信局工作。他是通信事務員，我是報務佐。按職級區分，員的待遇在當時是比佐要來得好的。印象中，我當時的月薪是四十幾塊錢。敘職不到一年後，二次世界大戰結束，台灣光復了。

學國語

台灣光復初期，曾經有一股學習國語的熱潮，大家都在學國語，當時叫做北平話，坊間也開設了很多國語補習班。台灣光復那一年我才十八歲，報務佐的工作還做不到一年，新的時代來了，一方面興奮，另一方面也擔心自己只懂得日語，國語卻是一竅不通。我心想，不行！我們得趕得上新時代啊。後來劉建修就向我提議，不如一起去「光華國語講習所」學國語吧。

光華國語講習所是日據時期前文化協會幹部鄭明祿開設的，借用開南商工教室在晚上教大家學國語。同一時間，在開南借教室上課的，還有朱昭陽創辦的「延平學院」。就這樣，劉建修報名去光華學國語，我去了延平學院讀一年級。

我在延平學院大約讀了一年。一九四六年九月，台灣省郵務工會在台北郵局設立了國語補習班，教導台籍員工學習國語，並且從上海聘請計梅真、錢靜芝老師來台。我們知道以後，就去參加了郵務工會自辦的國語補習班。之所以會去補習班，也是劉建修介紹的，我也因為這樣而認識了計梅真與錢靜芝老師。正是因為兩位老師，我們才會在日後催生了《野草》的創刊，也才有了交流與發表言論的平台，這與一九四九年三月爆發爭取歸班的遊行，是有一連串的關聯的。

國語補習班辦了一年多以後，在一九四八年初成立了補習班同學會，在課堂聽課之餘進一步擴大了同學間的交流。那時很多人學國語，但還不到能寫的程度，因此我們希望能夠有一個寫作與發表感想的平台。就這樣，在國語補習班同學會成立與推波助瀾下，《野草》這份刊物誕生了。

野草

一九四八年四月二十五日，《野草》正式創刊，對象是工會內部的台籍員工。我與劉建修以同學會的名義，用本名在創刊號發表了第一篇文章〈補習班同學會成立經過〉，向郵電職工與補習班同學們報告這個消息。

起初，計梅真老師教我們如何出版刊物，我們也組織了一個編委會，負責各期刊物的邀稿、編輯與研究工作。雖說是編委會，但當時沒有明確的定期會議，就是幾個人固定供給稿子，介紹一些作家的作品。逐漸地，我們才通過邀稿，以及宣傳這份刊物，鼓勵大家把生活的遭遇與學習的心得等等感想發表到刊物上。我當時讀了一些魯迅，也曾經透過刊物介紹魯迅的作品。

此後，《野草》成為了同學們的創作與練習中文的園地。有許多篇文章是在說明台籍員工所碰到的問題，宣傳同工同酬的概念，提倡大家要團結，一起爭取權益等等。

爭取歸班

在台北郵局工作時，郵局是在一樓，我們電信是在三樓。大陸來台員工，被稱作「報務員」與「郵務員」，而我的工作職稱則是「遞信從事員」，與其他台籍職工被歸類為「留用」員工。我們的工作內容雖然差不多，但大陸來台的員工月薪卻相對高出許多，至少雙倍以上。例如，他們在本俸以外，還會以「去大陸出差」為由，多拿出差費等等。台籍與大陸員工明明做一樣的事，但薪水卻相差極大，尤其當時通貨膨脹得很嚴重，錢一直貶值，我們的薪水卻沒有漲，因此引起許多台籍員工的不滿，會有這種不滿可以說完全是合情合理的。

當時的氛圍，事實就是勞動待遇不公，因此我們也不顧什麼顧忌，在一股集體的氛圍下，通過補習班同學會、工會、以及《野草》，作為團結職工、爭取權利的平台，爭取問題的解決。

一九四九年三月，終於爆發了歸班遊行，郵電工人以「改班」、同工同酬為訴求，從北門的台北郵局走到台灣省政府（今行政院大樓），直接向省主席陳誠提出訴求。之所以能夠發起台灣光復後第一個工會遊行，當時的工會代表許金玉是很重要的關鍵角色，而這個過程也有計梅真老師的指導。我跟計梅真老師很少有正面的接觸，主要都是通過劉建修，在關係上也是直接與劉建修共同進行《野草》的編輯工作。

逮捕

一九五〇年三月某一天[1]，我被通知去劉建修的住處，到的時候，沒見到劉建修，卻只有計老師在場，旁邊還站著兩個陌生人，情況很不尋常。計老師看起來被動過刑了，而後我才知道她被逮捕，陪她來的兩個陌生人都是特務。特務當場要我寫自白書，我看了計老師，她點了頭示意，意思是叫我寫沒關係，所以我就寫了一些，但沒講太多，畢竟我的確沒做過什麼，也不知道究竟要「自白」什麼？寫完以後，他們卻沒立刻收押我，反倒把我放回去，原來是為了要等我跟其他人聯繫，以引誘出更多的人。幾天後[2]，我就被他們抓起來了。

當時我住在台北臨沂街的電信局宿舍，他們到我家抓我時，我剛好不在，住處被翻得亂七八糟，據說他們是想找毛澤東的《新民主主義論》，但只找到魯迅的相關作品，那些都是國語補習班的上課讀物。隔天我照常去上班，當天就在電信局三樓的辦公室被他們逮捕了。

被捕後，他們並沒有把我和其他同學關在一起，並且對我用刑了三天三夜，第一天被倒吊、接著被灌辣椒水、第三天他們用探照燈照我的眼睛。我跟鄭逢春[3]關在同一間牢房，裡頭還有另一人，後來才知道他是特務，是用來監視我們的臥底，竊聽我們是否討論到這個案子。

在刑求了三天之後的晚上，計老師通過靠近馬桶地板上的一個小口，對著我的牢房把我叫了過去。我湊在洞邊，聽著計老師的話，她說特務們已經將我的口供按照他們需要的內容寫成一份自白，最後一定會要我在上面簽字。她還留了一句話，說我可能會被判罪，但無論如何一定要留著一條命，不能死。這是我入獄後第一次接觸到計老師，再遇到時已經是我們這個案子的開庭宣判的時候了。

最後，我們郵電案有三十五人被判刑，計老師、錢老師被槍斃了，其餘則分成七年、十年、十五年的有期徒刑，我則被判了十年。

幾年前，我跟劉建修說：「我們買一點跟大陸有關的書，刻一個印章叫做『計梅真老師紀念藏書』，來紀念計老師吧。」於是我開始蒐集相關書籍，直到現在有六百多本，都蓋上「計梅真老師紀念藏書」，以計老師的名義收藏著。

現在人們問我「認不認這頂紅帽子？」老實說，我真答不上；不過講起計老師，我對她只有感激，我很感謝她當時的教導，從補習班同學會、《野草》，到台籍郵電員工爭取同工同酬遊行，我從計梅真身上學到太多。

到現在為止，我還是認為我們當年做的事情是對的。但是，現在年輕一輩對於這些曾經發生過的事情好像沒有辦法理解。今天你們來採訪，我仍然希望我的孩子也在這裡，希望他也知道我的這些過去。以前是不敢說，怕對孩子有不好的影響，現在要說可能也晚了。我已經九十一歲了，說起話還可以，但是以前的事情跟記憶，每天都在衰退，有的事情我知道自己還有個印象在，可是卻怎麼想也想不起來、說不清楚了。我是很清醒地知道自己想不起來，所以相當地懊惱，不知道該怎麼辦啊。現在我的行動不方便，雖然台南跟竹東不遠，但是那樣的距離我已經沒有辦法去了。如果辦得到的話，我很希望能夠再去看看我的老朋友劉建修。

附註

訪談時間為二〇一八年三月十日，地點在台南市榮譽街李宅。陳柏謙、許孟祥、黃顯淨、涂貴美採訪，許孟祥撰逐字稿、整稿。

阮紅嬰（一九二八—）

基隆人，十歲後遷徙至九份，因家貧，公學校畢業後，曾在九份礦坑工作過一段時間。一九四一年進入基隆造船廠的技能養成所半工半讀，一九四三年自養成所畢業後，便在社寮的基隆造船廠擔任技工。光復後，繼續留在基隆造船廠工作。

一九四六年六月，因米價不斷上漲，基隆造船廠的工人無以為繼，要求廠方調薪也遲無回應，阮紅嬰和其他工人討論後，決定發起罷工行動。罷工從早到晚持續了十二小時，最終廠方妥協，接受工人們提出的訴求，罷工獲得勝利。

一九四七年二月十一日，基隆造船廠、八堵的前田鐵工廠與基隆港務局修理廠的工人，聯合成立了「基隆鐵器工會」，阮紅嬰出任工會常務理事。之後，工會監事林天河介紹阮紅嬰認識地下黨員李蒼降等人，阮紅嬰也因此被捲入「基隆中學案」而遭到逮捕。一九五〇年十月十一日，他以「共同參加叛亂組織」罪名遭判刑十年。

阮紅嬰。（陳柏謙攝）

從技能養習所到造船廠技工

我從兩歲在基隆由我的阿嬤撫養長大，十歲時由於阿公為謀生四處奔波不幸過世，我才回到九份居住。一開始因為家裡經濟拮据，公學校畢業後，曾到過九份的礦坑工作過，一九四一年才到基隆造船廠的技能養成所（位於基隆社寮島）半工半讀，上午在養成所上課，下午則到造船廠實習，每天有五角的生活費，比外面三年四個月的學徒要到出師才有收入還要好一些。一九四三年我從養成所畢業後，便直接到社寮的基隆造船廠擔任技工。

日本時代的基隆造船廠本來是由三菱重工在經營與管理，後來才改成由日本海軍管理。那時候由於美軍幾乎每天來轟炸，所以造船廠的工作陷於停頓，工人隨時準備要跑防空警報，怕有危險到造船廠工作的意願很低。廠方為了怕工人不敢來上工，所以就提出上班日若遇到轟炸，每人可多補發一天半的工資。這種情況就一直持續到光復。

光復後，來接收基隆造船廠的廠長叫薩本炘，接收委員叫王慶芳，他們都是從福建造船廠過來的人員。一九四五年年底在造船廠舉辦的接收大會上，除了基隆的政府官員代表外，還請了一個本省籍自稱是艋舺人的人擔任主持人，那個人看起來像地頭蛇，他在接收大會的主持講話中恐嚇造船廠的員工要乖乖服從接收的命令，引起了造船廠工人的普遍不滿。後來，基隆造船廠內還派駐了一個小隊的工礦警察，並且設置了關人的鐵籠，用途是廠方拿來關押不聽話的工人。

造船廠罷工事件

一九四六年的六月，位在社寮島上的造船廠發生了一起為時十二小時的罷工事件，直接的起因是光復後米價不斷上揚，導致工人負荷不了，要求廠方調漲薪水也沒有結果。由於造船廠位於本島外的社寮島上，工人上工的交通工具都是靠船隻，從本島坐船到造船廠，工人們就利用坐船的時間討論是否用罷工的方式要求廠方調薪，雖然大家對罷工的意見時有爭論，但是最終還是形成了罷工的共識。事實上，罷工的事宜主要由造船廠的年輕一輩工人主導，當時造船廠從技能養成所培養的年輕工人已有五期，人數約有三、四百人。因為年輕的工人都是從養成所來的，所以大家彼此之間都相互認識，決定罷工與說服其他工人的工作主要是由這批年輕的工人進行。

罷工發動的當天，大家坐船到造船廠後，沒有進入工作現場，而是拿著自己的工作箱集合起來並封鎖了造船廠的辦公室，然後由當過日本兵受過軍事訓練的工人去制服有武器的工礦警察，把他們都關進造船廠私設的鐵籠裡。由於造船廠四周都是海岸，為了怕造船廠的管理、監視人員逃跑去通風報信，也是由那些有受過軍事訓練的工人負責看守周圍的海岸線。當時稍早前，陳儀已經下達禁止罷工的命令，造船廠罷工的消息絕不能洩漏出去，所以要封鎖社寮島周圍的海岸。罷工一直從早上持續到晚上大約十二個小時之後，造船廠的廠方妥協，接受工人們提出的以三個月為一期，參考物價來調整薪水的訴求。當晚，罷工勝利結束。

此次，位於社寮島的基隆造船廠罷工運動，由於我們嚴密封鎖對外的消息，到罷工結束，廠方願意妥協為止，都沒有驚動當地的警察單位，甚至罷工事件也沒有任何報紙報導。但是，罷工現場出頭的那一批工人，包括我自己，第二天開始就先不進造船廠上工，而是到其他地方做小工以躲避風聲。由於造船廠高層也願意壓住這起才一天的罷工事件，在罷工中與廠內工礦警察有衝突的工人，後來也沒有被追究刑責。一個多月後，在造船廠領班與廠長溝通後，在外躲避的工人才陸續又回到造船廠工作。

鐵器工會的成立

罷工事件之後，基隆附近其他工廠的工人都紛紛來向我們請教工會運動的相關事情，一九四七年二月十一日[4]，由基隆造船廠、八堵的前田鐵工廠與基隆港務局修理廠的工人聯合起來成立以工種為聯合形式的「基隆鐵器工會」，主要的目標就是在廠場工人縱向關係中增加各廠之間鐵器工人橫向的聯繫。鐵器工會成立大會是在基隆的民眾教育館召開，地點是在基隆市政府附近那一塊，當時的會員有一千多人，大約有八百多人出席大會。工會的會員有三個來源，一個是造船廠本身的工人，一個是八斗子前田鐵工廠的工人，一個是基隆港務局修理廠的工人。

日本時代，光是造船廠的員工就有一千多人，這是因為一些私人小工廠缺乏材料都關門，失業的年輕工人就全都聚集到造船廠。光復後，由於造船廠的規模較大，只有海軍有能力接收。海軍接收後並沒有減少造船廠的員工規模，反而是八斗子鐵工廠與港務局的修理廠缺工嚴重，兩個廠的員工大約兩百人到一百人不等。

鐵器工會中有四個幹部來自造船廠，包括工會理事長楊進興、幹事蔡秋土、監事林天河，而我則擔任常務理事。我們四個都曾參加之前造船廠的罷工運動，也都是活躍分子，所以鐵器工會成立後才被工人推選為造船廠在鐵器工會中的幹部。由於三個工廠的工人共同成立聯合工會，所以之前造船廠罷工時與廠方談定的三個月視物價調整薪水的協議，也在另外兩個廠獲得實行。

國共兩黨皆來爭取工會

鐵器工會成立後，國民黨基隆市黨部有派員來要工會的幹部加入國民黨，但是被我們回絕了。後來，警備總部就要求鐵器工會若要召開會議要事先獲得警總的同意，同時開會時警總也會派員參加就近監視。因此，鐵器工會的常務理事會通常沒有真正討論任何議題，大家只能泡泡茶聊天。常務理事之間若是真有要事商量，往往就去社寮島的要塞司令部對面一個過去日本礦業倉庫旁的海邊，利用釣魚的時間商談事情。

我們工會的幹部就是在海邊釣魚的場合，由監事林天河介紹認識了李蒼降與他的太太曾碧麗。事實上，會出現在海邊釣魚的人應該只有鐵器工會的幹部，可是為什麼李蒼降與他太太也會出現在那個場合，我事後想起來可能是當時基隆中學校長鍾浩東他們也知道了鐵器工會成立的消息，所以才派李蒼降等人來跟我們接觸。那時，我跟李蒼降的年紀相當，也都比較年輕，所以講話較為投緣。但是，當時確實不知道對方的真實背景與共產黨有關。

李蒼降主要是跟理事長楊進興，還有我們三個涉案的交往較深，他跟我們的接觸日久，大家把對時事的看法與不滿相互交流，彼此之間也就取得了相互的信任關係。我們跟李蒼降之間的交往大概維持了半年，我們每次去釣魚的時候李蒼降跟他太太都會出現，我想應該是林天河向他們告知我們的釣魚開會時間。後來，一九五〇年五月，牽連到基隆中學校長鍾浩東案被捕的也是我們四個，不過林天河被捕後自新，所以沒有跟我們一起判刑，但據說後來也不知道什麼原因又被逮捕判處死刑。我和蔡秋土被判刑十年，楊進興判刑五年。我們被捕後，原鐵器工會的幹部就改組換成國民黨官方掌控的人。

工人就該挺身爭取權益

由於白色恐怖的影響，現在的工會發展已經不像我們當時，我從監獄回來後就感覺到工會的運作怎麼跟以前差異這麼大。現在的工會沒有自己的主張（站在工人的立場），這樣工會就失去作用。第二，工會的權利受到限制，所以做很多事情就變成是違法的，工會就成為跛腳工會。所以，我感到很奇怪，為什麼現在的工人對自己的權利不知道爭取，寧願委屈地過日子。回顧過去，我覺得我做的事情是正確的，包括工人爭取自己的權益，發動罷工，做這些事我從不後悔。我也期盼現代的工人能夠憑著自己的良知，不要被時代的各種誘惑給淹沒，工人爭取自身的權益是天經地義的事，沒有什麼好害怕的。

附註

訪談時間為二〇一八年三月十六日，地點在桃園平鎮阮宅。陳柏謙、張宗坤採訪，許育嘉撰逐字稿、整稿。

第二部

《野草》選讀

關於「野草」

同學會編輯部

我們台灣郵電員工，從開始學習國語文到現在已一年多了。學習的場所並不是一個學校，而是一天一個鐘頭的補習班。學習的時間既是那麼短，練習寫作機會也就不多。這次我們同學自己發起組織同學會，目的是在除上課之外，能多多的求知識、練能力，而國語文的寫作也是重要的活動之一。

「野草」是我們唸過的國語書裡的一課，那課書裡說，微小的野草之存在，往往為人忽視，可是牠的生命力的確是很大的，牠為著嚮往陽光，為著達成牠的生之意志，不管上面的石頭如何重，石塊與石塊之間如何狹，牠總要曲曲折折地，但是頑強不屈地透到地面上來。這種力有彈性能屈能伸的力，有韌性，不達目的不止的力。我們同學渺小幼稚，正像路旁的野草，不值得人們注意。但我們願意學習野草那股韌性，透過一切困難，生長在地面上。

「野草」聽起來像一個文藝性的刊物，其實完全不是，尤其是剛開始學習國語文寫作的我們，至今寫一篇文章，還累得滿頭大汗，談文藝的確是夠不上這個水準。我們祇希望本刊作為同學練習、寫作的園地。因此，凡是本省郵電員工，對國語文的寫作有興趣的，不論文藝寫作、生活報導、論文隨筆等等，祇要是自己寫的，都好。希望大家不要放棄這個練習的機會。

我們的周圍有著不少比我們同學淵博得多的外省同胞。希望他們多多給我們批評和指教！

（刊於一九四八年四月二十五日《野草》第一期）

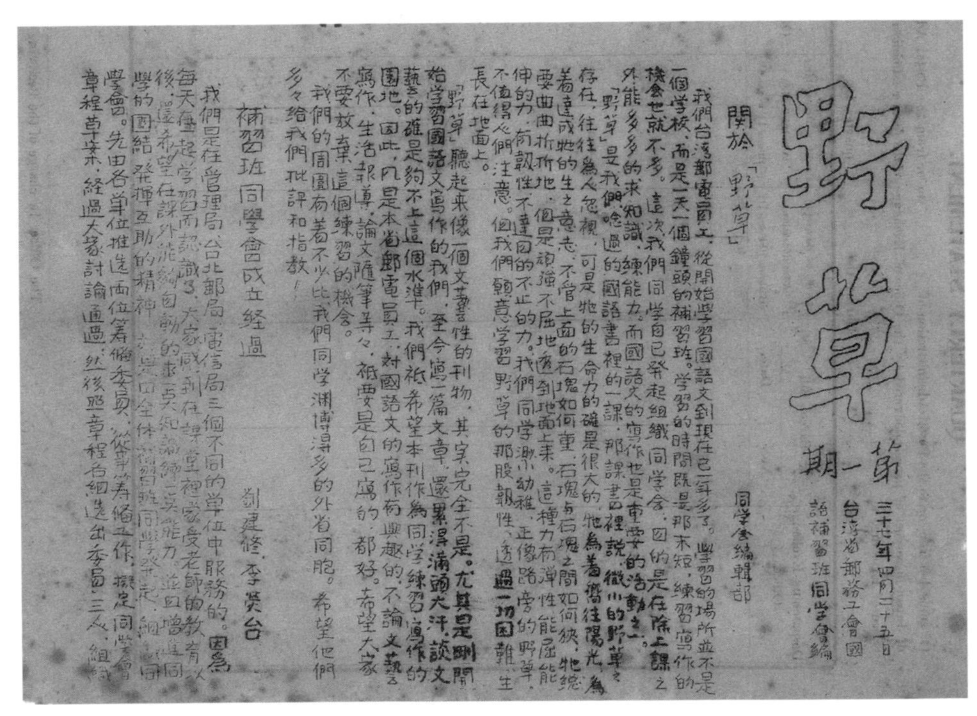

野草

第一期

三十七年四月二十五日

台灣省郵務工會國語補習班同学會編

關於「野草」

同学会編輯部

我們台灣郵電員工，從開始學習國語文到現在已一年多了。學習的場所並不是一個學校，而是一天一個鐘頭的補習班。學習的時間既是那末短，練習寫作的機會也就不多。這次我們同学自己發起組織同学會，目的是在除上課之外，能多多的求知識，練能力。而國語文的寫作也是重要的活動之一。

「野草」是我們唸過的國語書裡的一課，那課書裡說：纖小的野草為着嚮往陽光，為存在，往往為人忽視，可是牠的生命力的確是很大的。牠為着達成牠的生之意志，不管上面的石塊如何重，石塊與石塊之間如何狹，牠總要曲曲折折地，但是頑強不屈地透到地面上來。這種力有彈性能屈能伸的力，有韌性不達目的不止的力。我們同学渺小幼稚，正像路旁的野草，不值得人們注意。但我們願意学習野草的那股韌性，透過一切困難生長在地面上。

「野草」聽起來像一個文藝性的刊物，其實完全不是。尤其是剛開始学習國語文寫作的我們，至今寫一篇文章，還累得滿頭大汗，談文藝的確是夠不上這個水準。我們祇希望本刊作為同学練習寫作的園地。因此，凡是本省郵電員工，對國語文的寫作有興趣的，不論文藝寫作、生活報導、論文隨筆等等，祇要是自己寫的，都好。希望大家不要放棄這個練習的機會。

我們的周圍有着不少比我們同学淵博得多的外省同胞。希望他們多多給我們批評和指教！

補習班同學會成立經過

劉建修、李奘台

我們是在管理局、台北郵局、電信局三個不同的單位中服務的。因為每天在一起学習而認識了，大家感到在課堂裡受老師的教育以後，還希望在課外能夠自動的求真知識，練真能力，並且增進同學的團結，發揮互助的精神，於是由全体補習班同學發起組織同學會。先由各單位推選兩位籌備委員，從事籌備工作，擬定同学會章程草案，經過大家討論通過，然後照章程[illegible]選出委員三人，組織

《野草》第1期詳述創刊及補習班同學會成立的經過，初期只能利用廢電報紙油印出刊，創刊號背面可見電報紙上的英文字樣。（劉建修提供）

【導讀】

〈關於「野草」〉這篇文章出自於一九四八年四月二十五日，由部分台灣郵電工人所書寫、編輯、出版的一份刊物《野草》，發行單位為「台灣省郵務工會國語補習班同學會」，文章作者署名為「同學會編輯部」，執筆者則是《野草》編輯劉建修。

之所以會有此處的發行單位「國語補習班」，得從台灣省郵務工會的成立說起。二戰後的國府接收初期，台灣各地各界都興起一陣自發學習「國語」的狂潮。而一九四六年九月，甫成立一個多月的「台灣省郵務工會」，在第一任理事長陸象賢建議下，將工會籌備期間在台北設立的工會學習班繼續辦下去，並改稱為「台灣省郵工補習學校」，亦即後來的「國語補習班」，並由陸象賢兼任校長。同一時間，陸從中國大陸聘請了兩位富有經驗的國語教員計梅真與錢靜芝，自上海來到台北，分別於北門對面的台北郵局，以及位於長沙街總統府後方的郵電管理局任教，教授郵局與電信局員工學習國語。

在國府接收初期，台灣維持了日本殖民時代「郵電合一」的體制，不同於中國大陸的「郵電分家」體制，因此「台灣省郵務工會」成立後，雖以「郵務」為名，卻是全台不分郵局或電信局的員工，皆可加入。

在郵務工會的國語補習班開課一年半間，計梅真與錢靜芝兩位老師和同學們經歷了長時間的深刻認識和相知相處，逐漸培養、提升了這些郵電工人的思想和信心，一九四八年三月，補習班的同學們正式推動組織「補習班同學會」。

同學會成立之後的任務，除了維繫、聯絡國語補習班同學間的情感外，初期最重要的一項決定與工作，就是發行同學會刊物《野草》。《野草》自一九四八年四月二十五日發行第一期，直至一九四九年八月二十日發行最後一期（第二年第九期），持續出刊了一年四個月的時間，共計二十九期，每期發行份數大約一百多份。

那麼，刊物名稱為何會取名為《野草》呢？〈關於「野草」〉這篇文章已經給了一個直接的線索，亦即在兩位老師自行編輯的教學教材中，收錄了一篇名為「野草」的課文。我們對照並考證〈關於「野草」〉中所提到的字句，該篇課文應該就是中國左翼劇作家夏衍（一九〇〇—一九九五）在一九四〇年所寫的一篇知名的同名散文。

出生於浙江杭州的夏衍，早年留學日本，在日期間接觸馬克思主義，一九二四年在孫中山途經日本時受感召，在其介紹下加入中國國民黨。然而，孫中山死後，蔣介石掌權的國民黨在一九二七年發動四一二清黨行動，夏衍遭到國民黨右翼開除黨籍，失望的夏衍於同年加入了中國共產黨。他除了持續進行左翼文藝創作外，亦翻譯了俄國社會主義作家高爾基的經典小說《母親》，並於一九三〇年參與創建了「中國左翼作家聯盟」，成為「左聯」執行委員之一。

從時代背景推斷夏衍寫作這篇〈野草〉散文的用意，一方面是希望鼓舞抵抗日本侵略戰爭的中國人民；另一方面，則是強調、歌詠著苦難中的民眾凝聚團結起來，所能產生的巨大力量。誠如夏衍〈野草〉最後一段所寫的：

種子不落在肥土而落在瓦礫中，有生命力的種子絕不會悲觀和嘆氣，因為有了阻力才有磨練。生命開始的一瞬間就帶了鬥爭來的草，才是堅韌的草，也只有這種草，才可以傲然地對那些玻璃棚中養育著的盆花哄笑。[1]

我們可以猜想，計梅真與錢靜芝在國語課程中，之所以選了夏衍的這篇散文作為教材，進而讓同學們以此為刊物命名，想必是在課堂的教學與討論中，一點一滴地讓同學們理解到，身為人民、身為工人階級，能否改變自己命運的契機，乃是掌握在自己與群眾團結的手上！

我們若從之後這些補習班同學一步步有步驟、有方法地爭取自身權益、凝聚團結、擴大宣傳、甚至成功地發動震驚國府的歸班運動，並為七千名台灣郵電工人爭取到平等對待的過程來看，補習班的同學們，確實是用最直接的行動，實踐了野草「有彈性能屈能伸的力，有韌性，不達目的不止的力」的精神！

作者簡介

陳柏謙　台灣高等教育產業工會研究員、桃園市機師職業工會研究員。二〇一九年成立「台灣勞動歷史與文化學會」，並任秘書長一職。

補習班同學會成立經過　劉建修、李熒台

我們是在管理局、台北郵局、電信局三個不同的單位中服務的。因為每天在一起學習而認識了，大家感到在課堂裡蒙受老師的教育以後，還希望在課外能夠自動地求一點知識，練一點能力，並且增進同學的團結，發揮互助的精神。於是由全體補習班同學發起，組織同學會。先由各單位推選兩位籌備委員，從事籌備工作，擬定同學會章程草案，經過大家討論通過，然後照章程各組選出委員三人，組織委員會，分為編輯、康樂、研究三部，負責計畫推進工作。選定三月二十三日舉行同學會的成立大會。

那天真是春天裡的夏天，晴空中飄著幾片白雲，和風微微地吹著。下午十二點半大家都集合在台北郵局大禮堂，我們沒有隆重的儀式，但每個人都非常認真地來參加自己的這個會。

先由主席報告四月份的計畫：一、在郵報上出副刊「野草」每月一次，由同學會編輯部主編。二、出壁報，不定期，三月二十九日青年節出第一期壁報。三、登山會，利用二十九日青年節假期到草山去。四、開座談會討論人生問題、時事問題。五、介紹書籍，有好的書本雜誌在郵報上介紹或印成目錄，以供大家參考。

然後由編輯部、研究部、康樂部，三部分的負責同學分別詳細報告工作計畫，由各同學提出補充，最後將青年節登山的事具體地討論決定了。

末後先生對於我們同學會的成立發表談話，要點如下：一、今天同學會成立了，這是你們大家「自動」發起組織的，這是一個可喜的現象，因為無論做什麼事能「自動」，就是自己能做自己的主人，不必像牛馬般的須被人打了才走，今天你們能自動地組織起來，就是你們懂得了這個道理，而已經向新的道路走了。

二、同學會是大家的，不是幾個委員的，一個團體要辦得好，需要大家協力合作，能寫文章的就要寫文章，能說話的就要說話，把自己的能力，盡量拿出來貢獻給團體。

三、同學會的工作大家以前都沒有攪過，都沒有經驗，所以要努力去學習，比方做主席要做得好，就需要練習。此外，開座談會，討論人生問題、時事問題等也是求知識練能力的機會，只要大家肯多多練習，慢慢地自然就會有經驗。

成立大會算是開過了，可是大家要知道，我們組織同學會並不是為了妝點門面。而是要切切實實去做的，希望諸位同學為了同學會將來的發展，加倍努力吧！

（刊於一九四八年四月二十五日《野草》第一期）

【導讀】

〈補習班同學會成立經過〉一文簡明扼要地介紹了光復初期「台灣省郵務工會」國語補習班同學會的成立經過，這篇文章刊登在《野草》第一期，作者是當時在台北電信局工作的劉建修與李熒台。由本文的內容可以得知，《野草》的刊行契機來自國語補習班「同學會」的成立，而《野草》各期內容的編輯工作，則由同學會的編輯部來負責。根據本文作者劉建修的口述回憶，編輯部的同仁包括來自管理局、台北郵局、電信局三個單位的員工，所以《野草》的編輯工作就由三個單位輪流執行。

在一九四八年三月二十三日國語補習班同學會的成立大會上，確定了當年四月的工作計畫，包括《野草》出刊以及舉辦登山等活動，這些同學會工作計畫的落實情況，也在《野草》第一期中分別以〈關於「野草」〉、〈登山拾零〉等文章呈現。本文最後介紹了國語補習班老師計梅真在同學會成立大會上的講話內容，這是關於計梅真為數不多的紀錄。

作者簡介

許育嘉　台灣大學中文系兼任助理教授。「五〇年代白色恐怖郵電管理局案調查研究暨口述歷史」案計畫主持人。

母親

施水環

下雨的晚上睡覺還早，覺得很無聊，拿出母親的照片入神地仔細看著；端莊中微帶笑容，細長的眼梢處流露出慈祥和藹的神情，厚厚的嘴唇，端直的鼻子顯得那樣誠樸、可親；眼睛移到頭髮上，「為什麼頭髮這麼白？」，「啊！額上已清楚地刻劃著數條皺紋！」這使我意識到，母親已像我以前曾經見過的那般老年人一樣，「她老了」，不知怎的這樣想著我的眼淚再也不可遏止簌簌地落下。

母親三歲就沒有父母，可憐十六歲的時候，在封建舊禮教的壓迫下嫁到父親家中來，那時我家是個大家庭，而母親又是做續絃，父親的先妻遺下五個孩子，一個是女孩子剛出生只半年，其他是四個男孩子。她做了這五個孩子的繼母後便一心撫養孩子。成天為他們的衣食忙碌，為他們教育操心。父親是個謹慎、嚴肅、正直的接骨醫生。自母親過門後，他便將一切家務都交付母親，因此十六歲的母親，上要侍候翁姑，下要撫育孩子更得料理家事。孩子們生病時，常常是廢寢忘食地悉心看護著，媽媽又生了我們姊弟三個，但是她一絲也沒有偏愛。幾十年來她每天早晨起來到深夜睡覺一直是那麼忙著，沒有一刻休息。

但家庭繁忙的事務並折磨不了她要求上進的心。她常常為自己沒有什麼可獻給社會而悲傷，最後她想到了學習接骨的醫術，便告訴父親，在父親的鼓勵與盡心教授下母親漸漸懂得了些學理，於是更努力研究。經過三十多年的艱難辛苦忙中偷空的學習，她明白了接骨的秘訣，到現在她已是家鄉的接骨名醫，曾經醫好了許多創傷很危險的人。母親雖已年過六十，但她醫術並不因年老而退步，相反地更精湛了。但她常常感到遺憾地問我們說：「唉！我識字就好了，可以把我們醫術上的經驗記載下來遺傳給後世學接骨的人們參考。」是的可惜她是文盲。否則我想她對醫學一定能有更新的發明。不但她自己感到遺憾，別人也都替她可惜。他們常說：「假如妳的媽媽識字就好了，她有醫學的天才，而且腦筋很清楚，你們真不如她呀！」媽媽家務也確很能幹、很精明、會安排、會計劃，燒得一手好菜，我們八個兄弟姊妹的衣服全是她雙手裁製。她做人的座右銘是「寧人負我，毋我負人」，所以凡是貧苦的病人她總是免費施診。

母親沒有受過教育，只憑著那天賦的母愛與智慧來教育兒女，寧願犧牲自己的一切，要讓兒女們能獲得幸福。但她對我們教導很嚴，常勉勵我們說：「你們在校中不但要功課好，而且要會做人，一點不可以疏忽，要常常檢討自己鞭策自己，到社會上做一個真的人，盡自己本分替國家民族服務」。她對人總是很和氣，即使對我們也從不用命令的口氣，老是用商量的態度啟發的語氣。

我自離開母親到台北工作後，無時無刻不惦記她老人家，母親也想念我，據說每天念著我，每當有人北上時，她總是不嫌煩贅請求別人帶一大包吃的東西，或是穿的衣服來給我，呵！偉大的母親啊！叫我怎樣報答你的大恩呢？不覺淚充滿著眼眶，一切都那麼模糊，但母親額上的皺紋頭上的白髮卻清清楚楚地顯在眼前，同宿舍的朋友走來問我哭什麼？終於泣不成聲吐出四個字，「母親老了。」

（刊於一九四八年七月十六日《野草》第六期）

「×君×君×君」連叫三聲他們都不知道似的不應也不動，我很想要動手去搖他們，可是當我，靜靜的看他們這麼好睡，要叫他們起來嗎？越看越不敢動手，我又叫×君覺得聲音小得多了，我默默地動手搖他們四五下他們知道了，挾睡馬上跳起來，一面把手擦擦眼睛，一面問「電報多不多」，

翌晨八點半鐘到當早班的來了，移交給他才回家，肚子餓了而且很累，如今夏天的八點鐘已經很熱了，在這時要走路回家，常常走到半路目眩腳軟，不能不擇陰涼處坐下休息一回，再回家。

一日廿我們常常是白天休息晚上工作，因此我曾被一個朋友批評過說「你好像是在酒家當女侍應生呢！那天晚上去，今早就回來，我看你，閒得不得了」。唉！！他們不知道我在做些甚麼事，的確未經自己經驗的事是不會了解的。——完

母親　施水環

下雨的晚上睡覺還早，覺得很無聊，拿出母親的照片入神地仔細看着，端莊中微帶笑容，細長的眼睛處流露出慈祥和藹的神情，厚厚的嘴唇，端直的鼻子顯得那樣誠樸，可親，眼睛移到頭髮上，「為什麼頭髮這麼白？」，「啊！額上已清楚的刻劃着數條皺紋！」這使我意識到，母親已像我以前曾經見過的那般老年人一樣，「她老了」，不知怎的這樣想着我的眼淚再也不可遏止簌簌地落下。

母親三歲就沒有父母，可憐十六歲的時候，在封建舊礼教的壓迫下嫁到父親家中來，那時我家是個大家庭，而母親又是做續弦，父親的先妻遺下五個孩子，一個是女孩子剛出生只半年，其他是四個男孩子。她做了這五個孩子的繼母後便一心撫養孩子。成天為他們的衣食忙碌，為他們教育操心。父親是個謹慎嚴肅、正直的接骨医生。自母親過門後，他便將一切家務都交付給母親，因此十六歲的母親，上要侍候翁姑，下要撫育孩子更得料理家事。孩子們生病時，常常是廢寢忘食的悉心看護着，

《野草》第6期刊出施水環的〈母親〉，是繼她的《獄中家書》公諸於世後，留世的少量文章。（劉建修提供）

【導讀】

施水環（一九二五—一九五六）撰寫的〈母親〉一文，於一九四八年七月十六日刊登在《野草》第六期。該文是繼施水環《獄中家書》公諸於世後，留世的少量、甚至很可能是唯一的文字材料。〈母親〉一文的重要性，不僅在於撰寫時間比《獄中家書》早六年，更在於它是施水環尚未身繫囹圄而能夠自由表達所思所感的時期。

五〇年代白色恐怖被槍決的犧牲者裡，許多人僅僅留給後人一個名字，甚至有人連名字都沒有留下（如六張犁棄葬區內姓名「不詳」的墓碑）。我們僅能在解嚴後已公開的判決書、解密的「安全局機密文件」、保存下來的遺書與刑餘倖存的同案受難人的口述訪談中，拼湊字裡行間的破碎訊息，重拾口述記憶中的吉光片羽，才能稍稍追尋與還原當年犧牲者的形象。比起五〇年代的其他犧牲者，施水環留給後人的遺物（包括個人照、合照、六十八封家書、筆記本）已經算是較多了。但是，我們仍然很難完整復原當年一個年華正茂的女性，匆匆三十一年的人生軌跡。

〈母親〉一文的開頭，施水環描述了照片中母親的白髮與皺紋，突然讓她意識到母親老了的悲哀，從而追憶起她的母親近半生的艱辛與成就。從施水環對母親的孺慕之情，到其母的人格對她的影響，我們甚至可以說，該文的主角雖是施水環的母親，卻也從側面為後人提供了接近施水環的機會。

從施水環的描述中，我們知道施母是一個值得尊敬的偉大女性，十六歲嫁入施家成為五個孩子的繼母。雖然不識字，卻願意在繁忙的家務工作外學習中醫接骨技術，並成為當地有名氣的接骨師。更重要的是，作為舊時代的女性，卻有著新時代女性的抱負：感嘆自己不識字而不能將接骨經驗用文字傳授後人，面對貧苦的病患免費為其診療，對待子女雖然嚴格卻也重視啟發式的教育；因此，施水環受到母親的影響也是深刻的，特別是文章中引用了施母的話，要求子女們做一個能自我反省的「真人」，並能盡其本分地為「國家民族服務」。

事實上，施水環確實也是秉持母親的教誨，當她北上工作於台北郵電局擔任電信組員時，肯定參加了台灣省郵務工會開辦的國語補習班，也才會在補習班同學會刊物《野草》上發表了〈母親〉一文。進一步說，國語補習班以及補習班同學會刊物《野草》並不僅僅是提供國語學習與同學情誼交流，它實際上是郵務工會推動爭取本省留用員工「同工同酬」權益的一個重要宣傳與聯繫平台，因此，可以說施水環也肯定投身到這一波郵電工人爭取權益的運動當中。

由於《野草》刊物的出土，我們才有機會閱讀到施水環的〈母親〉一文；也由於《野草》刊物本身的性質，以及〈母親〉一文中鮮活的施母形象，我們或能更加接近施水環的人生軌跡，從而擺脫以施水環因美貌反遭追求者誣陷的「物化女性觀」去解釋白色恐怖時期犧牲的受難者。

作者簡介

許育嘉　台灣大學中文系兼任助理教授。「五〇年代白色恐怖郵電管理局案調查研究暨口述歷史」案計畫主持人。

社會需要傻子　純志

現在社會上，聰明人委實太多了，無論何處都是他們占著優越的地位。原因何在？因為他（她）們聰明，他（她）們運用投機、取巧、欺詐、奉承……等聰明的手段，去鑽營、賺錢不花本、有「面子」不花力的事，但是社會是複雜的，除掉一切賺錢不花本、有「面子」不花力的事外，還有許多賠錢又勞神、吃力不討好的事又是誰幹呢？有……確有人在幹著，這便是被人稱為傻子的一群，我也曾經碰到過幾個，據他（她）們說，他（她）們甘願被人稱為傻子，但不願以聰明的手段來自欺欺人。他（她）們有著這麼一介想法：要是社會上全是做「便宜」事的聰明人，那麼這「便宜」事又由何而來呢？社會國家的前途又將怎樣呢？

譬如組織一團體吧。裡面每一分子都是聰明人，都想利用這團體來提高自己的地位，牟取自己的利益，不惜用種種卑劣的手段互相傾軋，互相欺詐，都要競爭做XX長XX主任……競爭的結果，勝利的歡天喜地，失敗的便想出種種方法來破壞、反對，如此團體的前途怎樣？當然是不言可喻了。倒不如讓我們這些傻子們拿出不自私、肯犧牲的傻勁來共同合作，使大家能蒙受些利益。當時聽了他們的議論後，並不覺得怎樣，後來在社會上待得更久了。事實告訴我：的確只有傻子才肯拿出傻勁為大家謀一些利益，只有傻子對事業成功的希望最多，於是我了解傻子原來在社會上是必需的、不可缺少的一群。因此我要說：我們要社會好，那末我們千萬別想做聰明人，我們要做傻子，我們要的是傻勁，我們只要肯拿出傻勁來幹一些事情，不計自己個人的利益計較，只為大眾利益而計較，從我們的圈子趕出目前這種聰明的心、聰明的為人處世的方法。

新中國需要傻子，尤其在剛回歸祖國的台灣，更需要更多的傻子，來共同建設、共同創造一個夠理想的新台灣。

那末讓我們使出我們的傻勁來，共同墾殖這塊新園地。

（刊於一九四八年七月十六日《野草》第六期）

【導讀】

〈社會需要傻子〉這篇文章刊登在《野草》第六期，作者為「純志」。根據《野草》「忘不了的事」徵文得獎名單可知，「純志」即為因郵電案遭判刑十五年的郵電員工張欽傑。

這篇文章如果單純從篇名與內容來看，它只是一篇歌頌「傻子」，批評「聰明人」的文章。當然，文章中所謂的「傻子」並不真指愚笨的人，而「聰明人」也跟智慧毫無關係。「傻子」與「聰明人」的區別只在於前者的「犧牲奉獻」與後者的「自私自利」，因此，我們也可以把「傻子」與「聰明人」的名稱視為一種反諷的用法。

依照郵電案受難人許金玉的回憶，國語補習班的課本中有一課叫〈聰明人和傻子和奴才〉。這是魯迅寫的短文，原載於一九二六年一月四日《語絲》周刊第六十期。根據許金玉的回憶，我們可以知道魯迅的該篇文章曾經在國語補習班的課堂上，由計梅真老師教學並主持討論：

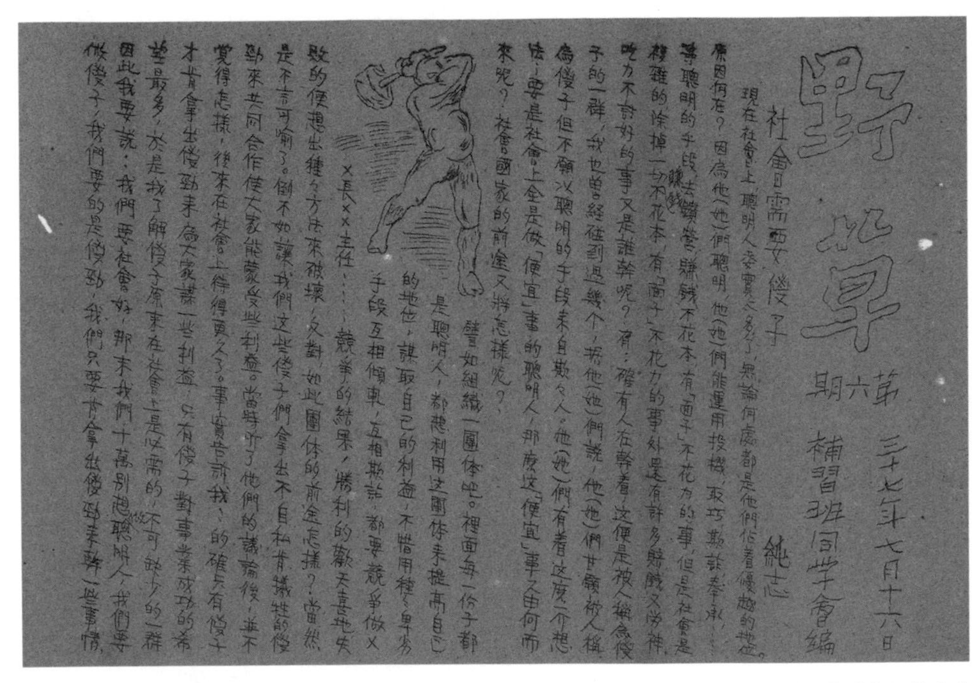

野草

第六期　三十七年七月十六日　補習班同学會編

社會需要傻子

純志

現在社會上聰明人委實太多了，無論何處都是他們佔着優越的地位。原因何在？因為他(她)們聰明，他(她)們能運用投機，取巧，欺詐，奉承，……等聰明的手段，去鑽營，賺錢，不花本，有「面子」，不花力的事，但是社會是複雜的，除掉一切不花本，有「面子」，不花力的事外還有許多賠錢又勞神，吃力不討好的事又是誰幹呢？有：確有人在幹着，這便是被人稱為傻子的一群，我也曾經碰到過幾個，據他(她)們說，他(她)們甘願被人稱為傻子但不願以聰明的手段來自欺欺人。他(她)們有着這麼一個想法：要是社會上全是做「便宜」事的聰明人，那麼這「便宜」事又由何而來呢？社會國家的前途又將怎樣呢？

譬如組織一團体吧。裡面每一份子都是聰明人，都想利用這團体來提高自己的地位，謀取自己的利益，不惜用種種卑劣手段互相傾軋，互相欺詐，都要競爭做×長××主任……競爭的結果，勝利的歡天喜地，失敗的便想出種種方法來破壞，反對，如此團体的前途怎樣？當然是不言可喻了。倒不如讓我們這些傻子們拿出不自私肯犧牲的傻勁來共同合作使大家能蒙受些利益。當時聽了他們的議論後，並不覺得怎樣，後來在社會上待得更久了。事實告訴我，的確只有傻子才肯拿出傻勁來為大家謀一些利益。只有傻子對事業成功的希望最多，於是我了解傻子原來在社會上是必需的，不可缺少的一群。因此我要說：我們要社會好，那末我們十萬別想做聰明人，我們要做傻子，我們要的是傻勁，我們只要肯拿出傻勁來幹一些事情，

魯迅〈聰明人和傻子和奴才〉一文曾在補習班課堂上引起熱烈討論，張欽傑（筆名純志）將讀後心得寫成〈社會需要傻子〉，刊於《野草》第6期。（劉建修提供）

課本上有一課〈聰明人、傻子、奴才〉，老師問大家：我們的社會需要哪一種人？很多人說：傻瓜。老師又問：為什麼？卻沒人說出令人滿意的答案。於是老師說：這三種人最基本的不同之處就是：對個人利益抱著不同的態度。聰明人最重視自己的利益，以自己的利益來取決一切。奴才是以主人的利益為重。唯有傻瓜才把公眾的利益與自己利益放在一起想，如果公利與私利不能兩全時，就犧牲個人利益，成全公益。社會要好，就需要更多的傻瓜。[2]

純志寫〈社會需要傻子〉這一篇文章顯然是受到計梅真的影響，甚至文章的標題都是國語補習班課堂上討論出來的結論。而許金玉提到國語補習班上課用的「課本」，根據劉建修的口述，都是由計梅真自印的教材，在內容上有許多魯迅重要的作品，包括〈狂人日記〉、〈阿Q正傳〉等名篇。[3]

我們已不可考計梅真自印的教材來源自何處，但是可以想見，光復初期適合國語補習班學員學習中文的教材，程度上不應太難。根據資料顯示，魯迅〈聰明人和傻子和奴才〉曾在一九四五年以前收入商務印書館出版的《復興初級中學教課書國文》，以及世界書局出版的《蔣氏初中新國文》，可見該文成為國語補習班的教材並不意外。但是，〈聰明人和傻子和奴才〉除了符合國語補習班學員的程度外，更重要的是，這似乎也是計梅真有意藉文章內容，從思想上教育國語補習班的郵電工人，讓他們理解自身的處境，並願意為公眾的利益挺身而出，成為社會需要的「傻子」，而不是自私自利的「聰明人」。郵務工會開辦的國語補習班，學習的是語言，學習的更是人生觀。

關於〈社會需要傻子〉一文，還有一個重要的面向不能忽略，那就是光復初期台灣曾經興起的一股「魯迅熱」。例如，由「台灣留學國內學友會」主辦的刊物《前鋒》雜誌在一九四五年創刊號推出的「光復紀念專題」，刊登了署名「木馬」的〈學習魯迅先生——十週年忌辰紀念〉一文，作者「木馬」本名林金波，出身板橋林家，該文可說是台灣光復初期「魯迅熱」的先聲。

一年後，在台中創刊的《和平日報》連續幾日刊出魯迅紀念專輯，內容包括胡風〈關於魯迅精神的二三基點〉、許壽裳〈魯迅和青年〉、〈魯迅的德性〉、楊逵〈紀念魯迅〉、陳煙橋〈高爾基與魯迅〉、黃榮燦〈中國木刻的保母——魯迅〉等三、四十篇文章。台中《和平日報》上空前刊載與魯迅有關的文章，堪稱「魯迅熱」高漲的標誌性事件。

值得一提的是，光復初期的「魯迅熱」不僅是外省作家推崇魯迅，本省作家如楊逵也用他剛學的漢文寫下〈紀念魯迅〉一詩：「吶喊又吶喊／真理的叫喚／針對惡勢力／前進的呼聲／敢罵又敢打／青年的壯志／敢哭又敢笑／青年的熱腸／一聲吶喊／萬聲響應／如雷又如電／閃閃，爍爍／魯迅未死／我還聽著他的聲音／魯迅不死／我永遠看到他的至誠與熱情」。這種魯迅戰鬥精神的強調，當然與光復初期貪官污吏橫行有密切的關係，而也正是這種「戰鬥精神」成為郵電工人挺身爭取平等待遇，反對歧視性政策的重要精神力量之一。

不過，令人惋惜的是，隨著台灣白色恐怖統治的來臨，當年能夠鼓舞與激勵青年奮起反抗的魯迅作品，卻在台灣長期成為「禁書」，成為一種缺席式的存在，閱讀魯迅甚至成為獲罪的原因，已故的台灣作家陳映真在一九六〇年代被判刑入獄的罪名之一就與閱讀魯迅作品有關。

如今，我們在歷史的荒煙蔓草中撿回當年郵電員工因閱讀魯迅作品所生發出的自我期許與對社會的一份責任擔當，恰似歷史黑幕中一道閃光，既照亮台灣光復初期工人運動的「賦權」（empowerment）過程，也從明滅的光影中看見魯迅偉岸的身影。

作者簡介

許育嘉　台灣大學中文系兼任助理教授。「五〇年代白色恐怖郵電管理局案調查研究暨口述歷史」案計畫主持人。

第十三人　黃宏基

幹完了早上的忙碌的節目後，我帶了十一個同學弟兄到第一小隊的營舍去。

「黃！今天我們應受誰的指揮？」一個姓陳的同班問我。

「第一小隊的眼鏡伍長啦。」

「喔！是那個一開口就說『台灣人真沒中用』的傢伙嗎？」

「是啊！而且那個傢伙還要偏袒他的小隊哩。你看我們今天一定會受不少的委屈。」

「咳！今天真倒霉，偏碰著這個壞東西！」

這個部隊除了幹部是日人外其餘都是本省人，是一個屬於航空隊的工程隊。飛機場的整理、建築陣地、造路等便是這部隊的任務。

「第三小隊來了幾個？」稍有顴骨而下巴癯瘦的一個中年的伍長，把戴著黑邊眼鏡的眼睛向我們一瞥後問道。

「一共十二人。」

「不夠！今天的工隊要五十人，第一小隊只能抽出三十七人……少一個應由第三小隊抽補。」

「隊長！第三小隊也沒有人了。」

「什麼！我叫你補一個，你就補一個。去！」

我只好跑到營房去找一個。

「王！你身體怎麼樣？」我看著坐在床上的一個同班就問。

「今天比較好了。」

「那麼！你要參加工作，今天要十三人……」

說到這裡一陣不吉的預感掠過我的腦海。十三！洋人不是最忌諱十三的數字與星期五嗎？一時我的思想被擾亂了。頓時我又把這個不安給自己打消著說，你今天有些傻氣，你已不是洋人也不是個耶穌的信徒，那裡用得著掛意這事呢！何況這是無稽的迷信！真好笑。

到了飛機場後我們便分派了工作，就是在飛機場西方的一個墓地中新設一條道路。開始工作後大約有一個鐘頭吧！有人來報現在發警戒警報了。於是我們收拾了工具跟著第一小隊脫離工作地。到了離開工作地不遠的二條小河時，眼鏡伍長囑咐我們分散在這河邊躲避，沒有命令不可妄動，因為警報解除馬上就要再工作，他又率領他的第一小隊向上流去。

這條小河的兩岸是比水面高得約有二公尺的，兩岸形成稍有傾斜的斷崖，斷崖的腳下有一公尺闊的草埔，還有些矮少的樹木點綴這河邊。黑墨水似的混濁的水懶洋洋地流著，河幅有水的所在也不過四、五公尺而已，也許說是一條大水溝還適當吧！我們各隔離三四公尺，有的坐著，有的仰臥著，於這崖腳下的草埔上。時間差不多十一點鐘左右，一切都在沉默中，寂靜中。

「黃！杜魯門先生今給我們的休息太長哩。」一個姓翁的同鄉在我旁邊對我說，可是我卻望著一層一層的白雲而正想著別的事情。

「翁！今天不是五月五號嗎？」

「對了。」

「我們被抓來已有半年多呢，到底那時候才會給我們回家呢？」

「噯！你又在想這事。」

「是啊！我恨不得生著一隻翅膀，可以一撲而飛到家鄉去……」

「黃！聽聽！空襲警報了。」

我立刻停止談話而把全神經集中於耳管，果然在遠遠的可聽見警報的鳴音。

「翁！在那邊跑走的不是第一小隊嗎？」

「咦！他們為什麼不叫我們也要跑開呢！」他非常憤慨的樣子。

「不要緊的，這裡也很安全，他們不叫我們走，我們也不必走吧！」我們吃完了中飯後差不多有一刻鐘的光景，從西方的空中來了一批嗡嗡的聲音，而漸漸地逼近來，當我們看見飛機的機影時，飛機已一架一架的向地面撲下來了，烈烈烈！！！！的槍聲同時壓下山野。「來了。」我們不約而同地伏在地面，瞬時整個世界只有機關槍的聲音及飛機的摩托爆音，轟轟烈烈地過了些時，摩托的聲音又漸漸離去了。

我抬頭起來時摩托的聲音已在很遠的天涯了。這時我覺得所居的地點是飛機攻擊飛機場的進路上，而且太近飛機場非跑不可！可是跑走呢，如果飛機再來時，在沒有遮蔽的地方走，不是等於死嗎？怎麼辦？尚在煩惱時，摩托的爆音又來了。四面又被摩托的爆音而震動了，一陣一陣的機關槍的聲音瘋狂似的橫掃地面，在這狂亂的空氣中忽然有夾著一聲異常的聲音，而且似乎在我們的頭上，我不由得抬頭望見空中，喔！原來是一架戰鬥機向我們的頭上撲下來，彷彿要連同機體撞上我們似的降下來，「完了。」恐怖占據我整個心靈，我把臉用勁地壓下地面去，想鑽進地殼裡去一般地，同時有一種特別響的爆音在旁邊發起，接著大大小小的土塊從空中落下掉在我的背上，一陣火藥的氣味撲進鼻孔裡來，抬頭起來才知道四邊還被一團火煙圍住，翁也抬起頭來，臉色蒼白得連一點血氣都沒有。「小型炸彈！」他喃喃地說。

突然在下流起了一陣亂雜的水音，我一看，原來是三四個兵狼狽地渡涉河水向對岸跑去。

「喂！你們到那裡去！」可是沒有人回答，我翻身爬起一下，就追上去，沿著河邊走了十幾公尺時我停止了，在一株矮樹下有一個人仰臥著。「誰？」沒有回答，我又走進兩三步，俯頭看，喔！多麼淒慘呀！躺著的是一個中著彈片的人，他滿臉都是血，額上及左身上面各有一個小孔，從孔裡不斷地流出鮮紅的血，有二、三點像糊漿似的東西黏著小孔的周圍，從孔口也可看到內面也有相似的東西，我便覺得是腦漿，可是他還在呼吸著，雖然是困難的樣子，兩個眼睛還開著，似乎是在凝視著我，也似乎不是，鈍而弱的眼光好像在告訴他的無窮的怨恨與永久的抗議，一時我難以判斷是誰，又覺得不太認識，我慢慢地跪下去，心裡祈念著，千萬不要是我帶來的十三人中的一人，可是我終於看見他在胸上的名卡了「王阿水」！喔！就是第十三人的王！我絕望地把兩手掩著自己的臉，覺得一切的東西都在狂烈的風中打滾。

「王！我竟使你這樣的斷送一條命！我早上如果不叫你來參加工作，或是剛才叫你跑開這裡，你是不會這樣的。我怎樣賠償你才好！告訴我！起來責備我的糊塗！你為什麼不說話！為什麼不起來！」

眼鏡伍長來了，他狼狽地向我罵起來：

「你這個混蛋！為什麼不跑開而在這裡受炸呢，糟糕了！這是你的責任！我雖然是指揮者可是這我不能負責，是的，是你這個傻瓜不叫他跑走……」讓你咆哮吧，臭狗，無論如何王是不會復活的。

「很糟！怎報告上司呢。」他頓時思索著。

「好！傻子你回去時，如果上司問你這情況，你就這樣報告『他（王）不聽命令去躲避而顧著吃飯所以才被炸』懂嗎！」

為了你們臭狗而犧牲的人，你還要烙印著——這個餓鬼因顧吃飯而喪失了生命——的臭名！我的憤怒將要爆發了，然而王是默默地躺著。所有加上他身上的侮蔑都是我造成的。王！我怎樣賠償你才好！告訴我……。

過了三個月又十天，日本投降了，我們也因之得了自由，但是這自由卻更叫我苦惱，因為王垂死時的那個淒慘的臉面與兩個含著怨恨的眼睛，如今還在我的腦裡，永遠不能叫我忘記！

七月十六日

（刊於一九四八年八月十六日《野草》第八期，「忘不了的事」徵文比賽頭獎）

【導讀】

〈第十三人〉刊登在《野草》第八期「徵文特刊」中，該文是郵務工會國語補習班同學會舉辦徵文「忘不了的事」的頭獎作品，作者是當時淡水郵局員工黃宏基。根據黃宏基本人的說法，一九四八年夏天，他在淡水郵局閱讀到一本油印的《野草》，並在內文發現徵文比賽的訊息，才把日據時期被徵調為台籍日本兵，並遇到美軍轟炸造成死傷的一段難忘經歷寫出來投稿。[4]事實上，徵文比賽二等獎〈五月卅一日〉（由電信局員工劉建修撰寫）的內容也是描寫盟軍轟炸台北的情形，與〈第十三人〉的題材類似，可見二戰後期受到盟軍轟炸的慘況是日本殖民統治下的台灣人共同的記憶與心理陰影。

文中提及的「第十三人」名叫王阿水，與作者黃宏基同是航空工程隊第三班的台籍日本兵。一九四五年五月五日，工程隊被派往松山機場開闢一條新的道路而需要五十位勞動力，在缺少一位的情況下，第三班的黃宏基受到第一班帶隊的日本人伍長逼迫，才臨時要求尚在養病的王阿水一起到松山機場做工，不幸當日遇到盟軍飛機轟炸機場，導致王阿水被炸死。本文以「十三」這個數字為線索，從作者內心感到的不安為伏筆，生動地描寫並再現了當時飛機轟炸帶給作者的感官衝擊，以及作者發現王阿水被彈片擊中死亡而感到絕望與愧疚的心情。

〈第十三人〉一文運用大量的對話形式，傳達台灣青年被迫成為台籍日本兵的無奈，以及日本軍人看不起台灣人的態度，甚至是日本人伍長為自己脫罪的嘴臉。在《野草》第八期中同時刊登了一篇署名馮林的徵文評審意見的文章〈應徵文閱後感〉，該文也對〈第十三人〉使用對話體的表現手法讚譽有佳：「最可喜的是『第十三人』那一篇，他已能運用靈活的對話，採用直接的手法，把思想表達出來；而且，那些對話恰如對話人的身分，沒有使人有格格不入的感覺。」不過，該份評審意見卻也認為包括〈第十三人〉在內的所有二十一篇徵文仍然有一個共同的缺點，那就是缺乏一個鮮明清晰的主題，評審意見指出：「讓我仍以『第十三人』這篇為例，讀者看完全篇以後，你有什麼感想？你想作者的原意，是表示對於同伴被炸死後的哀惜和內疚嗎？是表示對於戰爭或是空襲的咒詛嗎？是對於壓迫階級的無情和殘酷表示憤怒和怨恨嗎？或是……。也許都是，也許都不。因為從這篇文字的字裡行間或隱或顯都把這類感觸帶給我們，然而都是極模糊的，極隱約的，甚且讀完全篇對於那個日本人究竟是否定的還是肯定的，也教人感到撲朔迷離！」

評審意見的作者馮林為何人？會不會是徵文比賽的四位有名有姓的評審人之一，已不可考。但是，〈第十三人〉一文呈現出多樣主題的複合而招致主題不夠明確的指責，並沒有影響這篇徵文獲得頭獎的資格。平心而論，評審意見對〈第十三人〉只是平實地把那段作者親身經歷的故事描述出來，而沒有摻雜太多價值判斷感到不滿意。但是，從紀實的角度來看，〈第十三人〉的故事本身就已經有足夠的力量來控訴台籍日本兵（工兵）被強徵到機場做苦工的無奈，以及日本殖民統治者視台灣人生命為草芥的控訴。

《野草》「忘不了的事」徵文訊息最早刊登在一九四八年七月十六日發刊的「第六期」上，投稿的二十一篇文章都是郵局或電信局的員工。根據「第八期」中〈應徵文閱後感〉關於投稿文章內容的描述：「他們傾訴著各自的經歷，從家庭的溫暖，自身的幻夢，友情的珍惜，被壓迫者的哀怨，一直到對統治階級的切齒憤怒……」由此，我們可以知道，《野草》的徵文目的是要郵電員工使用他們剛剛學會的國語，表達自身經歷過的真實故事。這不得不讓人想起台灣重要作家楊逵，也曾在同年的十月十一日在《台灣力行報》「新文藝」第十一期版面上刊登一則「實在的故事」徵稿，並隨著訊息附上楊逵執筆的〈實在的故事問答〉一文。這是楊逵在一九三七年連續於《大阪朝日新聞》、《台灣新民報》與《台灣新文學》撰文呼籲台灣文壇能夠重視「報導文學」卻被日本政府鎮壓，而在光復後透過報紙試圖再次鼓勵「實在的故事」（即「報導文學」）的創作。沒想到《野草》文獻的出土，才讓我們發現，早在楊逵提出徵文的三個月前，《野草》已經率先以郵電工人親身經歷的「實在故事」徵文，並獲得不錯的迴響。

不過，讓人感到扼腕的是，不管是《野草》的郵電工人，還是楊逵本人，都在兩岸政治分斷的時代背景下，受到白色恐怖的波及。光復後來自台灣人民最直接、反映日本殖民統治傷痕的「實在的故事」，也由此嘎然而止。

作者簡介

許育嘉 台灣大學中文系兼任助理教授。「五〇年代白色恐怖郵電管理局案調查研究暨口述歷史」案計畫主持人。

掙扎

石

一個布滿繁星而無月色的晚上，天空如密密地撒滿了閃耀著的金粉的藍色絲絨一般，下面是一片寂景，除了無家可歸的田蛙的叫聲外，一切是靜悄悄的。

我坐在窗口旁邊，眺望著遙遠的天邊，我很想向闊大而寂寞的天空訴苦，我在發悶——活下去，活下去——很快的，幾個流星忽然使我許多往事都映上我的心幕。

在家鄉的院子裡，大家眺望著滿天的繁星，叔父坐在爸爸的旁邊搖著扇子，很快樂地對祖母說，「幸福的日子來了，台灣光復回歸祖國了，我們從五十年的侵略者的壓迫下被解放了，我們再也不要受苦了，平等的、幸福的、舒適的生活，在那裡等著我們，大家都有飯吃、有書讀、有工作了。」祖母顯得很冷淡，好似她老人家早已知道今後的情形似的，但我聽到了這消息，歡喜的形容不出來，我對爸爸說，我還要回來讀書，我笑著、跳著、成天幻想著以後的生活。

可是今天事實非但不能使我們滿意，反而更不如從前，物價一天一天的暴漲，生活一天比一天的困苦，每每聽到的是失望的哀聲嘆氣，還說什麼有書讀、有工作、有飯吃？說到自己的生活——早晨剛給公寓的老闆宣告了「停止進膳」，我跑了好半天，要局方想辦法，但在接收的慌亂中，結果是絕望了。提起筆來想要爸爸寄錢來，但家鄉的房屋被炸壞了以後，家裡也過的相當苦，每當想起我的家和媽媽，向家中要錢便沒了勇氣，越想越發悶，怎活下去呢？「這麼高大的一個男子要餓死？難道你是廢人？」忽然我自己像聰明了起來，想起用自己的力量來換麵包，於是心頭異常地安靜起來，從遠遠的屋頂上，總督府的高樓聳立著，寂靜的街路更靜了。

翌日早晨，我和H君拉了一輛日人局長的黃包車，拉起來好像很好玩似的，但在火團似的太陽下——那時雖說九月來，天氣還相當熱，於是大家說戰後的一個現象，夏天特別長而又特別熱——一條馬路又一條馬路拉著空車子，焦急地找著主顧，的確有人家所想不到的辛苦。熱鬧的馬路跑得比平常格外的遠，滿臉流著一粒粒的大汗，也為了怕車子顛倒了糟糕，不到目的地也就不擦汗。有時候這樣的跑遍了所有的馬路街頭，卻一個生意也沒有，這時候我的心空虛了、失望了，孤寂、難過……一齊湧上我的心頭，我想放下車子來大哭——。

在過著這樣的幾天後，我認識了一位真正拖黃包車的，他是一位很瘦、好像只存骨和皮的、頭上長著些白頭髮的老人家，他看我跑得很累，他很誠懇地告訴我說，不必成天在馬路上跑，只要坐在比較上上下下的人較多的地方——那個地方一定有我們的同伴，在那裡據著黃包車等客，自然而然的就有客人叫你，而且他常給我們講故事。有一天我們正談著閒話的時候，他很興奮地說「——其實你們這樣的年青人，不應該拉黃包車而失去了可貴的青春，你們還年輕，你們好好的讀書，將來替我們這些老人家把台灣背在你們的肩上，而走到時代的潮流與時代並進，將來的台灣是需要你們年青人，台灣不能永遠被輕視的！」

他很希望說話，他的話很有力，而他的身軀是那麼瘦。我常這樣鼓勵、安慰自己，我已經夠幸福了。你看這麼老的人，可憐的為了生活，還拖著這瘦弱的身體拉車過活，我還年輕，我是要成功的，受點苦算得什麼！有一天，特別熱的一天，我們正在談著閒話的時候，忽然「……車」的喊聲打斷了我們的話，一轉眼有位從火車剛下來的人攜著行李招叫著我們，我便伸了伸腰，拉起黃包車向前跑過去。「……」他說著幾句北京話，指著市內那邊，接著自己把行李拿上黃包車坐下來，又喊了一聲。「……」我不曉得說什麼，但就跑了。剛光復未久的我們，一句北京話也不懂，後來我記著他的發音，去問朋友，才曉得他是說「新起町」。他指著右邊喊幾聲，我就曉得大概是要彎右邊，就彎轉右邊跑，指著左邊就向左邊跑，跑呀，跑呀，當跑著的時候，我忘記了一切生活的悲哀、一切苦悶。我希望永遠這樣跑著，滿身搞得濕濕，不久他用腳踏一下，通知我到了。前面是一座很高的、不像公司，也不像公館的房屋，兩個胖子顯著笑臉，對我帶來的那個說了幾句「……」又把我留下來，接著另一個人上車了。於是我重新用了剛才的方法，拉到一個酒家面前，他從車上跳下來，我忙著擦汗，他手裡抓著一紮——不，一張鈔票，不作聲地並且很快地拿給我，抬起頭揚長而去了。我睜開眼，感慨無量地看一看，我自己的汗水賺到的一張鈔票——關金拾元，真的只有拾元——唉，可憐我的眼淚，忍不住滾下來了，當我從出神裡回復了的時候，他——那個無情的客人，正在密密的桌子間，很快地泳遊著，我想追去跟他抗議，但我怕放在門口的黃包車失掉，終於默默地送他進裡面去了。

（刊於一九四八年九月一日《野草》第九期，「忘不了的事」徵文比賽二等）

的事」給我一個意外的感觸，更羨慕這努力的結晶是不
可思議的。我對于這廿一篇的徵文中可說是沒有一篇可說
出色的，缺点和優秀如按自接觸學習寫作，未至今有了
這樣的成績也算夠了。這學習期間的水準了雖然有極少數的
幾篇中好像欠少熟練和缺乏文字運用的技巧，也許是學
習过程的長短之別吧？短期間的學習有了這樣的成績也
算很難得的了。不过初步的寫作不求其「錦繡」只求其通達
已足，且莫用「考貝」的方法来虛飾自己的佳作，那是錯誤的。若
閱讀錦繡文章摘取佳句安插它利用它来表達自己的意
是最有進步的捷徑。
由於幾点的妨害，我也祇能簡明的空談之論，更沒有篇篇的
將徵章内容未清晰的評處，殊抱歉。意總而言之，這次的成
績是令人欽羨的，如能再作近一步的努力和研究，極易獲得
隨筆錦章的地步。

「徵文二等」

忘不了的事　石

一個佈滿繁星而無月色的晚上，天空如密
密的撒滿了閃耀着的金粉的藍色絨
絨，一般下面是一片寂景，除了無家可歸的
田蛙的叫声外一切是靜悄悄的。
我坐在窓口旁边眺望着遥遠的天边，我很
想向闊大而寂莫的天空訴苦，我在發悶——沽下去、沽下去——。
很快的幾個流星忽然使我許多往事都映上我的心幕。
在家鄉的院子裏，大家眺望着滿天的繁星，叔父坐在爸爸的
旁边搖着扇子很快樂的對祖母說「幸福的日子來了，台湾光
復回帰祖国了，我們從五十年的侵略者的压迫下被解放了，我
們再也不要受苦了，平等的自由的舒適的生活在那裡等

《野草》第9期刊登「忘不了的事」徵文比賽獲選二等的〈掙扎〉。計梅真曾以這篇描寫人力車夫卑微與辛酸的文章，鼓勵郵電工人要寫出令人感動的文章。（劉建修提供）

【導讀】

〈掙扎〉這篇文章是由筆名為「石」的電信局報務佐李癸台所寫，同樣也是「忘不了的事」徵文比賽的作品之一，刊登在一九四八年九月一日出版的《野草》第九期。

以「忘不了的事」為題的每一篇文章，描繪的都是戰爭到光復過渡期間的回憶。雖然這些作者同為郵電工人，但各篇卻從不同的視點、不同的人生階段與不同的經驗位置出發。以結構較為完整的頭等和二等作品來說，〈第十三人〉是日本軍營裡糾結掙扎的台籍小隊長，〈五月卅一日〉是身處轟炸炮火之下的無奈避難者，〈台灣光復的一日〉是欣喜回歸祖國的台灣人。相較於其他的徵文作品，本篇的特殊之處在於從「體力勞動者」的位置出發，「忘不了的」則是勞動經驗與殖民經驗雙重壓迫下的羞辱感與無力感。

文章起自日本投降到國府接收間一段短暫的光陰，作者一家正討論著即將到來的幸福的可能，人們一掃日人殖民下的愁苦與壓抑，「笑著、跳著」，滿溢對祖國的憧憬。日本投降（八月十五日）至台灣光復（十月二十五日）期間，台灣人民處於生命未定的情境——國府是善是惡、官兵是圓是扁，因日殖而割斷於大陸的台灣人民沒有確定的答案；但終能揚眉吐氣、不再委屈的身心靈，無疑正期盼著這個時刻。

或許是看慣了、體悟了磨難，祖母卻「顯得很冷淡，好似她老人家早已知道今後的情形似的」。不幸的是，祖母的淡漠成讖，作者的喜悅很快就被現實狠狠擊碎。自一九四五年八到十月間，台灣物價一口氣成長了將近十倍，生活物資大幅揚貴起來。雖然這波物價調整跟一九四六年後更加嚴峻的惡性通膨相比，來得輕微許多，但仍給變局中的台灣人民造成不小的打擊。

物價高漲之際，作者的宿舍暫停提供伙食，剛剛到職的電信局也沒辦法提供經濟上的協助；因戰爭而凋敝的家庭，更沒辦法接濟作者的生活所需。不願再向家裡伸手要錢的作者，只好與友人H君一同拉起日人局長的人力車，在戰後「特別長而又特別熱」的夏日裡，跑遍今日的台北車站到西門町一帶，焦急地尋找主顧。

夏日之所以漫長，既是權力真空下未定情境的延續，也是作者親身體驗了經濟衰退與勞動異化後的心理效果。擔心沒有客人、擔心車子翻倒，更擔心發生意外，種種重擔擠壓出負面情緒——空虛、失望，乃至難忍的失意和寂寥。因而在作者心中，街頭巷尾說的那種過長過熱的夏天並不只是心理虛構。逼視殘酷的現實，出路和飯碗越是遍尋不著，夏日越是拉長得讓人無路可逃。

渾身汗水只值拾元

作者與H君在跑車的過程中，曾幸運地碰上一位拉車已久的老車夫，傳授他們從事這行的訣竅，更對他們寄予「把台灣背在肩上」的重任。作者因此從老車夫的話裡得到了勇氣，感覺到一種年輕的活力湧上胸口——「我已經夠幸福了」。但這樣的「幸福」是真正的幸福嗎？是不需要聽命於人，就能獨立地存在著的幸福嗎？抑或只是工作之餘的暫時幻覺？

工作中的階級落差感，恐怕才是真正支配這段工作經驗的基調。作者「夠了」的幸福感，畢竟是和年紀更大、體力更差的勞動者比較得到的相對優越感，碰上外省主顧的無法溝通和倨傲，又發現工作只能換到微薄收入時，這種閃現的幸福很快就煙消雲散了。

雖然人力車工作就和今日的計程車司機一樣，是把顧客載往指定的場所，但作者所描繪的人力車工作場景裡，本省人力車夫其實更接近拉車的牛，宛如任人奴役的動物。文章最末段，作者描述自己在台北火車站附近拉車時，碰到只能用國語溝通的外省客人，「一句北京話也不懂」的作者，只能夠聽主顧「指著左邊」、「指著右邊喊幾聲」來判斷要往哪個方向跑；「用腳踏一下」則是「通知我到了」的停車信號。主顧的指示不是透過言語傳達，而是非語言的聲音、手勢，甚至是帶有貶低與高下支配意涵的「踏」的動作。

更羞辱的是，體力勞動所能換取到的工資竟如此微薄。給主顧像牛一樣地使喚，要右就右、向左就左。還在擦汗的時候，主顧冷不防地塞給作者的「一紮——不，一張鈔票」後，就「抬起頭揚長而去」，逕自到酒家裡與朋友相聚去了。

在作者勞動經驗裡反映的，正是在戰後未定的生命狀態裡，作為勞工階級和台灣人的雙重壓迫下的恥辱，這種羞恥感應該頗能引發當前台灣勞動者們的共感。我們今日往往以為，自由地選擇成為自由工作者——好比說，作者自由地、半鬧著玩地拉起人力車——是為了謀求一份「幫自己加薪」的副業，或是期待能自由地控制工作量，親自掌握勞動尊嚴與生活品質。

但從作者的人力車經驗來看，勞動仍是為一份薪水，勞動條件也不一定真的那麼「尊嚴」，反倒充滿挫折，又因為與主顧間的階級落差而失望落淚。日本殖民者雖然因戰敗而失去統治地位，但殖民形成的階級結構卻殘留了下來。雖然「要不要拉人力車」，看似是一種職業選擇的自由，但在台灣經濟陷入「殺人的不景氣」（楊守愚語）、人民生活日漸艱困之際，這種「自由」更顯得非常諷刺。

作者簡介

張宗坤　政治大學勞工研究所碩士，曾任台灣勞動歷史與文化學會執行秘書。現正從事冷戰史、勞工史與口述歷史等相關研究。

五月卅一日

秋旻

是民國三十四年五月中的一天，也是太平洋戰爭相當激烈的日子。微帶著熱意的春風吹著，晴空中飄著幾片白雲，熱鬧的台北市馬路上也寂靜無聲，零零落落沒有幾個人，尤其是辦公去的更沒有了。每當上班的時候心裡悶想著：「唉！只有我們電信同仁不能搬走疏散，仍留在市內，每天都在恐怖的轟炸中生活。」「嗚！」警報又響了，我們聽夠了。這汽笛的聲音不分白天夜裡。每當飛機一到頭上，高射砲一響，戰慄著想：「我要走回到鄉村裡的故鄉去跟爸爸媽媽在一起，死也甘願。」可憐得很，因日人管制得厲害，我們不能離職也不敢訴苦。

民國三十四年五月三十一日，是轟炸台北市絕慘的日子，那天工作室值夜班（十五點到二十一點）早晨七點鐘才起床，連忙自己煮好飯吃了，心裡想著「這幾天盟機一天來好幾次，但沒有轟炸便去，現在台灣的大城市都已經炸變成灰爐一樣，只是台北還沒有遭遇過什麼猛烈的轟炸，也許今天會輪到台北吧！！」越想越怕於是計劃著到郊外的表兄家裡避難去，但不一會兒，大約是十點左右吧，「嗚——」「警戒警報」響了，一轉眼就聽到隆隆的飛機聲，一看果然來了，從東方宜蘭方面一群鳥似的轟炸機分成四隊直向台北而來，高射砲打起來了。「轟！轟轟！」一分鐘連打著約有三十發滿天布滿了一球一球的黑雲。於是我就跳進了在屋子裡的防空洞。「隆隆——」飛機已經在頭上，心裡發抖了，「轟轟」、「隆隆」高射砲也打得不停，隔壁的叔母拉一個孩子走進來說：「壞了、壞了，飛機來了很多，這麼多」，把兩手掩著耳朵和眼睛，「隆──隆」、「呼呼」投一下覺得有二三十個大炸彈，比大地震動得還厲害，接著「轟轟」、「隆隆」一下子比一下子越炸越進來，「轟──呼」、「噓嚓」的一聲震天的巨響，我的房屋好像倒下來，筆筆八八交雜著燃燒的聲音，這樣差不多五分鐘一次，反覆著波狀集中攻擊，大地也擺來擺去，搖撼不定，我的咽喉硬得想要哭也哭不出聲來，嘴裡唸著「好了罷，這樣算了罷！！」縮在一塊兒的叔母哭起來了「神明神明觀音娘娘救救啊！」我也把手緊掩著眼睛和耳朵不敢動，昏昏地想著「今天他們恐怕是要把台北市炸光了吧，如有空一下跑到郊外的表兄弟家裡去，不然的話這條命也留不下罷！」一會沒有轟炸聲了，也聽不見飛聲，我以為這時是唯一的機會，決了心從防空洞跳起來，看！一片斷木碎瓦，亂糟糟之中倒不忘記皮箱，拿著皮箱不顧一切就跑了，那時已經失去了知覺，又慌張不知道我自己是走那一條路，跑到半路時，想不到飛機又來了，而且恰巧跑到馬場町飛機場邊，一看十數架的B24正向著我的頭上飛來啊！若是現在它投彈，那我絕對是給炸中了。那時神智昏迷了，就伏在一棵樹頭下不動，只是說「盡萬事、待天命」、「轟轟轟」「呼──」一陣暴風帶著砂從我身上掠過，我以為是被炸了，從此以後就不知道自己的存在是活的或是死，不知過了多久，才從朦朧中醒來，覺得自己身體還好好的，才知道自己並沒有死去，身體被混砂埋沒著，面部七孔都塞滿了砂，眼淚從胸部湧上來，飛機也已經看不見，我怕它再回來，便拿起皮箱向著郊外跑，可是兩腳無力又怕又慌，因此越跑越慢。腳下軟得很，就不由自主地跪了下去，這樣跑十幾分鐘，是脫出險境了，回頭一看，嘔！！台北市！黑煙繚繞大燄衝天，已經化為火海了。到處響應爆炸聲，總督府的高樓被火圍住了。

業[illegible]關金給九点的[illegible]可憐
我的[illegible]下來了，当我從[illegible]裡回[illegible]的時候他一
那個無情的客人正在窓々的桌子間很快的游遊着，我想
追去跟他抗議，但我的[illegible]在門口的黃色車夫棒，終于默々的送
他進裡面去了。

徵文二等

忘不了的事　　秋旻

是民國三十四年五月中的一天，也是太平洋戰爭相當激烈的日子。微帶着熱意的春風吹着，晴空中飄着幾片白雲。熱鬧的台北市馬路上也寂靜無声，零零落落沒有幾個人，尤其是办公去的更沒有了。每當上班的時候心裡悶想着「唉！只有我們電信局们不能搬走疏散，仍留在市內每天都在恐怖的轟炸中生活」「嗚！」警報又響了，我們飛跑了。這汽笛的声音不分白天夜裡，每當飛机一到頭上高射砲一響，戰慄着想：「我要走回到鄉村裡的故鄉去跟爸爸媽媽在一起，死也甘願」可憐的很，因日人管制的厲害，我們不能離職也不敢訴苦。

民国三十四年五月三十一日是轟炸台北市絕慘的日子，那天工作是值夜班（十五点到二十点）早晨七点鐘才起來，連忙自己煮好飯吃了，心裡想着「這幾天盟機一天來好幾次，但沒有轟炸便去，現在台灣的大城市都已经炸变成灰爐一樣，只是台北还沒有遭過甚麼猛烈的轟炸，也許今天會輪到台北吧!!」越想越怕，於是計劃着到郊外的表兄家裡避難去，但不一會兒，大約是十点左右吧「嗚－」「警戒警報」響了，一轉眼就聽到隆隆的飛机声，一看果然來了，從東方宜蘭方面一羣鳥似的轟炸机分成四隊，向台北而來，高射砲打起來了「轟！轟！」一分鐘連打着約有三十發，滿天佈滿了一球球的黑雲，於是

劉建修（筆名秋旻）所寫的〈五月卅一日〉生動、寫實地描述了1945年5月31日台北大轟炸的慘狀，入選「忘不了的事」徵文二等，刊於《野草》第9期。（劉建修提供）

我坐下靜靜呆望著（我沒有死麼？那時候怎麼敢從飛機場過？），時候已經快要三點鐘了。

（刊於一九四八年九月一日《野草》第九期，「忘不了的事」徵文比賽二等）

【導讀】

台北市信義區世貿二館原址工地挖出未爆彈，疑為昔日美軍五百五十磅炸彈，警消獲報已前往處理及封鎖現場。

根據警方了解，在信義區南山廣場空地、華納威秀影城後側位置，即世貿二館原址，施工單位約在今早八時使用連續壁挖掘機動工時，於地下八公尺處發現並挖出空用炸彈。警方表示，工地施工時發現的未爆彈，疑似為昔日美軍五百五十磅炸彈。

——二〇一四年二月十三日，中央通訊社

二〇一四年二月，台北繁華的信義區，在華納威秀影城後方，竟挖出一枚未爆彈，嚇壞了附近的居民。二次世界大戰離我們似乎遙遠，是上一個世紀的故事，但這枚未爆彈的出現，似乎提醒著七十年後的人們，戰爭遺禍一直都在。歷史不會消失，只是被當權者刻意隱藏，等待挖掘。然而，若後人對待歷史的方式態度不當，就如同輕忽拆解未爆彈而導致引爆，仍會對當代的我們具有強大的殺傷力。

一九四五年五月三十一日，台北市遭受到前所未有的大規模空襲攻擊，史稱「台北大空襲」，又名「台北大轟炸」。這次的空襲由美軍發動，對台北城進行大規模的投擲轟炸。美軍的作戰目標，主要針對舊台北城區（今台北市忠孝西路、中華路、愛國西路、中山南路圍成的四方形）、城外的台灣步兵第一聯隊、山砲兵第四十八聯隊（兩單位駐地均位於今中正紀念堂）等軍事單位以及包含台灣總督府和所轄官署建物等。這場空襲中，台北市民死傷慘重。當日死亡人數高達三千多人，幾乎是在這之前所有美軍對台空襲中死亡人數的總和。另外還有數萬人受傷、多棟建築毀損。

台灣的空襲史可說是太平洋戰爭的一環。太平洋戰爭屬於二次大戰的一部分，但與歐洲戰場不同的是，太平洋戰爭更早的起因來自於日本的侵華戰爭。明治維新後，日本迅速進入工業化，短時間內國力大增，開始對外擴張殖民地。一九三一年九一八事變後，日本扶植成立「偽滿洲國」，除了取得中國東北豐富天然資源外，更是將東北作為未來全面侵略中國的前哨站。一九三七年盧溝橋事變，中日戰爭全面爆發；一九四一年十二月七日，日本對美國太平洋基地歐胡島上的珍珠港發動空襲，自此太平洋戰爭爆發，日軍「偷襲珍珠港」的作戰行動，促使美國對日本宣戰，而納粹德國和義大利兩國亦對美國宣戰，中國也在此時對日本正式宣戰。此後歐亞兩大戰場合流。

作為日本殖民地的台灣就是在上述的國際局勢與戰事脈絡下，自一九四二年起接連遭受到戰爭攻擊。一九四二年九月，美軍已經開始對台灣實施空中偵察。一九四三年，美軍開始規劃對台的轟炸目標與時間表，十一月起，美軍便陸陸續續針對日本在台軍事機場、設施、政府機關，進行大大小小的各區空襲。台灣歌手伍佰有一首經典搖滾歌曲〈空襲警報〉，歌詞深切地點出台灣人在國際局勢下的無奈與悲哀：

聽說是美軍要來炸台灣的日本兵仔
聽說咱攏總唱著日本的軍歌
聽說咱著要交出鋤頭剪刀
說戰爭是保護咱自己的國家

酸酸喲喲酸喲喲
兒仔時的Radio攏聽會到
對你的瞭解哪這呢少
歷史的傷害擱有影不是親采

日本軍國主義使得台灣被迫捲入到世界大戰中。台灣有著被殖民的無奈與悲哀——不是日本人卻被美國當成日本人來轟炸；未有日本國民待遇，但戰事吃緊需要人力時，日本政府又要求台灣人同日本國民赴戰場作戰。歷史的傷害是「有影」，不是「親采」。就像信義區的未爆彈，是真真實實的存在。

一九四五年五月三十一日，在戰爭結束前三個月，台北城歷經了前所未有的轟炸空襲。戰爭之下，人的生命有如草芥一般，死生都在一瞬間，生死交關的難忘記憶，成了光復後台灣人「忘不了的事」。

作者簡介

廖家敏　上一個世紀七〇年代出生的台北小孩，大學期間參加了學運社團，約莫在一九九六至一九九八年間接觸到左翼思想，從理論到歷史紀錄，徬徨的思想有了著地的真實。目前在一間中小企業擔任職員，然個人興趣在於口述歷史，前三年曾參與白色恐怖口述歷史計畫，業外持續關注學運社團與社會公衛議題。

光復

茫昧

歡呼吧！在黑暗裡的同胞，
「光復」從西方的天空
高舉著火焰而來：
「被壓迫的同胞們！
趕快打碎你們身上的桎梏，
我是幸福的使者！
失掉自由的人們，我給你自由，
吃不飽的人們，我給你米飯。
擦掉你們過去的淚痕，
丟掉你們陰鬱的臉色！
天亮了，同胞！
起來！重建你們的樂土吧！」
我們——在做夢嗎？
不！一點也不！

光復！光復！
你帶著無限的希望與歡喜，
真正的來到了！

你來得像颱風一樣猛烈，
睡著的，死滅的，被你喚得復活過來；
失掉生命的湖水，
被你掀起了波浪，
洶湧的在咆哮著：
「我們不再是死屍了！」
麻木的靈魂，
被你灌注了新的生命，
剛毅的在高喊著：
「我們不再被麻醉了！」
你的狂奔怒吼，
毀碎了鐵枷與奴役，
預言著新時代的來臨。
光復！光復！
你是偉大的解放者，

是新時代的先鋒！

你來得又像疫癘一樣的兇暴，
你來了，一切都變了顏色，
活生生的喪失了活氣，
油綠綠的喪失了元氣，
你來了帶來的，
是黑暗而不是光明，
是飢餓而不是米飯，
我們的臉上，
添上新的淚痕，
我們的臉色，
從喜悅回到陰鬱。
希望的幻想死在你的手上，
貧苦飢餓來自你的足跡，
光復！光復！
你帶來一陣空虛的狂歡與希望
現在又把我們拋到苦悶的深淵裡去了。

（刊於一九四八年十月二十五日《野草》第十二、十三期）

【導讀】

新詩〈光復〉刊登在《野草》第十二、十三期合刊的「光復節紀念特輯」（以下簡稱「光復特輯」）中，由在淡水郵局工作的黃宏基以筆名「茫昧」投稿發表，是《野草》中為數不多的新詩作品。「光復特輯」刊登的所有文章，都是《野草》舉辦的第二次徵文活動的成果，相較於第一次徵文（題目「忘不了的事」），「光復特輯」的徵文以「紀念光復三週年」為題，增加了新詩項目，而〈光復〉也是該特輯中「唯一」的一首詩作。

根據該期「編者的話」，因為第二次徵文只收到四、五篇稿件，再加上第十二期（「光復特輯」）與第十三期的出刊時間僅隔一週，郵務工會國語補習班同學會編輯部只好將兩期合併，一共刊登六篇文章。這六篇除了新詩〈光復〉外，還包括署名「純志」的〈寫在光復三週年〉、署名「光麗」的〈台灣光復三年的回憶〉、署名「新」的〈我學習國語的經過〉、署名「春」的〈怎樣對得起子孫〉，以及署名「志」的〈反對台灣由國際託管、反對台灣獨立的陰謀〉等五篇。

對於第二次徵文來稿不如預期（第一次徵文來稿二十一篇），「編者的話」是這樣解釋：「這半個月來，真是一段苦悶的日子，物價起了大波，人心惶惶，都被捲進了『搶購』的熱潮，我們這些窮小公務員既沒有錢和人家一塊兒去『搶購』，現在連每天的吃飯也成了問題。在這種情況下，誰還有心緒去搖筆桿呢？」事實上，一九四八年十月的物價波動，起因於該年國府在大陸上內戰失利，「金圓券」發行失敗，導致包括台灣與大陸各地的糧食搶購潮。這個困境對於薪水只有外省正式員工五分之一不到的台籍「留用」郵電員工來說，更是雪上加霜，也間接造成《野草》第二次徵文的困難。

〈光復〉一詩反映了台灣光復三週年之際，一般民眾的生活與感受從歡喜到失望的落差。全詩以「歡呼吧！在黑暗裡的同胞」開頭，「同胞」一詞是光復經驗中最常被提及，讓當時的本省人感到溫暖的用語。由於日本殖民統治者對台灣資源的強取豪奪與差別待遇，該詩用「在黑暗裡」來形容五十年的殖民統治如萬古長夜，而「光復」就像黑夜中高舉的「火炬」，照亮台灣這塊黑暗大地，並且許諾一個「天亮的樂土」，讓台灣人能擺脫「桎梏」，獲得自由與幸福。台灣人經歷五十年反日本殖民的抵抗，突然的「光復」確實在心裡帶來巨大衝擊，甚至害怕只是一場白日夢，但隨著日本殖民者的撤離，國民政府來台接收，光復才讓當時的台灣人切身感受到「帶著無限的希望與歡喜，真正的來到了！」

對於光復之初的歡欣雀躍，並非〈光復〉一詩獨有，「光復特輯」的其他文章也都有著同樣的表達，例如〈寫在光復三週年〉一文說：「陳長官來了，他第一句從收音機播送出來『親愛的同胞』啊！長官也是我們自己的同胞了，這是多麼親切的聲音呀！每個人的臉上露出五十年來從未有過的快樂。」又如〈台灣光復三年的回憶〉說道：「這是我們台灣全島的人民在五十年帝國主義的束縛之下，解放到青天白日滿地紅的旗幟下，而最值得慶祝的佳節，在我們每個台灣人民的心靈裡都會感覺到十分的滿足來迎接和紀念的吧！」正是台灣人對「光復」的期待如此之高，三年後的失望也才會如此之大。

隨後，〈光復〉詩的二、三段用了對比的手法，描述「光復」對台灣人的兩種衝擊，當它來時「像颱風一樣猛烈」，把「麻木的靈魂」喚醒，「毀碎鐵枷與奴役」，以「解放者」的姿態成為「新時代的先鋒」；但是三年後，同一個「光復」，同一個「解放者」，「又像疫癘一樣的兇暴」，帶來的是與光復前一樣的黑暗而不是光明，一樣的飢餓而不是米飯，所以台灣人的臉上，在舊的淚痕上又添上新的淚痕，台灣人的臉色，從喜悅回到光復前的陰鬱。光復帶來的只有「一陣空虛的狂歡與希望」，三年後又把台灣人「拋到苦悶的深淵裡去了」。

希望來得快，去得也快的心情，成為光復三週年之際，台灣人對光復普遍的感受。事實上，不僅是當時的本省人，即便是來到台灣的外省人，甚或是大陸上的一般民眾，國統區的物價騰飛、人民流離失所，無不深刻地影響著所有的人。具體反映在台籍郵電員工的則是，光復後爭取了三年的「改班」（從「留用」身分轉為「正職」），依然遙遙無期，三年前因脫離殖民統治而帶來的內心悸動煙消雲散，彷彿又回到日本殖民時期的困境。這樣的心情，不但從〈光復〉一詩中能夠找到，「光復特輯」內的其他文章也所在多有，例如〈怎樣對得起子孫〉一文曾提到：「台灣從日本帝國主義統治下解放出來到今年已臨第三屆光復節了，在光復頭台灣省民也沒有想到在經過三年日子後的今天，會有這麼沉重難受的心情，當時的我們，希望能得安居樂業，能享受平等待遇，過了三年的今天大家都知道這個希望還得往前走許多路，才能達到。」這些還略帶生澀，甚至是留有閩南語用語習慣的文字，深刻地反映了台灣光復初期民眾的普遍心聲，那就是對脫離日本殖民統治的喜悅之情與光復後處境仍然困難的失望。

〈光復〉這首詩提供了我們管窺光復初期台灣社會的機會，〈光復〉的藝術成就相較於《野草》各期其他新詩來說，無疑是較高的，而筆名茫昧的作者黃宏基在白色恐怖郵電案中則遭判刑十年。我們在七十多年後的今日，從詩文的字裡行間，仍能讀到屬於「茫昧」那一代人的激情、希望與失望。

作者簡介

許育嘉　台灣大學中文系兼任助理教授。「五〇年代白色恐怖郵電管理局案調查研究暨口述歷史」案計畫主持人。

對同學們說幾句話！　梅真

自今年五月底我因病請假，補習班提前結束到現在和同學們分別已有半年了，在這半年中，雖然大家停止了課堂裡的學習，但是做了許多課外的集體的活動，如開音樂會，集體看電影，出壁報，出版定期刊物《野草》等。在這些活動中，使大家能夠體認到，過去我們所說的「求智識」，並不一定限於課堂裡，限於書本上，而「練能力」更需要我們實際去做了之後，才能獲得的，這短短半年中，同學們沒有機會在課堂裡學習，但我相信大家的「知識」和「能力」，一定比以前提高一步了。《野草》的經常出版，和它內容的逐漸豐富，就是一個具體的證明。

《野草》是同學會成立之後出版的，最初出版時，是把同學做的較好的作文選出來，經我修改後，交給負責編輯的同學去刻蠟紙，自動投稿的人很少。可是六月以後，因為補習班已停課，同學們作文也不做了，《野草》自第三期就完全由同學自動投稿自己編輯，間或請錢先生修改文稿並得到項、馬、汪、劉，四位顧問先生的鼓勵和幫助，能夠正常的按期出版，期間並曾舉行一次徵文，遠在台南、高雄、淡水等地的同學紛來投稿，不但文字內容比較充實，就是寫作技巧也由幼稚、通順而近乎熟練了。這是說明《野草》以一顆微弱的種子，在泥土中得到了孕育，慢慢地在發芽生長了。這不是一個可喜的現象嗎？凡和《野草》有過一點關係的人，能不感到喜悅嗎？

《野草》能有今天這樣的成績，負責編輯的同學確實是下過一番苦心的。一期出版了急著收集下一期的稿件，往往要低聲下氣地請人寫稿，稿件太少時，還得自己寫一篇湊湊數，刻蠟紙也是他們的事，白天工作忙，帶回去，犧牲了晚上睡眠時間來幹，這種精神值得大家欽佩和學習。而其中張欽傑同學始終對《野草》最關心、最負責，這事特別值得提出來表揚的。

但《野草》不僅是屬於編者，它是屬於全體同學的，每一個同學都有責任去關心它、去培育它，明白點說，就是每一個同學都應該為它寫稿。這是對《野草》來說的。反過來，對我們自己，那麼應該說，有了《野草》我們才有練習寫作的機會，有了《野草》我們的寫作才有發展的園地，有了《野草》才能表現出我們同學集體的力量。所以為《野草》寫稿，事實上不僅是為《野草》，而是為你自己。

補習班雖然暫時不開課，我們雖然暫時不能在一塊兒學習，但當拿到每一期《野草》時把眼睛閉下來想一想，同學會成立那天的盛況，彷彿就在目前。我今天寫這幾句話時，也彷彿在課堂裡跟你們說話一樣，對於你們以後為投稿《野草》而寫的文章，我仍願跟你們一起研究修改，在學習上，你們如果有什麼問題，我仍願跟你們一起討論解決，希望你們仍和過去一樣，不要把我當作「老師」而把我當作和你們一起學習一起求進步的朋友。

（刊於一九四八年十一月二十五日《野草》第十四期）

【導讀】

本篇由計梅真所寫的〈對同學們說幾句話！〉，是一九四八年十一月二十五日補習班同學會所發行第十四期的《野草》的第二篇文章。第一篇文章則是轉載由清華大學何孝達所撰寫、深刻探討如何在生活中實踐民主精神的文章〈學生是怎樣吃飯的？〉，該文原刊於開明書局出版、一九三〇年起由豐子愷、夏丏尊、葉聖陶等人主編的《中學生》雜誌第兩百期（一九四八年六月）中。

計梅真的這篇文章，則是在當時中斷國語補習班的面授課程後，嘗試對這群曾深受其教導影響或因閱讀《野草》而受啟發的郵電工人同學們，保持聯繫與給予勉勵、鼓舞的一種方式。

根據過去保密局、調查局等史料都可以證實，一九四八年五月或六月，中共上海局曾經在香港召集「台灣省工作委員會」的重要幹部，進行了一次攸關組織日後發展路線的重大會議，即所謂的「香港會議」，而計梅真亦以省工委郵電支部代表的身分前往香港開會。

因此，從時序來看，《野草》發行前兩期後，計梅真應該已啟程前往香港開會了。關於這個地下工作的「事實」，計梅真在本文中是這麼交代的：「自今年五月底我因病請假，補習班提前結束到現在和同學們分別已有半年了……」

我們從後來涉入郵電案的國語補習班同學劉建修、許金玉等人的證言中可以得知，計梅真在一九四八年香港會議結束回台之後，雖未透過國語補習班課程直接與同學們見面、討論，然而，她應該都持續與核心的同學們保持密切的聯繫，無論是在指導《野草》的編輯上，還是討論如何透過工會推展「歸班（同工同酬）運動」。

甚至，就如同計梅真這篇文章中提到的，補習班未授課的期間，持續出刊的《野草》亦成功吸引到「遠在台南、高雄、淡水等地的同學紛來投稿」。這其中，最特別的當屬吸引到在淡水郵局工作、從未上過國語補習班的黃宏基。

根據黃宏基日後的證言，他回憶道：

> 一九四八年夏天，我到台北郵局看朋友時無意中得到一本油印的雜誌《野草》。是台北郵局補習班的同事辦的，裡面有一道徵文比賽啟事，我寫了一篇當兵時的故事投稿，意外得了第一名……那年光復節前夕……我寫了一首長詩……內容是敘述台灣同胞如何與高采烈迎接光復，卻遇到一股強烈血腥的暴風雨，把他們打下黑暗絕望的深谷底。在悲慘的日子裡，看到一道從西邊照進來的光明，於是人們重燃希望之火，站起來迎接上去。[5]

黃宏基提到的長詩，就是收錄於《野草》第十二、十三期合刊的「光復節紀念特刊」的〈光復〉，這首詩打動了計梅真，讓她決定進一步接觸黃宏基，並與他從此建立上組織關係。

另一方面，計梅真這篇文章所發表的一九四八年十一月底，地下工作中另一條「歸班運動」的路線，也正如火如荼地組織、串連與布局，基於此，計梅真也特別在文中意有所指地寫道：「有了《野草》才能表現出我們同學集體的力量。所以為《野草》寫稿，事實上不僅是為《野草》，而是為你自己。」

我們可以發現，自此之後的《野草》，從十六期起（十五、十八、十九期已佚失暫不可考）的刊物內容中，有越來越高比例，是直接由郵電員工書寫與抒發光復後遭受同工不同酬的不合理待遇，且這樣的書寫並不僅止於無力的「抱怨」，而是逐漸上升到凝聚、說服廣大的基層郵電工人，只要團結起來，作為「集體」是有力量改變當前的不合理現況。

終於，在一九四九年三月底那場驚動國民黨與包圍省政府的大遊行爆發前，《野草》編輯群有計劃提前出版了〈解決歸班問題各地各級代表大會特刊〉，特刊中除了文告式地提出了台灣郵電工人的正當訴求，同時也收錄了關於歸班運動的新詩，公布了前些時間對郵電工人所做、超過五百人填寫的歸班問卷調查結果，更改編了一首〈改班行進曲〉，明顯就是為了即將到來的大遊行所進行的宣傳準備。

簡單來說，自計梅真的這篇文章起，《野草》已然不再只是一份讓補習班同學練習寫作的文藝性質刊物，而是進一步轉型為支援「歸班運動」的宣傳、動員刊物！

作者簡介

陳柏謙　台灣高等教育產業工會研究員、桃園市機師職業工會研究員。二〇一九年成立「台灣勞動歷史與文化學會」，並任秘書長一職。

做牛拖的我們

東

做牛拖的我們是艱苦的，但是我們忍耐著忠實地做去，不敢怠工。傴僂著腰身像拖牛車一樣，行在不平坦的道路上，我們的生活是不安定的。每日吃一頓挨一頓已過了好久，不吮吸脂肪也好久了，爹娘生給我們一對好胳膊，現在看看瘦得太可憐了。

我們拖著牛車舞動我們的腳，不斷地向前行，行列這條路又一條路，這條過了還有一條。我們的結著厚皮的腳背，時常砸得淌出鮮血。小豆般的，大豆般的汗液，從皮膚裡擠出來，酸臭的鹹味的汗液流到我們的嘴裡，眼角裡，汗液也洒落在地上。

「娛樂」在我們的頭頂上，可是還隔著一層山。我們和「娛樂」的中間就感覺得缺少一座橋樑。

「樂園」在我們的隔壁，可是伸頭去看尚且不能，「樂園」和我們還隔著一層山。我們是被遺棄在樂園外的！山珍海味在我們的對面，可是山珍海味和我們隔著一層山。一年三百六十日，我們有何日吃過很好吃的東西呢？

大肚皮的長官先生啊！在我們的生命裡沒有娛樂，即使不讓我們吃好東西，這都沒有甚麼應要緊。只是我們希望這些微薄的薪水給我們提高，只是我們希望您的「手枝」對我們的脊背放一些仁慈，只是我們希望……大肚皮的長官先生啊！

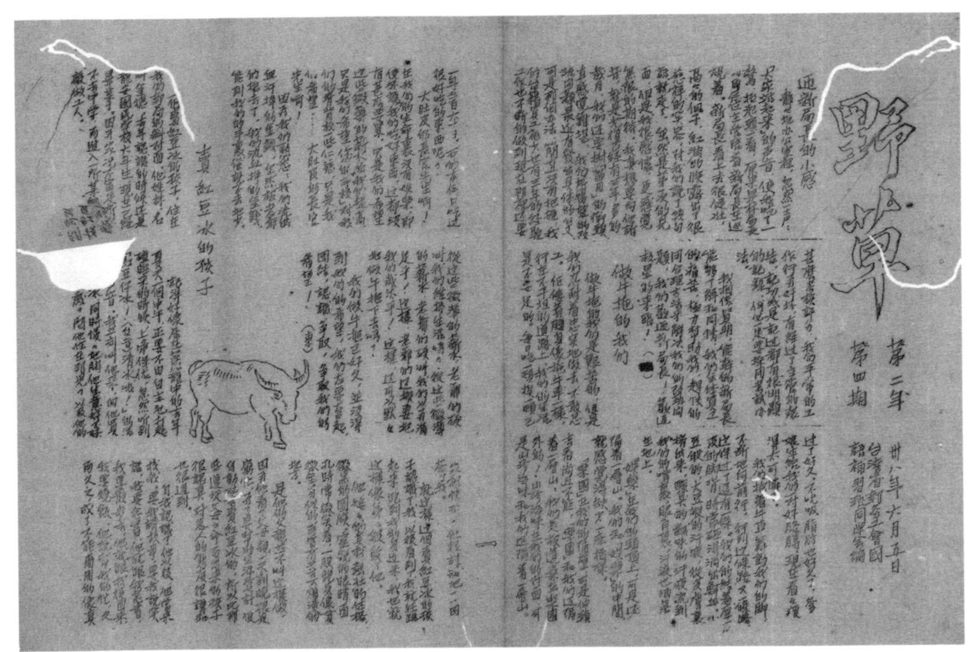

野草

第二年

第四期

做牛拖的我們

賣紅豆冰的孩子

《野草》第2年第4期，刊出〈做牛拖的我們〉，聲聲呼喚「大肚皮的長官先生」多看一眼挨餓的台籍員工。（劉建修提供）

因為我們熟悉：我們流出血汗掙的金錢，全然被老爺們搶去了。我們流血掙的金錢，能到我們的手裡，僅說不去地少。從這些微薄的薪水，老爺們硬叫我們維持生活嗎？從這些微薄的薪水，老爺們硬叫我們以為滿足乎！這樣，老爺們還擬要把我們裁汰乎！這樣，還可以默默地做牛拖下去嗎？

我們做牛拖已好久，並沒得到我們的希望，我們應要奮起，團結，認識，爭取，爭取我們的希望！

（刊於一九四九年六月五日《野草》第二年第四期）

【導讀】

計老師在上課時，曾經讓我們讀過一篇叫〈牆〉的文章。她透過解說文章，告訴我們這個社會有一堵看不見的牆，牆的這邊是做官的跟富有的人家，牆的另一邊則是像我們這樣窮困的、受壓迫的人們。這個過程，我逐漸明白了什麼是階級與不平等。

——二〇一七年八月二十二日，劉建修訪談紀錄

〈做牛拖的我們〉的作者化名為「東」，這篇文章刊登於一九四九年六月五日的《野草》，卻與二〇一七年八月二十二日我訪談劉建修的內容有幾分相似。東說，娛樂、樂園與山珍海味都隔層山，大肚皮的長官先生在山的那一邊，而自己在這一邊。劉建修說，牆的兩端，有壓迫者與被壓迫者，社會有階級與不平等。

透過〈做牛拖的我們〉這篇文章，以及劉建修的口述，我們可以看見這兩者的聯繫，但無法得知，東到底是不是劉建修。不過值得探究的是，什麼樣的思想可以貫通至今？

從無產階級的勞動與身體說起

〈做牛拖的我們〉一文中，使用擬人化的方式刻劃勞動者的世界觀，勞動者就像牛一樣，大粒汗、小粒汗地拖著牛車前行。而「牛」在閩南文化當中，象徵著木訥、老實、勤勞，但也顯得笨拙，以至於衍伸出「青盲牛」這樣的詞彙，暗示沒有知識的人才會做粗重的勞力工作。

在前半段的文章當中，東諷刺地描述，勞動者的身體不屬於自己，而是歸屬於大肚皮的長官，為了生存，自己的勞動產值乃至於身體，都是屬於老闆的，於是請老闆高抬貴手，憐憫我們這些勞苦的人。這樣的情節，如同夏衍的《包身工》對勞動者的身體描述，故事中，勞動者的身體「已經以一種奇妙的方式包給了叫做『帶工』的老闆」，一切身體的權利，皆來自於老闆。

在一九二〇至三〇年代的幾篇無產階級文學中，描述的勞動者身體，有著相似的形態，而這樣的形態，可以從無產者的工作場景中發現，例如小林多喜二的《蟹船工》描述：「漁工們像豬似的東一個西一個地躺著。而且完全跟豬圈一樣，泛著一股噁心人的臭味兒。」

對於剝削體制的形容，也透過勞動者病態、無力的身體，呼應環境的惡劣，並藉此提醒著世人，應當看見受壓迫者，以及面對體制的矛盾。這些作家都意識到這個社會病了，病得像美麗表面底下的惡膿、病得像梅毒病人。而做牛拖的東也意識到了，從做牛拖的傴僂身體，起身，成為爭取希望的改革者！

強調以「身體」作為培力與解放的方法，還包含了「民眾劇場」，民眾劇場透過工作坊的形式，進行劇場遊戲與身體練習，讓參與者進行思想與身體的解構與再連結，重思自身的社會位置與能動性，並投入改造工作。

其中，著名的奧古斯都・波瓦（Augusto Boal）在中美洲所發展的被壓迫者劇場（Theatre of the Oppressed），即明確指出，劇場作為「革命的預演」這樣的特殊功能。而在東南亞，一九六〇年代開始則有日本的「黑帳幕劇團」以及菲律賓的「教育劇場」（PETA）。

勞動的異化，使得身體受到箝制與規訓，唯有思想的解放，才能重新找回身體的自主權。而〈做牛拖的我們〉一文中的主人公，從傴僂到起身，是經過什麼樣的思想過程，可以從劉建修口中的「計老師」談起。

解放的教育、思想

一九四六年九月，計梅真與錢靜芝兩位老師來台教授國語，藉由國語補習班的課程，引導劉建修、李熒台、許金玉等人進行組織工作。〈牆〉一文即是當時的閱讀與討論文本，計梅真教導他們的不只是國語文，還包含了解國際情勢、洞見社會問題、以及如何積極作社會的改革者。

劉建修說明，在計老師的引導下，他加入了地下黨，主要工作就是編輯《野草》。他邀請了好友李熒台一起參與編輯工作，並在工作時告訴他國共內戰的情況。在劉建修的組織下，李熒台也一起加入了地下工作。

另一方面，計梅真也組織了許金玉。許金玉說，計老師極力鼓勵他們進行「歸班運動」，告訴她同工同酬的合法性，要她不要畏懼。

事實上，許金玉原本的個性是非常害羞的，因為養母及日本教育的關係，導致她看人的時候不敢正視，別人與她說話，她立刻就會臉紅。

拍攝紀錄片《春天——許金玉的故事》的導演曾文珍，曾經與許金玉近身接觸過，她說：「許金玉從一個非常害羞內向的女孩，蛻變成遊行請願工會代表，最後成為滿腦子『鬥爭』、『學習』、『勞動』思維的社會主義堅持者……許金玉雖然成長在女性被壓抑的年代，外在行為被傳統禮教緊緊約束，但潛藏在她心中有一股自覺的力量，讓她在受困環境中，一直在尋找出口。對於工作，她要學習成長；對於婚姻，她要找志同道合的伴侶；對於生活，她要一直學習。」

這樣的過程，回應到一九四九年六月〈做牛拖的我們〉一文的時間點，爭取歸班運動的遊行已經結束，勞動者的意識已經被啟發，所以文中提及的「我們應要奮起，團結，認識，爭取，爭取我們的希望！」這些革命性的語彙，以及作者東對於勞動者身體的敏銳描述從何而來，便有跡可循。

然而，隨著一九五〇年白色恐怖全面侵襲，郵電案相關人員一一被逮捕與判刑，許金玉和劉建修都被判了十五年牢獄。即便如此，許金玉談起這些經歷，對計梅真老師只有感激，自陳從計梅真的身上學到太多。劉建修則說，與其說計梅真老師吸收他加入地下工作，倒不如說，她給了他一個完整的機會，透過這些機會和方法，自己變得更完整。

對於計梅真的教育，這些老同學充滿了感激，也不曾後悔走上這條路。

從〈做牛拖的我們〉一文，以及劉建修的口述中我們得以看見，即使過了這麼長的時間，計梅真留下來的思想的根基依然存在。雖然，我們無法確認劉建修是否就是化名為東的作者，但是我們可以從這些過程中理解，什麼樣的教育會讓思想貫徹，《野草》便是一九四九與二〇一七的思想聯繫。

作者簡介

黃顯淨 從事藝文及文史工作，現職「重構大學路」計畫助理。

徬徨

萍

李木生拖著沉重的腳步，回到家裡，把眼鏡一摸，便蹣跚地跨進門內去。太陽已收藏了強烈的光線，而歸入西山後面去，接著夜的先鋒——黃昏，無聲無音地開始著侵佔周圍，家裡的油燈已亮開了，淡黃色的燈光照著破陋的灰壁及粗陋的家具，透過強度的近視眼鏡的世界是一片模模糊糊世界。

「木生，你回來啊！水溫好了快去洗澡，孩子們在等吃飯……」木生嫂勉強裝著快樂的面孔去迎接她的丈夫，但她的丈夫的頹喪沒彩的神氣使她不能再快樂下去了。木生像耳孔聾壞了似的連袂進入房間去，「局裡又發生什麼事情呢？你這幾天老是這樣頹喪……」木生啞著嘴呆呆地站了一會兒後，又像一棵腐朽的老樹仆下去一般地倒到床上，閉著眼睛，兩手抱著頭，掙扎著想排擠掉一切什念，但是徒然，許許多多的思想反著他的意志，越來越兇地在他的腦袋裡衝殺橫行，不准他找點安息。

十幾個信差一共辭退了五個人，信差的試題出乎意外的深，退職者的悲憤的面孔，一個安靜的郵局，像被颱風襲擊似的在動蕩不安，這一連串的事件，使忠厚的木生恐慌，尤其林火塗的激烈言論簡直把他推陷於黑暗的世界去了。

「我告訴你們為什麼老早不改班，到了三年之後，局方的經濟臨到山窮水盡的地步，才要來開始改班呢？」

「經濟困難勝於一切的，在這權威下一切諾言憐憫都難以作用。」

「我也要辭退，為了抗議對於台籍員工的這樣處置。」

信差的考試完畢的次一天，大家被興奮的空氣所驅使聚在一起談論。林火塗是比較年輕，而且是僅有的受過中等教育的人，他把工會痛罵了一頓後，繼即非難局方處置的失當，他的不裝飾的、不客氣的話，一句一句直衝著李木生的心臟，把他僅存的幻想一一地擊碎著。

「老李你是一個從壽險集金員起身的老郵佐，收攬壽險是你的專門工作，論起收攬壽險，在這局裡沒有人會比你收攬得多，在日人時代你的收攬成績不是最輝煌的嗎？但做內面工作呢？如寫字、作文、計算方面呢？你不要生氣你實際做得不好，但考試卻是要你寫字、作文、計算，你的能力——收攬壽險的外交手腕——在考卷上怎能表現出來呢？而且因為光復以來壽險業務的停頓，你的能力也沒有發揮的機會，現在的局長哪裡知道你是長於收攬壽險的難得的員工，這就會影響著你的考績評分。」

「老林！你說得太過火了。李先生雖然勞力差一點，但年資很深，單單年資的分數就有幾十分，如考績評分了八十分的話，他不是可以歸班嗎？你說得未免太悲觀。」

「太悲觀？也許最現實最實的看法吧！你……」

「李先生你不要害怕，這次改班對於年資高的人是極有利的。」

「吳先生！如果……考績評分不到八十分呢……」

「不會的，假定總平均分數不到六十分，也可以繼續留用的，只是薪水差一點……」

吳昆旺是一個吃苦的人，他看著李木生的恐慌覺得很可憐，想安慰李木生。

「老吳！你憑什麼說考績評分一定有八十分呢！留用！我們得再留用嗎？留用以後要再考的，天天鬧考試你吃得消嗎？……」

「老林，你別說這樣……」

「吳先生，我知道你的好意，林先生的話也有十二分的道理……我……我還是……」尾句終在他的嘴裡咕嚕著沒有一個人聽到，連李木生他本人也不知道他在說什麼。

在陰鬱的房內李木生繼續地對他的老婆說下去。

「琴，老吳是一個好人的，他怕我勞心……是的，他在勉強說樂觀的話……他想安慰我的……我還是辭退好……」

「辭退……」木生嫂也黯然地低頭了，在她的腦海裡浮上在外面遊戲的四個孩子。

「啊！德昌還在世的話……我今天不會這樣艱苦的……」

他像找覓三個月前死掉的長子幻像似的，抬頭看著屋上的一角，

「他不但把十八歲的生命毀掉，還要累到你的無能的爸……」

木生一步步陷入無限的悲哀中。

「你……不要提起死人的事來」，木生嫂忍不住地嗚咽起來了，一場悲慘的空氣包住了這對老夫婦。

◆

「吳先生，抽抽煙。」李木生伸出打顫著的手遞著一只香菸給吳昆旺，辦公室內留空了，只有他二個人，太陽從西邊的窗門射進無力的光線，

「謝謝……」

吳昆旺抬頭時，看著在眼鏡後面的一雙憔悴而無光的眼睛，在哀怨什麼似的在看他，昆旺把桌子上的地理參考書趕快地收入抽屜內接住香菸，是郵務佐考試的前一天。

「李先生你的臉色太不好啊，你還在苦惱著呢！」

「吳先生，到底辭退好呢，還是不辭退好呢……」照局方的通令自願退職辦法的有效期間是只有今天一天了。

「這……我不能替你主意……我只能說幾句話供你做參考……辭不辭，是你自己要決定的，辭退後，第一、你要解決的是生活費的來源問題，如果找不到工作的話你將怎樣維持生活，對於找工作你有沒有把握？」

「沒有，我已努力過，可是像我這樣將近五十老的人誰要僱用呢？寫字也寫不好，眼睛也不好，賣氣力的工作呢，我，我當不起……做生意……我也沒有經驗……」

「那麼你為什麼要辭職呢？」

「可是考不上的話，我一定考不上的，到那時候辭職說不定一塊錢的退職金都沒有吧！現在還可以領到六個月的薪水……」

「……照我的看法像你這樣年資高的人改班是沒有困難的，不過這是一種看法……我也是只能這樣說，辭不辭，是由你自己來決定的……」

昆旺雖然力圖安慰他，鼓勵他，但對於到考試前夜還不能決定自己道路的人，昆旺也找不到其他的安慰的話了。

「是的，這是我自己的問題，是自己的問題，我……」

木生像在說夢話似的咕嚕著不停，時鐘好像在警告著說光陰是絕不留情似的，不斷地在滴的、滴的著。

一九四九、七、十五

（刊於一九四九年七月二十日《野草》第二年第七期）

【導讀】

〈徬徨〉刊登在《野草》第二年第七期上，為現存二十六期中（共發行二十九期）非常難得的一部短篇小說，內容以光復初期台籍郵電工人爭取「改班」訴求為背景，描述一位五十歲的郵局員工李木生，在郵務佐考試前夕，糾結於「辭退」與「考試」之間的困難選擇。

雖然署名「萍」的作者，我們已無從探查他（她）真實的身分，但是以《野草》的「同人刊物」性質來看，「萍」很可能也是台籍郵電員工的一員，更何況小說發表的時間是在郵務佐改班考試後不久。事實上，關於郵務佐考試的訊息，在前一期《野草》（第二年第六期）中已經刊登過，由署名「新」的人撰寫了一篇〈應考郵佐測驗記〉。可見，〈徬徨〉以小說的形式反映台籍郵員的困境，不同於由小說家代筆的工人小說，而是出自郵電工人對自身處境的第一手觀察與書寫，開創了戰後台灣工人群體以文藝形式表現工人運動鬥爭的先聲。

小說〈徬徨〉以李木生從郵局下班後回到家的情景開始，煤油燈、破陋的灰壁以及粗陋的家具都在告訴讀者，李木生的家境有多麼困頓。李木生的妻子木生嫂雖然勉強擠出笑容來迎接剛下班的丈夫，但是憂愁的李木生並未理會為自己準備好洗澡水的妻子，以及等著他吃飯的四個小孩，而是陷入思考與回憶中。同時糾纏著李木生的是近日郵局中那些自行離職（「辭退」）

郵差悲憤的面孔，以及當天上班與同事間的一段對話。

小說創造了三個在郵局工作的郵差角色，包括主人翁李木生、思想較為激烈的林火塗，以及穩重溫和的吳昆旺。小說塑造了李木生的猶豫，林火塗的憤世嫉俗與吳昆旺的厚道，對話就在三人的互動中產生。從對話中我們可以知道，讓李木生感到憂慮的是自己的中年危機，以及考試科目與他的本職專長不符的問題。所以，當日回到家後的李木生告訴自己的妻子，他想要辭職而不參加郵務佐的改班考試。小說通過李木生與妻子的對話，向讀者透露了三個月前長子李德昌死亡的訊息，而正是十八歲長子的死亡，讓李家失去一個經濟支柱，更糟的是李木生若不自行離職以換取六個月的離職金，他有可能通不過郵務佐改班考試而失去工作，連離職金也沒有。小說的末尾就在李木生「徬徨」於參加考試，還是自行離職的兩難中結束。

李木生的「徬徨」想必也是當時許多面臨改班問題的台籍員工的徬徨，本篇小說試圖通過一個無助的心靈，反映勞工個人面對體制性迫害時的困境，當李木生自言自語地說「這是我自己的問題」時，其實是作者藉由反襯的手法，凸顯勞工團結抵抗體制性迫害的重要性。

但是，我們卻也可以看到另一位小說人物林火塗，既非難郵局上層的處置失當也痛罵工會，顯然對工會在改班問題上的作為有所不滿。儘管小說並未寫出林火塗痛罵工會的理由，但我們卻可以透過小說完稿的時間（一九四九年七月十五日），大膽地推測此處工會面臨的問題。這是因為一九四九年國共內戰勝敗分曉，國民政府撤退台灣成為定局，同年五月二十日台灣省戒嚴，六月台灣省政府公布《戒嚴期間防止非法集會結社遊行請願罷課罷工罷市罷業實施辦法》，其中第七條嚴格規定「各工廠工人不得罷工」。可以想見，隨著戒嚴令的頒布，台灣省的工會組織逐漸被納入反共戒嚴體制，工人運動的團結罷工權被取消，沒有作用的工會，工人只能單打獨鬥，獨自面對「自己」的問題，就像小說中的李木生一樣。

作者簡介

許育嘉 台灣大學中文系兼任助理教授。「五〇年代白色恐怖郵電管理局案調查研究暨口述歷史」案計畫主持人。

記鄉土藝術團公演　純志

七月廿二日及廿三日晚上，在中山堂有一個盛大的民歌、舞蹈、及歌劇的公演，這便是由愛好業餘活動郵電青年們所參加演出的台灣鄉土藝術團第一次的公演。

七點半可容納二千多觀眾的中山堂已告客滿，開幕時首先是該團徐團長的致詞，介紹該團成立的經過並特別指出演員全部都是業餘性質的，所以排演都利用中午休息時間及傍晚的一兩個鐘頭，這次是首次的公演，希望大家給予多多的指導，好讓該團能在學習中求進步。繼之游市長致詞大意說：本省過去雖有很多的民謠，但在日人壓迫之下，無法抬頭，至光復後也因為有許多人認為「歌仔戲」、「民謠」是不能登大雅之堂、不足掛齒的東西，而且對於演員也有錯誤的觀念，以為演戲者是等於「乞食」一樣的下流人而鄙視他們，以致本省地方戲日趨落後，這次鄉土藝術團為提倡鄉土藝術，能夠在這裡首次公演所謂改良歌仔戲和民謠，我感覺到非常的高興，我希望各方都能夠多給予鼓勵，以期提高本省的文化水準。

七點三刻開始表演，第一個節目是女學生的舞蹈「台灣姑娘」，充分地表現出台灣女孩子的特色「嬌媚」而「熱情」，使觀眾感覺一種柔和的美麗的詩意。接著是郵電同仁參加的合唱「六月田水」、「水社行進曲」、「粟祭之歌」，這些都是帶著濃鄉土色彩的民歌，表現出台灣人民特有的性格：嚴肅、樸實與真誠。第三個節目是「白衣天使」，演員全部穿著白衣白鞋、戴著白帽，使觀眾感到特別親切。

第四個節目郵電同仁參加的，民歌合唱「賣豆乳」、「車報調」，過後是阿美族青年陳義德單獨表演的「山地舞」，這個雄渾粗放的表演，從他的裝束上、動作上，處處流露出山地同胞的一種豪爽、坦白，沒有虛偽的特性。

第六個節目是「仙女散花」，舞台正中二根紅的龍柱，後面中央的白煙自煙爐中繚繚而上，穿著綠色衣裝的少女們，在輕鬆的音樂中，美妙地舞著飄著，真使人幻想仙境的仙女真的在散花了。

緊接著的是由十幾個郵電同仁及三個山地同胞合演的「阿美族舞曲」，在遲遲上升的、暗淡的幕蓬中可看得出一群半裸體的草裙紅帶的男青年，及黑裙白衣的女青年，跟著音樂隨著結實的舞步，齊奏起來，台下觀眾即刻報以熱烈掌聲，歷時好久好久，從高處看到舞台上那種紅的、綠的、黑的、白的，整齊舞動的顏色真使人如置身於大自然中神秘的原野上一樣。每個人的表現又是純潔天真，更使觀眾領略到另一種味兒。

再後節目是由郵電同仁表演的風土舞，男女演員各穿著素樸的青一色的服裝戴著竹笠出現在舞台上，這的確是觀眾感覺到最親切的一個場面，所以幕一開台下的掌聲又熱烈轟響起來，這是純粹的鄉土藝術，舞姿的表法是將播種到收穫過程中的種種動作一一表現出來。這可能使鄉民再度認識其生活的美點，使都市人瞭解耕田生產是辛苦的，但樂也在其中，美也在其中，藝術和生活結合在一起，和生產聯合在一起，這才是真真的藝術，所以它能博得各方面的好評並不是偶然的。

九點鐘民歌及舞蹈節目全部結束，休息五分鐘，便是大家期望的歌劇「白蛇傳」。它的故事是：杭州保和堂藥鋪名許仙的，清明日到西湖去遊春，結識白素貞與婢女小青，白、許一見傾心終成為眷屬。白之父是一位名醫早已逝世，留一本藥書給她，裡面多載秘方，適逢吐瀉症流行，秘方救人甚多，影響到金山寺的生意，竟沒人去燒香求仙丹，鎮江金山寺和尚法海，就懷恨在心，一日哄騙許仙，誣白素貞與小青為蛇精，又將白、小青兩人誘至金山寺燒死占奪藥書。

這幕歌劇的特點有：

一、劇情把流傳在民間很久，大都是迷信的、荒唐的、無稽的，部分改良過來打破一切迷信。

二、利用原有的歌仔戲插入各種鄉土的民歌及新歌謠和舞蹈，並採用話劇的分幕法以便觀眾容易了解劇情。

三、深刻提出：古時候一般善良人民在社會惡勢力壓迫下，遭受欺騙與無辜犧牲的經過。

看完這幕劇，誰都替白素貞與小青喊冤枉與為許仙告狀的（如果他們還在的話），富於感情的人看了準會滴下眼淚。全劇情節發展異常有次序，只是有些地方稍欠緊湊，第二天報紙並給予這動人的歌劇一致好評。

鄉土藝術團這首次的公演，能夠得到這樣的成功，是應該歸功於該團負責人的改良與發揚鄉土藝術有著正確的方針，與各演員對鄉土藝術努力的精神。

他們克服各種困難的精神（在排演時間與技術上）是更令人欽佩的。

末了希望他們為發揚鄉土藝術更加努力學習，並把結晶再還給於民間，使它能夠成為真正的鄉土藝術。

（刊於一九四九年八月五日《野草》第二年第八期）

【導讀】

一九四九年七月二十三日發行的《公論報》第三版，刊出了題為〈觀眾爭看改良歌仔戲，鄉土藝團首次大公演，民歌舞蹈及歌劇昨順序演出，白蛇傳矯正了舊劇迷信情節〉的報導，大幅報導了台灣當地一個全新的藝文團體「鄉土藝術團」，在台北中山堂（即日本殖民時期的台北公會堂）的第一次盛大公演。

公演節目分成了民歌、舞蹈與歌劇三個部分，其中重頭戲放在了最後以歌仔戲形式改編、劇情完全翻轉傳統故事的《白蛇傳》。根據「鄉土藝術團」在《公論報》上的自我定位：

「鄉土歌仔戲過去被認難登大雅之堂，如今我們做許多改良，中西合併、破除迷信、西式歌劇模式等，讓傳統文化能用不同方式展現，也讓許多沒經驗的婦女參與，進而影響青年人投入這領域，做藝術教育。」

而台灣當時知名的詩人與作家張冬芳，則是如此肯定了這場公演：認為它的出現「向沉默已久的本省戲劇界的水面投了一塊石頭」。

當時在中山堂所進行的三場公演，幾乎場場爆滿，士農工商、冠蓋雲集。此後八月份，「鄉土藝術團」更在新公園（即今二二八紀念公園）的露天音樂台，繼續公演了五天。

而至於為何「鄉土藝術團」的公演紀實，會出現在《野草》第二年第八期的內容當中呢？這裡就不能不提及，整個「鄉土藝術團」的演員、舞者，幾乎均非職業表演者，而其中一大部分，更是來自於郵務工會國語補習班同學會成員，以及當年部分台灣大學與師範學院等學生們，基於興趣而權充的業餘表演者。

觀衆爭看改良歌仔戲
鄉土藝團首次大公演
民歌舞蹈及歌劇昨順序演出
白蛇傳矯正了舊劇迷信情節
陳慶華謝東閔游彌堅周延壽等到場參觀

《公論報》第三版大幅報導鄉土藝術團在台北中山堂公演。（《公論報》1949.07.23）

事實上，對背後推動的地下黨人而言，這個「鄉土藝術團」的成立，與其說是純粹以推廣藝文活動為宗旨，不如說是希冀透過基層人民容易接近的藝文形式，推廣進步思想與概念的「戰鬥文藝陣線」。只不過，在當時國民黨因國共內戰戰況日漸不利，各系統的特務單位對台灣本島的管控與監視逐日緊迫的同時，「鄉土藝術團」的運作，勢必要以「合法」掩護「非法」的方式來進行。因此，地下黨找了已遞補出任立法委員謝娥席次的台北市參議會議員——徐淵琛擔任團長，而記者與作家出身的徐，早在二二八事件發生前，就已經是地下黨的重要成員，只是一來其工作尚未暴露，二來徐淵琛的叔叔徐慶鐘，當時為國民黨所重用的極少數台籍人士，在陳誠擔任省主席任內出任省農林廳長。

除此之外，還找來了李萬居（時任台灣省參議會議員、《公論報》負責人）、謝東閔（時任台灣省政府教育廳副廳長）、游彌堅（時任台北市長）、周延壽（時任台北市參議會議長）等台籍政要為該團顧問。

而「鄉土藝術團」背後另一位極其重要的推手，則是擔任地下黨台北市工作委員會書記一職、一年多後遭國民黨槍決死於馬場町的台大醫院外科醫師郭琇琮。

根據郭琇琮夫人林雪嬌的證言：郭琇琮一九四八年受地下黨派往「香港會議」期間，看了《白毛女》歌劇後，深受感動，激發了其投入創作改良歌仔戲《白蛇傳》的靈感。

《白毛女》起源於白毛仙姑的民間傳說，故事的主人公「喜兒」，因飽受舊社會的迫害而成為少白頭，而被稱為「白毛女」。一九四五年，延安魯迅藝術學院據此集體創作出歌劇《白毛女》，是詩、歌、舞三者融合而成的新型態舞台歌劇，具有深遠歷史影響，後來被進一步改編成多種藝術形式。

而既然「鄉土藝術團」的多數表演者均為經驗不足的業餘者，那麼專業指導者的人選就成了一大重點。在郭琇琮、徐淵琛的大力奔走下，「鄉土藝術團」無論是名義上還是實質上的專業指導陣容，可以說都是當時台灣藝文界的一時之選。

舞蹈老師：李淑芬

鄉土藝術團表演中的舞蹈部分，經林雪嬌親口證實，是由她去找舞蹈老師李淑芬來教。

林雪嬌為何會聯繫上李淑芬來鄉土藝術團擔任舞蹈指導？根據《流麻溝十五號：綠島女生分隊及其他》一書，當時在台北市福星國校（今福星國小）任教、後遭牽連入獄的陳勤回憶，「福星國校校務在游教導與校長等人的帶領下，漸漸成為各種活動的中心。學校觀摩教學、國

《公論報》報導「鄉土藝術團」時刊出了記者所畫的「風土舞」，展現農民從播種到收穫的力與美。（《公論報》）1949.07.23）

語推行委員會講習、英文補習班，以及民間社團，民族舞蹈家李淑芬教跳農村曲等活動，經常在福星舉辦，校友林雪嬌也在福星借場地，排練鄉土藝術團的公演活動。」[6]合理推測，她們應該就是經由福星國校的網絡關係而認識。

關於李淑芬，盧健英在一九九五年發表的〈為中國文化而跳的台灣舞蹈家——李淑芬〉一文中，對她有更詳細的介紹。一九四〇年，李淑芬在姊姊與姊夫的協助下，進入日本篠原藝術學院學習日本古典舞，後來又進入見谷百八子芭蕾學院學習芭蕾舞。在二戰結束前，婚後曾先在日新國小、永樂國小與蓬萊國小等校任教。一九四八年一度因不堪丈夫的凌虐，返回虎尾國小任教。至一九四九年再度回到台北，在台北市立女中教書，租屋處在東門附近。

另徐瑋瑩二〇一八年出版的《落日之舞：台灣舞蹈藝術拓荒者的境遇與突破（一九二〇—

一九五〇）》中，在討論二戰後初期台灣民間歌舞與大眾藝術的發展時，特別提及了「鄉土藝術團」在一九四九年的成立與運作，指出「鄉土藝術團」七月公演節目中的《台灣姑娘》與《風土舞》即由李淑芬所創作並領銜主演。《公論報》描述此舞類似「麥浪歌詠隊」曾表演過的《農作舞曲》。徐瑋瑩推論李淑芬當時應該不知道她所參與的「鄉土藝術團」由地下黨所推動，也未察覺到表演內容與麥浪歌詠隊雷同，與其隱含的政治意義。僅因受到當時「藝術來自人民」風潮所影響，自然取材自她熟悉的台灣農村景象。[7]相較於同時期的台灣前輩舞蹈家，李淑芬或許因一九六〇年代後遷居新加坡，在台灣所受到的關注與認識，遠遠不如同輩的蔡瑞月等人。

上述徐瑋瑩關於李淑芬與「鄉土藝術團」的推論，應與現實差距不遠，因為即便李淑芬在「鄉土藝術團」編舞與演出中扮演頗為吃重的角色，但後續卻未被捲入相關的白色恐怖案件中。

音樂顧問：江文也

而「鄉土藝術團」成立時掛名音樂指導的知名台籍音樂家江文也，一九三八年秋天即從日本前往北京師範大學音樂系任教，戰後一度被國民黨政府以「文化漢奸」逮捕拘禁，導致獲釋後無法再回北京師範任教。一九四七年江文也曾一度返台，卻恰好遇上二二八事件的騷亂而再度回到大陸，是年冬天，江文也接受北京藝專音樂系主任趙梅伯邀請，擔任作曲系教授。自此，江文也教學與創作生涯一直都在大陸。至於，為何「鄉土藝術團」能讓江文也列名該團音樂指

「鄉土藝術團」公演實況，台下擠滿觀眾。（《公論報》1949.07.23）

導，目前並無進一步的證據可以解答，但早在一九三四年日本殖民時期由台灣全島進步作家共同成立的「台灣文藝聯盟」，就曾邀請當時仍旅日的江文也返台演出，而「鄉土藝術團」團長徐淵琛，在「台灣文藝聯盟」時期，即已擔任該聯盟「北部委員」的重要職務。

或許，是因這層關係，徐淵琛想到找來在台灣音樂藝文界名氣極大的江文也掛名該團「音樂指導」，將更有助於該團的工作亦不無可能。至於，江文也的掛名是否真的由徐淵琛安排，以及江文也究竟有沒有在「鄉土藝術團」公演的節目中提供過任何音樂指導或建議，至今仍難以證實。

工學藝文戰線聯手的絕響

在本書訪談的郵電案政治受難者當中，周淑貞即為當時參與演出歌舞的演員之一，至今仍清楚記得在福星國校音樂教室中排練的一幕幕光景。而其他未擔任表演者，公演期間也幾乎全數蒞臨了中山堂欣賞整場表演。以「純志」為筆名的郵電管理局員工張欽傑，想必也是在觀賞了整場演出後，寫下這篇詳盡生動的〈記鄉土藝術團公演〉。

我們可以這麼說，這一次由郵電工人與學生所聯手開啟備受矚目的進步文藝戰線，在當時獲得了極大的迴響與成果！只不過，在日後白色恐怖的全面肅清下，它終將只能如曇花一現般，在極為短暫的時光中，綻放出絢麗的光彩。

作者簡介

陳柏謙　台灣高等教育產業工會研究員、桃園市機師職業工會研究員。二〇一九年成立「台灣勞動歷史與文化學會」，並任秘書長一職。

白菜花與野草

靳笙

野草近來很高興，他自己的身體是越來越強壯，長得青青翠翠的，幾次狂風暴雨，他都毫不在意地抵抗過來了！他越長越高，英俊挺秀的在園中臨風而立，他自己知道比不上牆邊的那幾株年代久遠的大樹，他們是植物中的偉人，永不枯萎，永不凋殘，更不見他們低下頭來與世人爭長道短，野草不敢和他們作比，可是他有他自己的驕傲，他出身草莽沒有受到一點祖先的庇蔭或權貴人類的豢養。他完全是赤手空拳起家，仗著天生的一股子堅強，和橫勁，而從黃土裡鑽出發榮滋長。他不想名，也不要利，就也犯不上低聲下氣地去求幫助。樸樸實實的活著，就是這麼幾個粗壯長大的葉子，靠著腳下這塊土地，就能生兒育女，只要勤苦，練得一身好力氣，風越大就越顯得自己夠英雄，像條漢子，太陽越曬就綠得結實，他本分，他知足，不好高鶩遠，卻也不靠著親友，幾個月的功夫，弟兄兒女都長起來了。這也是他們的天下，人多了可顯得夠威風，前兩天，真得勁！這些葉子響起來嘩嘩的，前後起伏著，可就是不倒，連大樹都吃不住勁了，野草在想：這是我們這些「土佬」得行！

不知道園子的主人想了些什麼，這天早晨起來就拿了一把鋤頭，鋤呀，鋤呀，旁邊那些小野草都鋤平了，他有點心疼可沒有慌張！他知道那些遠房子姪也是和他一樣的堅強。

過了幾天有些小花在那塊地上長出來了，小花的臉黃黃的，又瘦又小，主人天天來替她澆

水，洗澡，化妝，一面恨恨地拔去旁邊的小草，可是小花還是那麼黃瘦，野草很同情她，等主人走了之後就和她談話了，

「喂！小姑娘！妳叫什麼名字啊！」

小花回頭看了他一眼，連忙又轉回頭去，一面不耐煩地答道：

「誰理你！臭鄉下人。」

「咱們都住在一塊，就是鄰居啦，該問問姓名，也好招呼不是？」

「我呀！我叫白菜花，你呢？」

「我是野草啊！」

小花驚叫起來了！

「哎呀！你是野草啊！我可不理你，你專門欺負人，和你住在一塊，什麼都會給你搶去的！」

「咦？真奇怪！為什麼妳會以為我像強盜一樣？」

「哼！別裝傻了吧！你沒有看見我那親愛的主人每天為我拔去旁邊的野草嗎？主人說你們是有害的植物，主人最恨你們了！」

小花得意地說著，把「主人」兩字說得格外響亮。

「那裡的話呀！我們從來不掠奪別人的東西，我們都是最本分，最善良的，妳為什麼相信人類的鬼話？」

「算了吧，你不看見我是這麼黃瘦嗎？難道不是因為住在你們附近，讓你們把我的食物搶去了的緣故嗎？你們這些強盜！」

「親愛的小花啊！」野草誠懇地說，

「妳看！地這麼大，他的水分和養料多得很呢？我們不是和妳一樣的植物？我們要自食其力，不求人類的憐恤和培護，我們從小時候就在時時刻刻地鍛鍊，在學習怎樣適應環境，怎樣爭取生存，我們的根堅硬而有力，我們的葉子茂盛而肥厚，我們的表皮結實而粗糙，風來不怕，雨來不怕，缺少水分和陽光的時候，我們能夠禁受！而妳是太嬌弱太富貴了！妳習慣了仰信人類的扶持，而失去了獨立生存的本能！妳不覺得嗎？」

小花冷笑起來，「算了吧！你這沒有用的老傢伙長得又粗魯又難看，既不好看，又不好吃，人們說你是害草，大家都想除掉你，而我是有益的農作物，人們都要愛護我的！」

野草並不動氣，鎮定而又安閒地說：

「我們是害草啊，人類真是最自私的東西了，他們勉強把植物以及他們之外的動物都劃分為『有益』和『有害』，那完全是以他們自己的利益來做標準的啊。他們想吃的，想要的，就劃入『益草』或『益蟲』，而他們不要的便是有害，其實人類才是我們全生物的最大害蟲呢！」

小花不理解地望著他，然後斷然地說：「你完全是嫉妒！你自己得不到人們的愛護，就罵他們自私！你看！主人又要來給我澆水了！」小花傲然地回頭過去，不理會荒草的嘆息了！

野草隨被拔去，隨後又在另外的地方生長著了，人們莫奈何，他們也看不起人類對他們無理的敵視。

小白菜長大了，主人不再培護她，一把刀齊根把她割下來，解剖了肢體，送到廚房去烹，枯萎了的小花滴著眼淚，想起了那既不好看又不好吃的野草。

（刊於一九四九年八月二十日《野草》第二年第九期）

【導讀】

〈白菜花與野草〉收錄於《野草》最後一期，是個可愛的寓言故事。寓言故事通常是用擬人的角色與奇趣的情節，來軟化、包裝某種勵志或警示的教誨，讓人們不知不覺地吸收、內化故事所蘊含的道德價值。例如「龜兔賽跑」告訴我們勤奮與耐力終將得勝，「北風與太陽」則明示遊說比起蠻橫是更強大的力量，這兩個例子都是將人們熟悉的事物賦予人格，利用其間的互動去揭示某些簡單的道理。

在本篇寓言中，作者安排了野草、白菜花與人類三個主要的角色。野草無法食用，卻強韌、遍地而生，而白菜是具有經濟價值的農作物。「白菜花」是這寓言中一個特別值得玩味的角色，本身雖美觀秀異、但畢竟不是玫瑰花等具經濟價值的花卉，對於人類來說其實與野草無異。在這故事裡，白菜花受到人類悉心照料，到最後才發現，僅僅是因為她是白菜的孕母。

故事從野草的視角出發，作者先鋪陳了野草的性格，野草「幾次狂風暴雨，他都毫不在意地抵抗過來」；野草有自己的驕傲，「他出身草莽，沒有受到一點祖先的庇蔭或權貴人類的豢養」；野草樸實的活著，「靠著腳下這塊土地，就能生兒育女……風越大就越顯得自己夠英雄，像條漢子」。

有天早晨，人類鋤平了一些小野草，過了幾天那塊地上長出了白菜花。作者形容白菜花「臉黃黃的，又瘦又小」，而且主人「天天來替她澆水，洗澡，化妝」，一面恨恨地拔去旁邊的小草」，在白菜花與野草之間形成了矛盾關係。

接著，作者讓白菜花與野草對話起來。野草的出發點是同情，他看到小花如此的黃瘦，主動上前關懷、問了小花的名字。可是小花只看了一眼，就回過頭不耐煩地稱野草是「臭鄉下人」，在野草表明自己的身分之後，小花更進一步展現了對野草的強烈敵意，「哎呀！你是野草啊！我可不理你，你專門欺負人，和你住在一塊，什麼都會給你搶去的！」，明明是「後來者」的小花說。

原來，是人類告訴小花，不同於白菜等「有益的農作物」，野草是害草、會搶走營養，而受到寵愛的小花不假思索地承繼了「主人」對野草的恨。野草則平靜地反駁，人類以自己的利益為標準，區分世上的動植物為有益或有害，這才是最自私的行為，是土地的掠奪者、是「全生物」最大的害蟲。野草試著說理，小花的黃瘦不是因為誰搶去了營養，而是小花自己太嬌弱富貴、習於仰賴人類的照料。

「你完全是嫉妒！」小花斷然作結。

套用到人們的日常生活生存處境中，白菜花這樣的角色其實我們並不陌生。在各式各樣勞動現場，總是有些人善於踩著其他勞動者造就自身升遷，或爭取主管的寵愛，保障自己能在職場中無憂地過活。「罷工」是較極端但明顯的例子，勞動者試圖透過團結的力量，向剝削勞工榨取利潤的資本家較量，以爭取較佳的勞動條件，然而，總是會有部分的勞動者在這樣的時機向資本家輸誠，也就是俗稱的「工賊」。

相對於野草的誠樸勤懇、表現出勞苦階級特徵，白菜花的蒙昧與機巧像極了所謂的「工賊」。自以為貼近權力者、在權力者的庇蔭中鄙視他人，將權力者的利益視為自己的利益，不僅僅是因為持續需要庇蔭、甚至或許可以分一杯羹，更是因為已經內化了權力者的價值觀念，彷彿擁抱著權力者的價值觀，自己的身價也會水漲船高，終能脫離普羅、泛泛的勞苦階級，晉升成「對他們有權力的人」。

保羅・弗雷勒在《受壓迫者教育學》中寫到，「受壓迫者內心的最深處，根植著一種雙重人格性……感到無力拒斥壓迫者……透過壓迫者的行動產生行動的錯覺」。正如同受壓迫者在「協助壓迫者進行壓迫行動」的過程中，虛假地、錯認地感受到某種順遂與得意的成就，白菜花自然也看不清楚，人類對她的關愛與疼惜，僅僅是因為她是白菜此一農作物的孕母，僅僅是為了更佳地榨取她身上的利潤。

在本篇寓言故事的結尾，小白菜長大了，人類理所當然地肢解、棄置了無用的白菜花，「枯萎了的小花滴著眼淚，想起了那既不好看又不好吃的野草」。

當小花恍然大悟，已經來不及。

本篇寓言最動人之處，在於野草的不卑不亢與生生不息。野草之所以不敗，是因為野草們不以個別野草的存亡為首要的考量，而是作為一個共存共榮的集體。作者多次描述，當野草被人類鋤去，又隨著在其他地方生長了，弟兄兒女與遠房親戚們也同樣的堅強。這個生生不息的集體，不僅僅是血緣、親姪上的，更是意識上的共同連帶，共同發展、存活。

文章中並沒有交代這個「意識上的集體」如何產生。白菜花因為人類施予了恩寵，而混淆了敵我，錯把應團結的對象視為敵人，反而依附「榨取植物之集體利益」的人類，鄙視野草、拒斥與之形成連帶。相對地，野草似乎「本質性」地認知到，植物作為一個集體，應共享集體的利益。

現實中，產生「我們是一個集體」的意識與認知，卻是最困難的事。

本篇寓言收尾在白菜花後悔的眼淚，那如果是正面的結尾，會怎麼發展呢？二〇一六年上映的美國成人動畫片《腸腸搞轟趴》（*Sausage Party*），描述的是超市裡的一群食物們，原以為被人類買回家料理，意味著無限地疼愛與恩寵，實際進了廚房才發現那是食物的煉獄，刀山、油鍋、生吞活剝、開腸剖肚……食物們經過了一番爭執與冒險，最後決定與人類開戰，成功地將人類全面逐出超市，此後，食物們在超市中過著和平而再無外患的生活。

當然，這樣的收尾，是有吹捧「地區性小國寡民自治」之嫌，畢竟食物們也無串連其他超市的食物、擴大向人類全面宣戰的野心，但是其「團結鬥爭」的正面意象、對於多元文化（跨文化和食物種類之間的包容與友誼）的追求，很是鼓舞人心。

再回到《野草》本身，〈白菜花與野草〉的寓言，意圖傳達什麼樣的教誨呢？放在《野草》的最後一期，可能有什麼樣的含意？

一個可能是，白菜花是暗喻著外省或管理階層等較優渥的工人，向他們呼籲團結。也有可能白菜花暗示的不是管理階層，不是客觀上可區分的職種或階級，而更是工人們主觀的意識狀態。

《野草》最後一期發行於一九四九年八月，當時，郵務工會訴求「不考試歸班」的歸班運動，因為郵電局已經舉辦了歸班考試並公布錄取名單，而陷入瓶頸，甚至可說是訴求上的挫敗。與此同時，工會幹部許金玉等人遭到資方懲處性的調職，整個郵電局肯定是一片高壓、風聲鶴唳，人人自危，可說工會陷入空前的危機。

因此，〈白菜花與野草〉的寓言與其說是教誨，不如說是警告與懇求，請工人們務必團結，看清敵我，即便不能公開表態與工會站在一起，也希望工人們能明白自身以及工會的處境。這樣的教誨或懇求，有可能是作者在歸班的生態漸漸穩定（考上就考上了，沒考上就走了）後，發出的警惕資方分化的聲音——現在我們歸班了，以後呢？

白菜花，你要與野草站在一起，還是欣喜於「考上歸班」此等資方的恩寵與肯定？

作者簡介

高若想　從左翼走散的工會秘書，曾任高鐵工會秘書，現為台北市聯醫工會和台灣醫療工會聯合會秘書，心情差時是打雜工，心情好時是組織者。

附錄

附錄一　一九四六—一九五〇年重大勞資爭議事件整理

日期	事件（新聞標題）	形式	概要
一九四六年二月二日	彰化市府工人罷工。	罷工	市政府僱傭外勤勞工，十一、十二月兩月份津貼既被拖欠、一月份又打折。自一月二十九日道路工員、垃圾夫、清溝夫等外勤人員開始罷工。
一九四六年三月二十二日	台中縣教員陳情、要求改善待遇。	陳情	台中縣國民學校教員代表，向劉縣長陳情：（一）津貼撥出日應確實；（二）津貼合理增額；（三）要求家族津貼；（四）確定教員地位。
一九四六年三月二十三日	台大附屬醫院全體工作人員罷業。	罷診	台大醫學院第一附屬醫院全體職員，為獲身分保障及保持科學者自由、排除獨裁，向台大當道提出合理性要求書。拒絕診察外來患者，但對入院患者照常繼續服務。三月二十六日（附屬）第二醫院亦罷業，至四月十一日才達成協議復診。
一九四六年五月二日	嘉義工業職業學校職員罷教、學生罷課。	罷教	因校長一職遭空降之「內地人士」取代，並將舊校長以能力薄弱免職，引起公憤。
一九四六年五月三十一日	台北火車站工友因遭憲兵毆打試圖罷工。	揚言罷工	台北火車站工友前被憲兵毆打重傷，全體工友揚言罷工二十四小時，請求當局要憲兵補償醫藥費，經鐵路管理委員會出面協調後平息。

日期	事件（新聞標題）	形式	概要
估約一九四六年六月	鐵路基隆站卸煤夫罷工四日。	罷工	詳見《台灣省行政長官公署公報》第三十五卷第十二期。
一九四六年六月	基隆造船廠員工罷工。	罷工	因米價高漲，要求調薪，罷工十二小時。
一九四六年六月三十日	爆發鼠疫，檢疫所職員揭露無能改革，決議發動罷工要求改革。	罷工	全省各級檢疫所全體職員大會決議七月一日起罷工，要求鼠疫改革。
一九四六年九月六日	抗議無責任裁員、台拓職員總罷工。	罷工	要求保障、停止移交，台中等地支店響應。
一九四六年九月十四日	彰化商業職業學校反對校長易人，教員罷教、學生罷學。	罷教	校長易人，該校學生宣誓挽留。學生同盟罷課，教職員全體罷教。
一九四六年九月二十日	台北縣第一稅務稽徵所職員罷工。	罷工	北縣稅務第一稽征所王所長，自四月間至今，騙取該所職員薪餉達數萬元，該所第一股職員要求未果，因此罷工。
一九四六年十月十四日	高雄造船機械公司工員罷工、要求撤廢差別待遇。	罷工	包圍公司、占電話、搶手槍。廠長面約改善始告閉幕。
一九四六年十月二十二日	台鹼高雄廠，工人開始總罷工。	罷工	台灣製鹼公司高雄廠工人，要求待遇改善，於二十二日，該工廠工人二百餘名開始罷工。對公司要求津貼及日薪提高。

日期	事件（新聞標題）	形式	概要
一九四七年一月五日	阿里山林場巡察隊越軌，北門站員罷工四時，要求撤銷巡察機構。	罷工	林場巡察隊與鐵路北門站員衝突，站員態度強硬，為貫徹要求取消巡察隊機構，曾宣告罷工。因影響沿線人民，罷工後四小時，為沿線人民復工，爭議尚未解決。鐵路全線及附屬事業從業員團結呼應北門站員向林場嚴重抗議。
一九四七年一月十日	台中工職校方違反調解條件，學生、教師再度罷課、罷教。	罷教	十日再實行罷課。曾於客年十二月初，釀成學潮，學生拒考、教師罷教。學校不實行改革並對參加罷課拒考學生中被認為主腦者開除處分。
一九四七年一月十七日	省營印刷第一工廠反舞弊，全體工人罷工兩天。	罷工	工人表示罷工動機：因該廠長牽親引戚；職員看不起工人。
一九四七年一月二十七日	嘉義農業試驗支所，藐視員工罷工。	罷工	一九四六年十二月三十日全體員工擬發動第一次罷工，據員工表示，該所幹部藐視值夜農夫，全體職員同情農夫工作條件差，規定完全賠償遺失物損失。員工代表起草建議書後卻被解職。
一九四七年一月三十日	嘉義埤子頭織布工廠女工，集體前往市府陳情要求發薪。	集體官署陳情	嘉義埤子頭日本織布株式會社女工約數十名，於本日上午連袂到市府大門前，要求今發她等十二、一月份薪津，據悉，該廠為日產工廠，由工礦處派員接管，現由市府建設局監理。
一九四七年一月三十日	省營印刷紙業公司，第二廠工員總罷工。	罷工	要求一是工作時間仍照舊時，二是提高薪水使能生活。第一工廠全體員工，曾於一月十一日總罷工。第二廠也於二十九日實行員工全體罷工。

日期	事件（新聞標題）	形式	概要
一九四七年二月四日	台北市公共汽車，昨日罷工半天。	罷工	士兵挾恨，無端毒打司機檢票，從業罷工抗議，陳長官手令憲兵團緝兇。
一九四七年二月二十二日	專賣局樟腦公司員工，要求調整待遇罷工。	罷工	專賣局樟腦公司南門工廠本省籍全體員工，二十一日下午三時罷工。因該公司自成立至今對該廠本省籍員工待遇與外省籍者相差甚遠。員工派代表要求被拒絕，陳局長允星期一答覆。
一九四八年四月二日	旗山地政事務所，發生怠工。	罷工	七名職員因為薪水過低且遭欠，往縣府陳情並罷工。
一九四八年七月	台灣大學解聘教授糾紛。		
一九四八年八月二十三日	要求增發工資不遂，礦工反被毆打勒索。	爭議鬥毆	七堵礦工被打，警察局已介入處理。
一九四八年十二月二十九日	台籍郵員改班問題、工會代表謁魏主席陳情。	陳情	郵務工會為台籍郵政職員改班問題見魏主席，希望改班問題等評量議題可以從優計算。
一九四九年一月十二日	台中郵電局員工，要求無條件歸班。	陳情	內地與省籍員工，待遇相差太懸殊。台籍員工（課長級）最高月薪不過台幣三十萬元，但自內地調台服務同仁最高待遇超過兩、三百萬，最低如雜役也可領一百萬元左右。
一九四九年一月十七日	工人加入工會、遭廠方開除。	資方打壓工會	高雄市工人加入機器工業工會，因當選理事與會員代表，三人遭免職。一月二十日報導，三人經調解無條件復職，開除期間薪資廠方支付。
一九四九年一月二十日	郵電省籍職工要求歸班，電交通部等機關呼籲解決懸案，並將推派代表謁陳主席陳情。		

日期	事件（新聞標題）	形式	概要
一九四九年一月二十二日	高雄省籍郵工呼籲，要求歸班反對考試，發表聲明籲請各界援助。		
一九四九年一月二十四日	各縣市的省籍郵工，紛請當局准予歸班。	請願	嘉義、彰化等地郵務工會皆要求歸班。
	第四機械廠，紡織工人復工。	怠工	嘉義第四機械廠紡織機製造部門之工人於十七日開始怠工，提出三項要求：（一）年終考績請立即發表；（二）下期年終獎金需速清發；（三）調整待遇。市府、警察局、黨部派員調解，十九日下午復工。
	光復三年還是留用，省籍郵務員均要求歸班。	陳情記者會	彰化市郵務工會於一月二十二日上午十點招待本市各報記者，要求比照東九省及廣州各地郵務人員於勝利後不久即全數歸班。
一九四九年二月六日	工礦警察毆打車夫，高雄工人提出抗議。	鬥毆爭議	高雄第八碼頭牛車工人被工礦警察打，勸架工頭和監運人員也遭打，工人被關押七個多小時，引發眾工人不滿，馬車職業工會要求台糖儲運站、港務局給個交代。
一九四九年二月九日	郵電員工歸班問題，郵務工會代表謁陳主席陳情。	陳情	郵務工會理事長侯崇修、常務理事鮑伯玉向陳主席陳情，要求三月底前歸班為正式郵電員工。陳主席允諾轉達給中央交通部長俞大維。
一九四九年二月十五日	糖工請求調整待遇未遂，北港糖廠一度罷工。	罷工	米珠貴勞工一日所得不足一飽，具體解決辦法十七日見分曉。一百五十名製糖臨時工請求調整待遇，於十二日下午一點三十分起開始停工，向陳廠長提出訴求，四點警局知悉派員調解。廠方同意五日內回覆，四時半許繼續恢復工作。

日期	事件（新聞標題）	形式	概要
一九四九年二月十九日	高級加薪低級不加，台航船員集體請願。	集體請願	台航公司二百多人集體請願，要求改善待遇及發放緊急應變安家費，因航行可能遇到戰事，公司允加薪三成，借支兩成。
一九四九年二月二十五日	新竹火柴工廠，提高工人待遇。	罷工	工廠工人因待遇低不能維持最低生活，月中推舉代表要求廠長提高待遇。未獲結論，廠方竟將工人代表開除，激起眾怒，釀成怠工。後廠方同意調薪、讓遭解雇之工人代表復職。
一九四九年二月二十六日	省籍郵電員工准歸班，交通部定歸班辦法五項。		歸班問題二十五日獲交通部核准，決郵電分辦合設，待人事分開後各別歸班、採甄審辦法不及格者資遣或保留下次甄審資格。
一九四九年三月三日	郵電員工建議交部，要求全體免試歸班。	陳情	郵務工會反對先前交通部歸班承諾中的甄試規定，要求依資歷能力分等級，不得藉口裁員，廢除留用制度。
一九四九年三月十日	郵電歸班問題，郵務工會呼籲。	陳情	台北郵務工會呼籲全員歸班，不考試歸班，徹底取消留用身分。
一九四九年三月十九日	台灣旅滬同鄉會，支援省籍郵工歸班，致電省參議會請予援助。	陳情	台灣旅滬同鄉會致省議會，希望郵務員工盡速歸班，免於大批失業引起社會問題。
一九四九年三月二十二日	郵電員工歸班問題未決，將開代表大會商討對策。	集會	郵務工會堅持不考試全體歸班原則，未得交通部回應。郵政總局若不回應，將召開全省各地會部各階層代表大會。

日期	事件（新聞標題）	形式	概要
一九四九年三月二十三日	基隆駁船工人罷工。	罷工	基隆港碼頭運煤駁船二十九名工人要求加薪未果罷工，一度影響海陸裝煤工人四百多人。基隆辦事處認煤價太高，若加薪勢造成煤價漲，外銷物價漲，工資可能增一點，但不可能增八成。
一九四九年三月二十四日	西裝裁縫工人求加薪罷工。	罷工	西裝裁縫工人要求增加一倍工資未果，十七日起罷工，已逾一週，市府與警局調解，擬增六成工資，裁工部分尚無法接受，多數西裝店仍無法接受訂單。
一九四九年三月二十五日	郵電員工歸班問題白熱化，街頭有呼籲歸班標語漫畫，工會今舉行各級代表大會。	集會	街上見徹底反對留用制度、我們要全體歸班、反對考試等標語，配合漫畫諷刺官僚，標語有「郵局要嫁妝，不要新娘」，工會今下午一點在台北郵局大禮堂舉行各級代表大會。
一九四九年三月二十六日	郵電員工舉行代表大會，歸班問題業已解決，林副局長宣布接受所提要求。	遊行陳情	工會舉行各地各級會員代表大會後，郵電管理局副局長林步瀛、方賢齊答應所提要求，四月一日起全部歸班，且不需考試，若後總局指示有牴觸，方副局長會努力爭取，以達歸班目的。
一九四九年三月二十七日	郵電員工歸班起波折，「不考試歸班」總局表無權應允，員工請願陳主席允予援助。	遊行陳情	郵電總局翻案，推給考試院，員工下午集結五、六百人省政府前請願，唱著義勇軍行進曲，「要求不考試全體歸班」、「要全體郵電員工站起來爭取」。後派五代表見陳主席，獲允協助。

日期	事件（新聞標題）	形式	概要
一九四九年三月二十八日	要求增待遇未獲准，公共汽車司機怠工，行車有如牛步乘客叫苦。	怠工	市公共事業管理處司機因待遇太差要求加薪三成，但未批准，司機怠工，行車保持時速二十公里以下，市民希望市府盡快解決。三月二十九日報導，怠工問題獲解決，原三成獎金為修理用津貼，現願改為技術津貼，擬辦法送審實施。
一九四九年三月二十九日	郵電員工上書陳主席，請予協助解決歸班，爭取「不考試歸班」。	陳情	郵電歸班問題雖有林副局長承諾，但仍未獲總局認可，工會向陳主席提十點理由要求歸班。
一九四九年四月十九日	為計算薪水匯率問題，高雄輪員工昨請願，交涉終日未獲結果。	請願	台航高雄輪員工反對公司毀棄給薪承諾，造成員工損失，陳情請願到下午五點。
一九四九年五月二十四日	省籍郵電員工，再度呼籲歸班，請總局迅予接受要求。	陳情	台籍郵電員工歸班問題仍未解決，他們再度呼籲一律歸班訴求。
一九四九年五月二十九日	省籍郵政員工歸班，考試將採寬大政策。		新任郵政局長傅德衛抵台稱，台省郵政人員過多是事實，為接納省府意見及避免失業，考試將採寬大政策，僅形式而已。
一九四九年七月十九日	唐榮鐵工廠，員工糾紛解決。	資遣糾紛	十五日下午調解與被留職停薪員工糾紛，工廠恢復時優先雇用留職停薪人員，含高雄機器職業工會工人，並發給資遣費。每人可獲一個月米食補貼，六百多人遭裁，工會會員一百多人。

日期	事件（新聞標題）	形式	概要
一九四九年十二月九日	高雄造船業勞資糾紛解決。	要求加薪	市府介入調解造船業勞工勞資糾紛，勞方代表要求月薪改為兩斗、資方不同意，最後協調分等次，最高可領一斗八升。
一九五〇年八月十六日	高雄唐榮鐵工廠丸鐵廠，工人控告工頭組長剝削工資六千餘元。	訴訟	工人代表數十人控告工廠七個組長，從去年十一月到今年六月剝削工資，市警局傳喚七人到案要求返還工資，否則將送法院，目前已獲交保。
一九五〇年十二月六日	台糖岸內糖廠員工，呼籲改行月薪辦法，望與公司職員同工同酬，聯名向總公司陳情。	陳情	台糖新營總廠岸內糖廠五百名員工，因不合理報酬，生活困難，聯名向總公司呼籲廢除場工與員工給薪不平等辦法，改成月薪支付辦法待遇，並補發八月以來薪資差額。

整理自《民報》、《公論報》、《和平日報》等

附錄二　國民黨「黨、政、軍、警」出席工會相關會議狀況

時間	工會	出席之人員
一九四八年一月九日	嘉義市總工會成立大會	市府主秘、社會股長、指導員、國民黨書記長。
一九四八年二月二十四日	嘉義人力車工會會員大會	市府社會股長、指導員、警察第二科警員。
一九四八年三月九日	嘉義郵務工會會員大會	市府社會股長、警察局督察、員警、國大代表。
一九四八年四月五日	台中市總工會理監事會	市府社會股長、科員。
一九四八年四月十八日	嘉義市總工會理監事會	國民黨書記長、市府社會股長、指導員。
一九四八年八月十九日	台北市總工會改選理監事	省總工會理事長、省社會處科長、市府社會課長、警備部代表。
一九四八年九月二十七日	台中木工工會成立大會	市府社會股長、科員、國民黨市黨部幹事、市警局科員、市總工會理事長、主任秘書、科員。
一九四八年十月二十八日	台北司機工會召開三屆大會	警備司令部毛鵬基、台北市社會課、郵電管理局長、省總工會理事長。

時間	工會	出席之人員
一九四八年十二月二十八日	新竹市總工會會員代表大會	市府社會股長、市參議會議長、國民黨市黨部書記長、地方法院院長、地檢處主席檢察官。
一九四九年一月十九日	彰化總工會臨時代表大會	市府股長、國民黨部副書記長、省工會常務理事。
一九四九年三月三十日	台南縣總工會理監事會	縣府社會課、國民黨黨部秘書。
一九四九年十二月三十日	台南縣總工會會員大會	縣政府社會課組訓主任、警局代表、憲兵隊代表、國民黨縣黨部秘書。
一九五〇年五月十五日	台中市印刷工會臨時大會	防守司令部代表、市府科員、警察局科員。
一九五〇年五月十九日	台灣省工會代表大會	吳國楨（台灣省主席）、馬超俊、鄧文儀（國民黨省黨部主委）。
一九五一年一月二十三日	基隆市總工會會員代表大會	（國民黨基隆市黨部大禮堂召開） 內政部社會處、要塞司令部、海軍軍區司令、憲兵隊、戒嚴司令部、國民黨市黨部代表。
一九五一年一月三十日	台北郵務工會二屆會員大會	省交通處處長侯崇修主持、交通部長、省保安司令部政治部主任林錫鈞。
一九五一年六月十九日	台中市司機工會改選理監事	市府社會股、國民黨市黨部、國民黨公路黨部、市總工會理事長、市警察局。
一九五一年七月五日	苗栗縣總工會成立	縣府民政局長、社會課長、工商課長、國民黨縣黨部、駐軍代表。

整理自一九四八—一九五一年《台灣民聲日報》

附錄三　《野草》各期文章標題與重要內容

期數	出刊日	內容與事件
第一期	一九四八年四月二十五日	*〈關於「野草」〉／同學會編輯部 *〈補習班同學會成立經過〉／劉建修、李熒台 三月二十三日十二點假台北郵局大禮堂，舉行同學會成立大會。管理局、台北郵局、電信局各單位推舉兩位籌備委員，後按照章程選舉委員三名，組織委員會，分編輯、研究、團康三部。 *〈夢的啟示〉／李振貴 *〈登山拾零〉／高墀煊 青年節（三月二十九日）同學會發起登山活動，「參加的同學不算少」，地點為草山。 *〈我的好友〉／孫思潛 *〈隨想〉（未署名）
第二期	一九四八年五月十日	*〈同學會第二次全體大會記〉／李熒台 四月二十二日中午十二點半，第二次全體大會，決定五月份工作計畫。「研究部」四月份舉行了兩次討論會，五月份預計開兩次座談會。研究部委員黃震同學因病辭職，另外推選王文清同學擔任。 *〈「高爾基」讀後〉／高秀玉

期數	出刊日	內容與事件
		＊〈一個夢〉／王添貴 「歸班」議題第一次在《野草》被提出來。 ＊〈書報介紹：「中學生」與「開明少年」〉 「上海開明書店在台北有分店，地址在大正町。訂閱『中學生』半年價格是台幣一三五〇元。『開明少年』半年是台幣一〇八〇元。」
第三期	一九四八年六月一日	＊〈改班〉／傳 ＊〈命運〉／李朝明 ＊〈關於「男女平等」〉／洪雲龍 ＊〈台灣〉／王生 ＊〈信箱〉／研究部 「本刊為便利同學相互研究並答覆各種問題起見特增『信箱』欄，各位同學如有懷疑的問題請投寄本信箱。」
第四期	一九四八年六月十六日	＊〈「野草」須要灌溉〉／野夫 ＊〈對於普及國語的希望〉／李朝明 ＊〈赴淡水海濱浴場旅行記〉／宋世興 管理局支部首次舉行團體旅行，報名者約三百名（約占全體員工五分之二）。林副局長（步瀛）亦參加。 ＊〈小消息〉 六月十二日十二點半，康樂部舉辦「音樂唱片鑑賞會」，約三十多人參加。最後跟唱「春光好」一曲。 ＊〈徵文！〉 第一次公告「徵文」，題目是「忘不了的事」，截止日期：七月二十日，文稿請寄至省工會教育股。 ＊〈作家介紹：巴金（未完）〉（摘錄自「作家在開明」）

期數	出刊日	內容與事件
第五期	一九四八年七月一日	＊〈為「野草」寫幾句話〉／寧 ＊〈二〇五八點：忘不了的事之一〉／邵忠 ＊〈「野草」是我們的〉／石 《野草》顧問劉邵忠所寫的「忘不了的事」，描寫抗日戰爭時在W城和母親一同躲避日軍轟炸的經驗，作為同學們寫作的範本。 ＊〈徵文！！特贈送獎品紀念品！！〉 ＊〈作家介紹：巴金（續）〉
第六期	一九四八年七月十六日	＊〈社會需要傻子〉／純志 ＊〈報房的一日〉／劉秋旻 ＊〈母親〉／施水環 ＊〈作家介紹：巴金（續）〉 ＊〈徵文〉 ＊〈編者的話〉（徵文僅收到五篇，截止日延至七月底）
第七期	一九四八年八月一日	＊〈野草你是綠的〉／吳澄哉 ＊〈編者的話〉 「〈野草你是綠的〉是台南郵電局同仁寫來的，很高興同學熱情愛護《野草》。」 「第六期〈社會需要傻子〉一篇引起很大的風波，歡迎各位無論贊成反對，都請投稿來討論。」 ＊〈談飯碗〉／純志 ＊〈颱風與漲風〉／陳秀卿 ＊〈作家介紹：巴金（續）〉

期數	出刊日	內容與事件
		*〈活動邀請通知〉 八月八日基隆海水浴場，集合時間上午八點二十分，台北郵局門警室，費用五百元（票費、水果費），午餐自備。 參加者請向下列各處簽名 台北局：高墀煊、許金玉、王文清 管理局：張欽傑、鄭逢春、李俊臣 電信局：呂傳裕、劉建修、李熒台 *〈徵稿啟事〉
第八期	一九四八年八月十六日	*〈徵文揭曉報告〉 一共收到了二十一篇，除了淡水，台南、高雄等各地寄來幾篇外，多為台北的同學所寫。 【評審】電信局馬健飛、台北郵局汪承運、管理局項瑞麟、管理局劉紹忠（四人皆為顧問） 【結果】 頭等：〈第十三人〉（淡水局黃宏基） 二等：〈掙扎〉（電信局李熒台）、〈五月卅一日〉（電信局劉建修） 三等：〈台灣光復的一天〉（管理局張欽傑）、〈忘不了的事〉（管理局楊顯耀）、〈忘不了的事〉（管理局柯有益） *〈應徵文閱後感〉／馮林 *「忘不了的事」徵文頭獎〈第十三人〉／黃宏基 *〈編者的話〉 「淡水黃同志、台南吳同志大作及信件都收到了，我們很感謝您二位愛護『野草』的熱情，希多多來稿。」 *〈作家介紹：巴金（續）〉

期數	出刊日	內容與事件
第九期	一九四八年九月一日	*〈編者的話〉 「上期（第八期）裡〈應徵文閱後感〉和本期的〈徵文小感〉是汪、馬兩位顧問先生特別給我們寫的。」 〔徵文特輯〕 *〈徵文小感〉／雲 *「忘不了的事」徵文二等〈掙扎〉／石 *「忘不了的事」徵文二等〈五月卅一日〉／秋旻 *〈作家介紹：巴金（全系列完）〉
第十期	一九四八年九月十六日	*〈向「野草」敬禮〉／宏基 *〈媽媽〉／澄哉 *「忘不了的事」徵文三等〈台灣光復的一天〉／純志 *〈野草〉（新詩）／高雄黃水河 *〈通訊欄〉／黃宏基 *〈編者的話〉 一、試設「通訊欄」一欄，同學們對本刊有意見，或其他有互相研究問題，請寫「公開信」投寄本刊。 二、一位同學建議試用橫寫節省紙面、利便閱讀，從本期起試用。 *〈寫作指導：作文的故事（一）〉 *〈徵稿啟事〉

期數	出刊日	內容與事件
第十一期	一九四八年十月一日	＊〈雨衣〉／春 ＊「忘不了的事」徵文三等〈忘不了的事〉／柯有益 ＊「忘不了的事」徵文三等〈忘不了的事〉／楊顯耀 ＊〈紀念光復三週年本刊舉行第二次徵文！！〉 題目（任選一種） （一）我學習國語文的經過 （二）台灣光復三年的回憶 （三）三年來的感想 （四）其他：凡是關於紀念光復節的文、詩歌，均可。 截止日期：十月卅一日。 ＊〈編者的話〉 ＊〈通訊欄〉／純志 「聽說《野草》每期都印一百二十份，那麼讀者也應有一百二十位，其中半數以上是我們的同學。」 ＊〈寫作指導（二）〉（錄自作文的故事——任蒼廠著） ＊〈訂正〉

期數	出刊日	內容與事件
第十二、十三期	一九四八年十月二十五日	〔光復節紀念特輯〕 ＊〈寫在光復三週年〉／純志 ＊〈光復〉（新詩）／茫昧 ＊〈我學習國語的經過〉／新 ＊〈怎樣對得起子孫〉／春 ＊〈反對台灣由國際託管、反對台灣獨立的陰謀〉／志 ＊〈台灣光復三年的回憶〉／光麗 ＊〈編者的話〉
第十四期	一九四八年十一月二十五日	＊〈學生是怎樣吃飯的？〉（轉載大陸清華大學何孝達所著，刊登於《觀察》第四卷第十一期文章） ＊〈對同學們說幾句話！〉／梅真 ＊〈局裡的一角〉／純 ＊〈改刊啟事〉 因近來缺乏稿件，由半月刊改為月刊，每月二十五日出刊。 ＊〈書報介紹──國語日報〉／編者 ＊〈編者的話〉

期數	出刊日	內容與事件
第十六期	一九四九年一月一日	〔新年特輯〕 ＊〈寫在新年〉／吳澄哉 ＊〈一年來回憶〉／台中張振鵬 ＊〈過年〉（未署名） ＊〈年末隨感〉／張瑞雲 ＊〈工作與人生〉／嘉義王大樹 ＊〈工作與人生〉／嘉義李文進 ＊〈編者的話〉 ＊〈作文指導〉（錄自作文的故事）
第十七期	一九四九年一月二十五日	＊〈與青年談小事〉／袁翰青（「轉載「中建」北平版一卷六期及「中學生」二〇六期文章） ＊〈讀「與青年談小事」後〉／草子 ＊〈綠園外的祝福〉／思潛 ＊〈新年遊動物園拾零〉／秀玉 ＊〈我看「三女性」之後〉／親睦
第二十期	一九四九年三月二十五日	〔解決歸班問題各地各級代表大會特刊〕 ＊〈我們的要求〉／龍 ＊〈木柵外的綿羊〉（新詩）（未署名） ＊〈合理合法〉（未署名） ＊〈改班行進曲〉（借調義勇軍行進曲、補習班同學集體作詞） ＊〈古怪歌〉 ＊〈歸班問題測驗的揭曉報告〉／編者

期數	出刊日	內容與事件
第二年第一期	不明	＊〈忘不了的事〉（未署名） ＊〈阿Q與原子時代〉／龍 ＊〈寫在野草一週年〉／河 ＊〈野草！你是我們永遠的好朋友〉／楓 ＊〈夢中老人的抗議〉（署名難辨識） ＊〈徵求「野草之友啟事」〉／野草編輯部 印製「野草之友登記表」隨本期寄出，填寫後交本刊聯絡員或寄到「台灣郵政管理局匯兌組張欽傑轉」。 ＊〈編者的話〉
第二年第二期	一九四九年五月五日	〔慶祝「五一」節特輯〕 ＊〈「五一」勞動節備歷〉 摘錄自省會「慶祝『五一』節」遊藝大會節目表。 ＊〈怎樣紀念勞動節〉（未署名） ＊〈戰後日本勞工運動〉（有益譯） ＊〈勞動者〉／老力 ＊〈輕舉妄動乎〉／堅 ＊〈一九四九年「五一」在世界各地〉（新聞集錦）／桃源 ＊〈徵求「野草之友啟事」〉

期數	出刊日	內容與事件
第二年第三期	一九四九年五月二十日	〔討論「台灣郵政員工甄別辦法」專輯〕 ＊〈論「台灣郵政員工甄別歸班辦法」〉（未署名） ＊〈台北通訊〉 五月十六日歸班辦法出爐，感覺「苛刻」。十七日下午六時工會台北會和管理局支部召開理幹事聯席會議，商討歸班辦法。出席近二十位的理幹事並有四十多人列席，發言熱烈。討論到八點多一致決議應修改辦法，要求「全體歸班」後散會。
第二年第四期	一九四九年六月五日	＊〈迎新局長的小感〉（未署名） ＊〈做牛拖的我們〉／東 ＊〈賣紅豆冰的孩子〉／龍 ＊〈台北通訊〉 三月底代表大會以來，省工會仍維持真空狀態。歸班考試剩下幾天，五月底省工會理監事會決議「考試評分」交涉一個基本分數，至今仍未知有成果。不知工會是為了會員福利還是「掛羊頭賣狗肉」。 ＊〈作文指導〉 ＊〈文章怎樣寫成的〉／小王 ＊〈小啟〉（請各地的朋友們多多賜稿）
第二年第五期	一九四九年六月二十日	＊〈什麼是生活的目的〉／銀谷 ＊〈台北風景線〉／笑 ＊〈台北通訊〉／新 ＊〈小啟〉

期數	出刊日	內容與事件
第二年第六期	一九四九年七月五日	*〈不是悲哀流淚的時候〉／喆 *〈叫錢歌〉／堅 *〈台北通訊〉／純志 歸班問題在七月二十六日最後一批郵佐考試後總算告一段落。公教人員待遇調整後，六月份差額各機關已在月底補發，只有郵政省籍員工仍挨餓著肚皮。 *〈罰薪——報房生活散記〉／笑石 *〈應考郵佐測驗記〉／新 *〈本刊緊急啟事！〉／編輯部（募款買紙）
第二年第七期	一九四九年七月二十日	*〈不公平的技能測驗〉／一蚯蚓之語 *〈徬徨〉／萍 *〈台北通訊〉 一、歸班甄審考試可能在本月底前發榜。郵方現已決定省籍員工自七月份起照正式人員發薪，各級最底薪是「佐」舊台幣六百多萬，「員」初中畢業者七百多萬，高中畢業者九百多萬。 二、台灣鄉土藝術團本月廿二、廿三兩日在中山堂公演，由郵電同仁演出的有歌舞劇「白蛇傳」、鄉村舞「風土舞」、「阿美族舞蹈」及合唱、獨唱等。 *〈編輯部啟事〉／編輯部 上期募捐買紙，不半月之間，已共收到捐款舊台幣二〇五萬元。列出捐款同仁姓名（施水環、吳寶玉捐款二萬元）。

期數	出刊日	內容與事件
第二年第八期	一九四九年八月五日	＊〈記鄉土藝術團公演〉／純志 ＊〈台北通訊〉 省工會常務理事許金玉、台北工會理事李萬順、直屬管理局支部常務幹事宋世興三位同事奉令調往北斗、鳳山、龍潭局服務，二十七號舉辦送別會，省工會也在二十八日中午在台北工會交誼室舉行送別茶話會。 鄉土藝術團本月二十一日起在新公園音樂台連續五天露天公演。勇敢的郵電男女同仁也將參加表演。 ＊〈我要向青年說的〉（轉載「中學生」） ＊〈編輯部啟事〉 二度公布買紙捐款名單，此次共計三十三萬元。
第二年第九期	一九四九年八月二十日	＊〈白菜花與野草〉／靳笙 ＊〈大眾科學〉（介紹滅火器）／編者 ＊〈台北通訊〉 ＊〈白皮書〉 ＊〈我要向青年說的〉／張孟聞 ＊〈編輯部啟事〉 三度公布買紙捐款名單，此次共計三十六萬元，募款金額已足夠刊印五個月，停止募捐。

根據劉建修提供資料整理，第十五、十八、十九期佚失

註釋

推薦序

1. 計梅真訊問筆錄。「計梅真等叛亂案」（新北市：國家發展委員會檔案管理局）。檔號：A305440000C=0040=273.4=36=0001。
2. 藍博洲，《春天：許金玉和辜金良的路》（新北市：台灣人民出版社，二〇一七），頁七十八—七十九。
3. 王歡，〈依然熱愛祖國——許金玉〉，《烈火的青春：五〇年代白色恐怖證言》（台北市：人間，一九九九），頁一四二。藍博洲，《台灣好女人》（台北：聯合文學，二〇〇一），頁二一一。
4. 根據陳柏謙所整理的資料指出「內地與省籍員工，待遇相差太懸殊。台籍員工（課長級）最高月薪不過三十萬元，但自內地調台服務同仁最高待遇超過兩、三百萬，最低如雜役也可領一百萬元左右」。陳柏謙，〈舊台共與省工委在戰後組織工人運動中的承繼與開展初探（一九四五—一九五〇）〉，《人間思想》第二十期（二〇一九年十月），頁一〇九—一五三。
5. 王歡，〈依然熱愛祖國——許金玉〉，《烈火的青春：五〇年代白色恐怖證言》，頁一四四。
6. 王歡，〈依然熱愛祖國——許金玉〉，《烈火的青春：五〇年代白色恐怖證言》，頁一四八。
7. 藍博洲，《春天：許金玉和辜金良的路》，頁七十八—七十九。
8. 關於巴金系列介紹文章刊登於《野草》雜誌一九四八年六月十六日第四期、一九四八年七月一日第五期、一九四八年七月十六日第六期、一九四八年八月一日第七期、一九四八年八月十六日第八期、一九四八年九月一日第九期。本文運用中華民國台灣地區戒嚴時期政治事件處理協會，《五〇年代白色恐怖郵電管理局案調查研究暨口述歷史案》的謄稿版本。
9. 陸象賢，《九三述懷》（台北：財團法人中華基金會，二〇〇九），頁一七九。

10. 陸象賢、黃宏基皆提到計梅真對他們閱讀與思考上的影響。參考陸象賢，《九三述懷》，頁一八四。黃宏基，〈我如何認識了計梅真老師〉，收錄於陸象賢主編，《魂繫台北──紀念台灣郵電工人運動先驅》（自印本，二〇〇二年），頁四十六。

序言

1. 指要求從編制外「留用人員」納編成為「正式聘僱」的身分。
2. 此處劉建修所提到的文章〈牆〉，經考證應該即為台灣知名左翼劇作家簡國賢所撰寫，於一九四六年台北中山堂演出並造成轟動的獨幕劇《壁》。

第一章

1. 陳翠蓮，《重構二二八：戰後美中體制、中國統治模式與台灣》（新北市：衛城出版，二〇一七），頁五十一。
2. 陳翠蓮，《重構二二八：戰後美中體制、中國統治模式與台灣》，頁七十五─七十六。
3. 張淑雅，《韓戰救台灣？解讀美國對台政策》（新北市：衛城出版，二〇一一），頁四十二。
4. 林孝庭，《意外的國度：蔣介石、美國、與近代台灣的形塑》（新北市：遠足文化，二〇一七），頁一五八。
5. 張淑雅，《韓戰救台灣？解讀美國對台政策》，頁八十。
6. 張淑雅，《韓戰救台灣？解讀美國對台政策》，頁八四─八五。
7. 陳翠蓮，《重構二二八：戰後美中體制、中國統治模式與台灣》，頁一三四。
8. 藍博洲，《春天：許金玉和辜金良的路》，頁五九─六〇。
9. 藍博洲，《春天：許金玉和辜金良的路》，頁六十─六一。
10. 蘇瑤崇，〈論台灣省行政長官公署「軍事占領體制」與其問題〉，《台灣文獻》第六十卷第二期（二〇〇九），頁一─四十二。
11. 阮紅嬰口述、李福鐘採訪，〈白色記憶回想──阮紅嬰訪談紀錄〉，收錄於簡萬坤等作，《走過長夜──政治受難者的生命故事（輯三）：喚不回的青春》（新北市：國家人權博物館籌備處，二〇一五），頁十五—十六。

12. 蘇瑤崇，〈戰後台灣米荒問題新探（一九四五—一九四六）〉，《中央研究院近代史研究史集刊》第八十六期（二〇一四年十二月），頁九十五。

13. 徐淵琛（一九一二—一九五〇），筆名徐瓊二，台北人。日據時期曾任《台灣新民報》記者、《興南新聞》社基隆支局局長。台灣光復後加入中共地下黨，任《自由報》、《中外日報》記者，一九四七年任農林廳林產管理局八仙山林場副場長，一九四八年創辦建昌行、台北第六倉庫合作社，一九四九年補選為台北市臨時參議員，一九五〇年被捕，以「叛亂罪」被槍決於馬場町刑場。

14. 蕭友山、徐瓊二著，陳平景譯，《台灣光復後的回顧與現狀》（台北市：海峽學術出版社，二〇〇二），頁七十二。

15. 蕭友山、徐瓊二著，陳平景譯，《台灣光復後的回顧與現狀》，頁七十六。

16. 吳聰敏，〈台灣戰後的惡性物價膨脹〉，《國史館學術集刊》第十期（二〇〇六），頁十七—十八。

17. 薛月順，〈台灣入境管制初探——以民國三十八年陳誠擔任省主席時期為例〉，《國史館學術集刊》第一期（二〇〇一年十二月），頁二三〇—二三一。

18. 《蔣介石日記》，一九五〇年六月五日。轉引自林孝庭，《意外的國度》，頁二三四。

第二章

1. 見張茂桂，《社會運動與政治轉化》（台北：國家政策研究中心，一九八九）；王振寰、方孝鼎，〈國家機器、勞工政策與勞工運動〉，《台灣社會研究季刊》第十三期（一九九二），頁一—二十九；范雅鈞，《戰後台灣勞工運動史料彙編（三）工運組織與工運事件》（台北市：國史館，二〇〇八）；何明修，《支離破碎的團結：戰後台灣煉油廠與糖廠的勞工》（新北市：左岸文化，二〇一六）。

2. 趙剛，〈跳出妒恨的認同政治，進入解放的培力政治——串聯尼采和工運（或社運）的嘗試思考〉，《台灣社會研究季刊》第三十期（一九九八），頁一二七—一六一；王振寰、方孝鼎，〈國家機器、勞工政策與勞工運動〉，《台灣社會研究季刊》第十三期，頁一—二十九。

3. 見黃信彰，《工運・歌聲・反殖民：盧丙丁與林氏好的年代》（台北市：台北市政府文化局，二〇一〇）；蔣闊宇，《殖民地時期台灣勞工抗爭史》（國立台灣大學台灣文學研究所碩士論文，二〇一四）。

4. 主要集中在逐日檢閱《民報》、《公論報》、《台灣新生報》所有報導並記錄、拍照，部分輔以《和平日報》一九四九年一月至十二月之報導。

5. 陳程政主編、徐國淦撰稿，《工運春秋：工會法制八十年》（台北市：行政院勞工行政委員會，二〇一一），頁七十二。

6. 藍博洲，〈五〇年代白色恐怖下的勞動者戰歌〉，收錄於藍博洲，《尋訪被湮滅的台灣史與台灣人》（台北市：時報出版，一九九四），頁九十五—一一〇。

7. 關於台灣左翼運動史發展三個階段的歷史分期，首先由林書揚於一九九〇年提出，他以日本殖民時期一九二〇年代中後期一直到一九三一年台灣共產黨遭全面鎮壓為止，為台灣左翼運動第一期。接著以一九四五年日本政府在二次世界大戰中投降後，逃過第一期撲殺命運的台灣左翼分子重新活躍起，直到一九五〇年代遭到國民黨白色恐怖更加血腥肅清為止為第二期。藍博洲此篇發表於一九九一年的文章，大體上依循著林書揚此前的分期。參見林書揚，《林書揚文集（四）勞動者，團結起來！》（台北市：人間，二〇一二）。

8. 林聲洲、孫窮理、陳婉芳、程彩倫、蔡志杰，《勞工看的台灣史第一冊——台灣戰後十五年的歷程》（高雄市：高雄市政府勞工局，二〇〇〇年），頁十一。

9. 何明修，《支離破碎的團結》，頁九十九—一〇〇。

10. 該論文榮獲了二〇一六年台灣社會研究學會「批判與實踐博碩士論文獎」。其中對於六、七〇年代在歷經了五〇年代中後期台灣島內左翼思想與組織資源遭到國民黨政權肅清殆盡後，當時進入台灣傳教的天主教修會神父，如何以工會運動及勞工教育為場域的勞工牧靈實踐，並對台灣「自主工會運動」之間產生的關聯有著極為重要而具有價值的歷史考察。

11. 蘇新，《憤怒的台灣》（台北：時報文化，一九九三），頁一一七—一一八。

12. 《台灣新生報》一九四六年一月十九日〈整訓本省人民團體 民政處報告目前之情形〉中提到，「『台灣省學生聯盟』在辦理令不准組織並予解散」。

13. 張金爵（一九二三—），彰化人，畢業於彰化市快官公學校（今快官國小）。台灣光復後加入中共地下黨。一九四七年二二八事件發生，曾響應武裝行動。同年五月，擔任台北市司機工會會計，持續參與地下黨活動。一九五〇年被逮捕，隔年以叛亂罪判刑十五年。

14. 胡慧玲、林世煜採訪，〈張金爵——省工委風雲之女〉，收錄於《白色封印：人權奮鬥：白色恐怖一九五〇》（台北：國家人權博物館籌備處，二〇一三），頁一一三—一一四。

15. 陳翠蓮，《重構二二八：戰後美中體制、中國統治模式與台灣》，頁一四九。

16. 〈「拂塵專案資料」——陳愷先生提供二二八事件發生前後台北地區之政情與社會民心狀況追憶〉，收入侯坤宏編、許進發編，《二二八事件檔案彙編（十六）》，頁二一〇—二一四。轉引自陳翠蓮，《重構二二八：戰後美中體制、中國統治模式與台灣》，頁一五〇。

17. 阮紅嬰口述、李福鐘採訪，〈白色記憶回想——阮紅嬰訪談紀錄〉，收錄於簡萬坤等作，《走過長夜——政治受難者的生命故事（輯三）：喚不回的青春》，頁十四。

18. 此處許金玉的回憶應該有誤，根據第一屆省郵務工會理監事名單，李阿祿應擔任監事一職。

19. 藍博洲，《春天：許金玉和辜金良的路》，頁八十五。

第三章

1. 曾國榕，計梅真之夫，台灣電信管理局秘書。一九五〇年與計梅真、錢靜芝及其他三十二位郵電工人同案被捕，但隨後遭到另案處理。台灣省保安司令部認定，無確切證據可證明曾國榕有無「參加叛亂組織」，但認定他明知計梅真的地下黨身分卻隱匿不報，最終依《檢肅匪諜條例》第九條（知匪不報），判處他七年徒刑。曾國榕與其他被捕的郵電工人被指為「郵電支部」成員，並依《懲治叛亂條例》判刑明顯不同，也側面顯示曾國榕與補習班同學會及郵電案並無直接關係。

2. 當時由中華民國郵務工會全國聯合會所發行的《中華郵工》刊物，目前尋遍各圖書館，僅殘缺不全地蒐藏於台北市郵政博物館七樓的「郵政專業圖書室」中。

3. 王啟震，〈郵工運動在台灣〉，《中華郵工》第三期（上海：中華民國郵務工會全國聯合會，一九四八年五月十日），頁十二—十三。

4. 中華民國民眾團體活動中心，該中心實為國民黨中央委員第五組「管控」民眾團體運作之單位。一九六一年時主任委員為張寶樹，其一九四八年擔任國民黨籍立法委員。一九五三年至一九六七年先後任中國國民黨中央委員會第五組主任、第一組主任。至於主編張泰祥據陳明通一九九五年出版《派系政治與台灣政治變遷》中資料顯示，於一九六三年時擔任國民黨中央黨部第五組（民運社調）副主任。

5. 張泰祥主編，《中華民國五十年來民眾團體》（台北：中華民國民眾團體活動中心，一九六一），頁五四一—五四二。

6. 據中華郵政股份有限公司於二〇〇九年出版的《郵政大事記第六集（民國七十一年至七十五年）》，王啟震於一九八二年已擔任至台灣中區郵政管理局局長，並於一九八三年退休。

7. 根據《郵政大事記第六集（民國七十一年至七十五年）》，朱承源至一九八二年時擔任郵政儲金匯業局副局長，一九八三年以郵政總局准業務長一職退休。

8. 根據王啟震〈郵工運動在台灣〉一文，台灣省郵務工會成立於一九四六年八月十日，本書以王啟震所述的成立日期為準。

9. 馬超俊在國民黨內屬於孫科派系，一九三一年曾任南京市市長，抗日戰爭結束後，復任南京市市長。一九四六年十二月，任國民黨中央農工部部長。一九四七年九月，當選中央執行委員會常務委員。一九四八年四月，在南京創立「中華民國全國總工會」。一九四八年，當選為第一屆國民大會代表。第二次國共內戰末期，馬超俊逃往台灣。一九五〇年，被聘為總統府國策顧問。

10. 中國勞工運動史編纂委員會編，《中國勞工運動史》（台北：中國勞工福利社，一九五九），頁一九八四。

11. 陸衛平，〈陸象賢傳〉，《南洋中學校友通訊》第六十期（二〇一八年三月），頁八—九。

12. 劉寧一，一九二五年九月加入中國共產黨。一九二九年，擔任中共唐山煤礦林西區委書記，組織工人運動。一九三二年五月任中共唐山市委書記兼組織部部長，積極發展工人加入中國共產黨，並成立中共領導的工會。一九三三年八月，第三次被捕，後被解往南京憲兵司令部監獄關押，判處有期徒刑十二年，一九三七年八月獲釋。後赴上海任上海工人運動委員會書記，中共江蘇省委委員、工運部部長、保衛部部長。抗日戰爭勝利後，一九四六年五月至一九四八年八月任中共中央職工運動委員會書記兼中國解放區職工聯合會籌備委員會主任，負責推動中共領導的工會工作。

13. 一九三七年八月十三日，日軍開始進攻上海，淞滬會戰開打，由此進入全面抗戰；經過三個月的拉鋸戰鬥，十一月十二日，中國軍隊撤離上海，上海淪陷。日軍在上海占領除了租界外的全部地區，直到一九四一年底珍珠港事變後，日軍再占領上海租界區；上海自此全部淪陷。在一九三七年到一九四一年底的這段期間內，上海租界成為著名「孤島」。一九三八年五月中共地下組織所領導的上海郵局職工開始進行「護郵鬥爭」，反對日本軍隊接收郵局。隨後再抵制於郵局大樓中懸掛日本國旗等運動。

14. 沈鵬年，《行雲流水記往（下）》（台北市：秀威資訊，二〇一一），頁一五〇。

15. 陳公琪，一九三六年考入上海郵局工作，參加領導上海郵局工人運動，並與陸象賢等組織成立北社，編譯出版馬列著作。一九四四年為中共上海工人運動委員會委員，領導上海市政、交通部門的英電、法電、電話公司、滬東紡織廠、機器業、造船業的工人運動。一九四九年後，為上海總工會籌委會負責人之一，後任秘書長。

16. 晏星，《中華郵政發展史》（台北：台灣商務印書館，一九九四），頁四七〇—四七五。

17. 陸象賢，《九三述懷》（台北：財團法人中華基金會，二〇〇九），頁一三四。

18. 何容、齊鐵恨、王炬，《台灣之國語運動》（台北：省教育廳，一九四八），頁十。

19. 曾健民，《一九四五・破曉時刻的台灣：八月十五日後激動的一百天》（台北：聯經出版社，二〇〇五），頁一八七。

20. 胡清雅、黃雅慧、倪文婷採訪，〈劉建修先生訪談紀錄〉，收錄於《台灣地區政治受難人互助會會員及其相關人物口述歷史訪談計畫期末報告》（中華民國台灣地區戒嚴時期政治事件處理協會執行，國家人權博物館籌備處委託，二〇一四），頁四八八。

21. 由《民報》於一九四六年十二月十八日所登載的「光華國語講習」廣告中的教員名單來看，劉建修所指之鄭明祿之妻馬老師，全名應為馬孝釗。根據《建中校友》第四十六期會刊（二〇一七年十二月）中由一九五二年畢業校友蔡平里所撰寫之〈紅樓殘夢之三十四：紅樓懷古追憶老頑童〉一文提到，「國文課換成北平師範學校畢業的女老師馬孝釗，北平人。她是這一生受教過的老師中最好，最好的，非常認真、誠懇、有耐心、又和善而很有素養的老師。我們很幸運在初學華語文（等於國小一程度）時遇到她。雖然，沒學好她那一口好聽的北平話，她開始讓我們接觸到作文的樂趣。」

22. 根據維基百科的介紹，「延平學院」為現今台北市私立延平高級中學前身。一九四五年，於日本大藏省任職的旅日台人朱昭陽與律師宋進英返台，在炭礦界巨擘劉明與永豐餘創辦人何義等企業界人士支助，創立了延平大學，並請林獻堂為董事長。為紀念延平郡王鄭成功，由林獻堂命名為「延平大學」。一九四六年九月正式招收學生，因不足三科無法成立大學，故取名為「延平學院」，招收經濟、法律兩科的夜間部學生。一九四六年雙十節夜晚，借私立開南商工學校操場舉行創校典禮，時約一千一百多名學生。二二八事件後曾一度遭到勒令停辦。

23. 胡清雅、黃雅慧、倪文婷採訪，〈李熒台先生訪談紀錄〉，收錄於《台灣地區政治受難人互助會會員及其相關人物口述歷史訪談計畫期末報告》（中華民國台灣地區戒嚴時期政治事件處理協會執行，國家人權博物館籌備處委託，二〇一四），頁三九一。

24. 胡清雅、黃雅慧、倪文婷、許孟祥採訪，〈李金火先生訪談紀錄〉，收錄於《台灣地區政治受難人互助會會員及其相關人物口述歷史訪談計畫期末報告》（中華民國台灣地區戒嚴時期政治事件處理協會執行，國家人權博物館籌備處委託，二〇一四），頁一六七。

25. 藍博洲，《春天：許金玉和辜金良的路》，頁六十八。

26. 詳見〈基督教女青年會舉辦的女工夜校〉，http://www.shtong.gov.cn/dfz_web/DFZ/Info?idnode=56176&tableName=userobject1a&id=42691（檢索日期：二〇二二年四月十八日）。

27. 詳見〈沿革〉，http://www.shtong.gov.cn/dfz_web/DFZ/Info?idnode=62538&tableName=userobject1a&id=26111（檢索日期：二〇二二年四月十八日）。

28. 有關「三和里女工夜校」之介紹，亦可參考：〈西康路九〇二弄的燭光往事，上海女工從這裡開啟人生新篇章〉，http://www.sohu.com/a/201392189_99933301（檢索日期：二〇二二年四月十八日）。

29. 張執一，《張執一文集上》（北京：華文出版社，二〇〇六），頁一三六、一四〇。

30. 王文清，〈深切懷念計梅真老師〉，收錄於陸象賢主編，《魂繫台北——紀念台灣郵電工人運動先驅》（自印本，二〇〇二），頁二十九—三十。

31. 徐彩雲，〈難忘的時代〉，收錄於陸象賢主編，《魂繫台北——紀念台灣郵電工人運動先驅》，頁八十九。

32. 胡清雅、黃雅慧、倪文婷採訪，〈劉建修先生訪談紀錄〉，收錄於《台灣地區政治受難人互助會會員及其相關人物口述歷史訪談計畫期末報告》，頁四九一—四九二。

33. 王世慶訪問，〈林坦訪談紀錄〉（一九九六年八月二十五日），收錄於台灣省文獻委員會編，《台灣地區戒嚴時期五〇年代政治案件史料彙編（二）》（南投：台灣省文獻委員會，一九九八），頁一三三。

34. 高秀玉，〈對恩師計梅真不盡的思念——在國語補習班〉，收錄於陸象賢主編，《魂繫台北——紀念台灣郵電工人運動先驅》，頁十九。

35. 查諸以〈牆〉為名的相關文章，並未查到相關著作，然而根據劉建修對內容與隱含意義的描述，似與劇作家簡國賢於一九四六年創作之獨幕劇《壁》之內容雷同。《壁》曾於該年六月九日起一連五天在中山堂演出，為諷刺台灣光復後貧富兩極之社會劇，公演吸引了滿場觀眾。由於反應熱烈，原定同年七月二日起進行第二回公演，卻遭到國民黨政府當局以「籌備手續未完善」奉令停演。由此推測，劉建修訪談中所提及計梅真在國語補習班課堂上的這篇教材〈牆〉，即有可能為取材改編自簡國賢《壁》之劇本。然而，究竟是劉建修記憶有誤，抑或是計梅真考量《壁》一劇曾對國府時政的強烈諷刺性而遭禁演，因此將《壁》改為〈牆〉減少政治敏感，則無法進一步確認。

36. 魯迅並無單篇文章名為〈野草〉，僅在一九二七年出版過散文詩集《野草》，收錄其一九二四至一九二六年間所作散文詩二十三篇，書前有〈題辭〉一篇。依照劉建修此處描述的內容，比較接近於一九二七年加入共產黨、一九三〇年參與「中國左翼作家聯盟」組建工作，並當選為執行委員的作家夏衍，在一九四〇年所寫的知名散文〈野草〉。

37. 胡清雅、黃雅慧、倪文婷採訪，〈劉建修先生訪談紀錄〉，收錄於《台灣地區政治受難人互助會會員及其相關人物口述歷史訪談計畫期末報告》，頁四九二。

38. 許金玉，〈全心全意為人民〉，收錄於陸象賢主編，《魂繫台北——紀念台灣郵電工人運動先驅》，頁十四。

39. 高爾基（Maxim Gorky，一八六八—一九三六），前蘇聯社會主義作家、詩人與評論家。一九〇五年，加入了蘇聯共產黨十月革命前身的俄國社會民主工黨。

40. 高秀玉，〈愛的啟示〉，收錄於陸象賢主編，《魂繫台北——紀念台灣郵電工人運動先驅》，頁八十五—八十六。

41. 藍博洲，《春天：許金玉和辜金良的路》，頁七十二。

42. 李熒台，〈懷念計梅真老師——她教我們如何做一個頂天立地的中國人〉，收錄於陸象賢主編，《魂繫台北——紀念台灣郵電工人運動先驅》，頁七十四—七十九。

43. 本文名為〈掙扎〉，刊於一九四八年九月一日《野草》第九期，獲得「忘不了的事」徵文比賽二等獎。而李熒台在《魂繫台北》中回憶，則叫這篇是〈人力車夫〉。

44. 《送報伕》，原名《新聞配達夫》，是楊逵以日文所寫的一篇短篇小說，一九三二年五月十九日起連載於《台灣新民報》。一九三四年十月入選東京《文學評論》。一九三六年，胡風（共產黨員，曾任中國左翼作家聯盟宣傳部部長）將其翻譯成中文，刊登於上海的《世界知識》，後刊載於《世界弱小民族小說集》。

45. 許金玉，〈全心全意為人民〉，收錄於陸象賢主編，《魂繫台北——紀念台灣郵電工人運動先驅》，頁十三—十四。

46. 胡清雅、黃雅慧、倪文婷採訪，〈劉建修先生訪談紀錄〉，收錄於《台灣地區政治受難人互助會會員及其相關人物口述歷史訪談計畫期末報告》，頁四九五。

47. 值得一提的是，夏衍的〈野草〉原載於《野草》一九四〇年八月第一卷第一期。根據大陸學者李建平《桂林抗戰文藝論》，《野草》是抗戰時期最重要的文藝刊物之一，創刊於一九四〇年八月，到一九四三年六月停刊為止，在桂林共出版了五卷二十九期。《野草》由夏衍、孟超、秦似、聶紺弩、宋雲彬五人組成「野草社」，五個人合編，刊名採用夏衍所提議的「野草」。至於刊物的日常工作，主要由秦似一人負擔。《野草》因為抨擊國統區的黑暗，在一九四三年六月出版第五卷第五期後遭到國民黨當局查禁。見李建平，《桂林抗戰文藝論》（台北：秀威資訊，二〇一三），頁一九二—一九五。

48. 胡清雅、黃雅慧、倪文婷採訪，〈劉建修先生訪談紀錄〉，收錄於《台灣地區政治受難人互助會會員及其相關人物口述歷史訪談計畫期末報告》，頁四九三—四九四。

49. 陸象賢，《九三述懷》，頁一七四。

50. 藍博洲，《春天：許金玉和辜金良的路》，頁一二五。

51. 高秀玉，〈對恩師計梅真不盡的思念——在國語補習班〉，收錄於陸象賢主編，《魂繫台北——紀念台灣郵電工人運動先驅》，頁二十。

52. 汪承運曾在一九八五年十一月至一九八九年八月擔任郵政總局局長。

53. 項瑞麟為陸軍出身，推測應為接收時期軍郵系統，一九五八年時擔任台北郵局總務課課長。

54. 黃宏基的原文是寫一九四九年，但對照後應為一九四八年之誤植。黃所提及的此篇長詩題為〈光復〉，其以「茫昧」為筆名發表於第十二、十三期合刊的「光復節紀念特刊」中。

55. 黃宏基，〈我如何認識了計梅真老師〉，收錄於陸象賢主編，《魂繫台北——紀念台灣郵電工人運動先驅》，頁四十四—四十五。

56. 陳芳明，《謝雪紅評傳：落土不凋的雨夜花》（台北：前衛出版社，一九九一），頁四三五—四三六。

57. 古瑞雲（周明），《台中的風雷——跟謝雪紅在一起的日子裡》（台北：人間出版社，一九九〇），頁二一三—二一五。

58. 藍博洲，《台灣好女人》（台北市：聯合文學，二〇〇一），頁二二六。

59. 劉建修，《一九五〇年代白色恐怖檔案》（自編自印，二〇一四），頁一三九。

60. 沈懷玉訪問、曹如君紀錄，〈陳玉籐先生訪談紀錄〉（一九九八年五月十九日），收錄於台北市文獻委員會編，《戒嚴時期台北地區政治案件相關人士口述歷史》（台北：台北市文獻委員會，一九九九），頁三五一。

61. 〈台灣省郵務工會台籍歸班事件〉，出自中央研究院台灣史研究所檔案資源系統，http://tais.ith.sinica.edu.tw/sinicafrsFront/search/search_detail.jsp?xmlId=0000310493。識別號：T0653_B_07_0013（檢索日期：二〇二二年四月十八日）。

62. 陳文達訪問，〈周淑貞訪談紀錄〉（一九九六年八月二十五日），收錄於台灣省文獻委員會編，《台灣地區戒嚴時期五〇年代政治案件史料彙編（二）》，頁一二八。

63. 胡清雅、黃雅慧、倪文婷採訪，〈劉建修先生訪談紀錄〉，收錄於《台灣地區政治受難人互助會會員及其相關人物口述歷史訪談計畫期末報告》，頁四九二。

64. 藍博洲，《台灣好女人》，頁二二一。

65. 王文清，〈深切懷念計梅真老師〉，收錄於陸象賢主編，《魂繫台北——紀念台灣郵電工人運動先驅》，頁二十六—三十八。

66. 藍博洲，《春天：許金玉和辜金良的路》，頁八十八—九十。

67. 台灣省參議會，〈台灣省郵務工會函請派員出席本會解決歸班問題各地各級代表大會〉，出自中央研究院台灣史研究所檔案資源系統，識別號：001_01_805_38008，http://tais.ith.sinica.edu.tw/sinicafrsFront/search/search_detail.jsp?xmlId=000041937（檢索日期：二〇二二年四月十八日）。

68. 究竟許金玉等人為何會知道局長並未打電話給南京，在歷次的訪談當中，可能由於受訪者年事極高，始終沒有直接針對此一困惑回答。研究者推測，最有可能的原因，是當年從台北打電話到南京的跨海電話，需要經過交換機電信局話房員工的轉接，也許是負責台北打到南京話房的電信局員工告知代表們，局長根本沒有打電話到南京。

69. 藍博洲，《台灣好女人》，頁二三三—二三四。

70. 胡清雅、黃雅慧、倪文婷採訪，〈劉建修先生訪談紀錄〉，收錄於《台灣地區政治受難人互助會會員及其相關人物口述歷史訪談計畫期末報告》，頁四九〇。

71. 藍博洲，《春天：許金玉和辜金良的路》，頁九十九—一〇〇。

72. 中國勞工運動史編纂委員會編，《中國勞工運動史》，頁一九八四。

73. 上海社會科學院歷史研究所現代史研究室，《上海工人運動歷史資料》第三冊（上海市：上海書店出版社，二〇一六），頁二十八—三十一。

74. 方永泉，〈譯序：弗雷勒與《受壓迫者教育學》〉，收錄於保羅・弗雷勒（Paulo Freire）著，方永泉譯，《受壓迫者教育學》（新北市：巨流圖書，二〇〇三），頁六十三。

75. 保羅・弗雷勒（Paulo Freire）著，方永泉譯，《受壓迫者教育學》，頁一〇二。

76. 吳叡人，〈三個祖國：戰後初期台灣的國家認同競爭，一九四五—一九五〇〉，收錄於蕭阿勤、汪宏倫編，《族群、民族與現代國家：經驗與理論的反思》（台北：中央研究院社會學研究所，二〇一六），頁六十五。

77. 曾永賢，《從左到右六十年——曾永賢先生訪談錄》（台北市：國史館，二〇〇九），頁七十九。

78. 林至潔採訪，〈張金爵女士訪問紀錄〉，收錄許雪姬、黃美滋、薛化元等編，《「戒嚴時期政治案件」專題研討會論文暨口述歷史紀錄》（台北：財團法人戒嚴時期不當叛亂暨匪諜審判案件補償基金會，二〇〇三），頁三〇五。

79. 胡慧玲、林世煜採訪，〈張金爵——省工委風雲之女〉，收錄於《白色封印：人權奮鬥：白色恐怖一九五〇》，頁一一五—一一六。

80. 曹欽榮等採訪，〈運轉手的人生——陳景通訪談紀錄〉，收錄於《重生與愛：桃園縣人權歷史口述文集》（桃園縣：桃園縣政府文化局，二〇一四），頁二十三。根據該〈陳景通訪談紀錄〉的〈受難者簡介〉：陳景通，一九二五年生，台灣苗栗後龍人，日治時代自公學校畢業到台北，考上鐵路部擔任火車司機……戰後熱烈學習國語，結交朋友，加入地下組織，暗中協助秘密連絡任務。一九五〇年八月涉入「鐵路局案」，遭判刑十五年。

81. 實際上，我們尚未能找到相關佐證，確認張金爵所提的這一場由各工會在中山堂演出的勞動節晚會，究竟是一九四八年抑或是一九四九年舉辦。《公論報》在一九四九年四月二十七日曾有一篇報導〈慶祝五一勞動節——機器、司機、革履等工會屆時將開遊藝大會〉，內容提及參與的工會尚包含：郵務、鐵路、水泥等工會，晚間七點於中山堂舉行，但後續的報導並未對遊藝大會內容有所描述，因此也無法確認是否與張金爵提到的晚會為同一場。

第四章

1. 台灣關於五〇年代白色恐怖歷史與口述的採集工作，藍博洲幾乎是最早、而且進行期間最久，並且在早期涉入地下黨案件的「老同學」中長期建立互信基礎的研究者。
2. 林傳凱，〈「大眾傷痕」的「實」與「幻」——探索「一九五〇年代白色恐怖『見證』」的版本歧異〉，《歷史台灣》第八期（二〇一四年十一月），頁三十五—八十一。
3. 郭耀中，〈跟著「國界」駐紮歷史：「白色恐怖」訪調內外的摺疊政治〉，《台灣社會研究季刊》第一〇三期（二〇一六），頁二二七—二三六。
4. 管美蓉、王文隆，〈蔣中正與遷台初期的教育改造（一九四九—一九五四）：以「課程標準」與「大學聯考」為例〉，收錄於黃克武編，《遷台初期的蔣中正》（台北：中正紀念堂管理處，二〇一一），頁三—四十一。
5. 吳叡人，〈國家建構、內部殖民與冷戰——戰後台灣國家暴力的歷史脈絡〉，收錄於李禎祥等編，《人權之路二〇〇八新版：台灣民主人權回顧》（台北：陳文成基金會，二〇〇八），頁一六八—一七三。
6. 吳叡人，〈三個祖國：戰後初期台灣的國家認同競爭，一九四五—一九五〇〉，收錄於蕭阿勤、汪宏倫編，《族群、民族與現代國家：經驗與理論的反思》，頁二十三—八十二。
7. 廖家敏，〈時代之輪的生命擠壓——從白色恐怖之庶民勞動者的生命經驗談起〉，《台灣社會研究季刊》第一〇三期（二〇一六），頁二〇一—二一三。
8. 藍博洲，《台灣好女人》，頁二二一。
9. 黃宏基，〈黃宏基事件調查表〉（一九九六年八月二十五日），收錄於台灣省文獻委員會編，《台灣地區戒嚴時期五〇年代政治案件史料彙編（二）》（南投：台灣省文獻委員會，一九九八），頁一三六—一三七。
10. 胡清雅、黃雅慧、倪文婷、許孟祥採訪，〈李金火先生訪談紀錄〉，收錄於《台灣地區政治受難人互助會會員及其相關人物口述歷史訪談計畫期末報告》，頁一七一。

11. 胡清雅、黃雅慧、倪文婷採訪，〈李癸台先生訪談紀錄〉，收錄於《台灣地區政治受難人互助會會員及其相關人物口述歷史訪談計畫期末報告》，頁三九七。
12. 陳文達訪問，〈周淑貞訪談紀錄〉（一九九六年八月二十五日），收錄於台灣省文獻委員會編，《台灣地區戒嚴時期五〇年代政治案件史料彙編（二）》，頁一三〇。
13. 詳細可參見藍博洲，〈尋找劇作家簡國賢〉，收錄於藍博洲，《消失在歷史迷霧中的作家身影》（台北市：聯合文學，二〇〇一）。
14. 參見歐素瑛，〈演劇與政治：簡國賢的戲夢人生〉，《台灣學研究》第十六期（二〇一三），頁一九〇。
15. 簡國賢，〈見放された人々：『壁』の解決に就て〉，《台灣新生報》，一九四六年六月十三日。轉引自歐素瑛，〈演劇與政治：簡國賢的戲夢人生〉，《台灣學研究》第十六期，頁一八七—一八八。
16. 黃春蘭，〈父親黃溫恭的遺書〉，收錄於楊翠等作、陳銘城主編，《秋蟬的悲鳴：白色恐怖受難文集第一輯》（新北市：國家人權博物館籌備處，二〇一二），頁二六。
17. 蕭友山、徐瓊二著，陳平景譯，《台灣光復後的回顧與現狀》，頁四九—五十。
18. 蕭友山、徐瓊二著，陳平景譯，《台灣光復後的回顧與現狀》，頁五十一—五十三。

第二部

1. 根據劉建修訪談回憶，當日是一九五〇年三月七日。
2. 根據劉建修訪談回憶，當日是一九五〇年三月十日。
3. 鄭逢春為郵政管理局郵務佐，也因為計梅真案被捕，時年二十六歲。
4. 《走過長夜——政治受難者的生命故事〔輯三〕：喚不回的青春》一書中的口訪內容標註時間為「一九四八年」有誤，應為一九四七年。

第三部

1. 夏衍，《夏衍全集》第九卷（浙江：浙江文藝出版社，二〇〇五），頁一〇〇—一〇一。
2. 許金玉，〈全心全意為人民〉，收錄於陸象賢主編，《魂繫台北——紀念台灣郵電工人運動先驅》，頁十四—十五。
3. 劉建修，〈我無怨無悔〉，收錄於陸象賢主編，《魂繫台北——紀念台灣郵電工人運動先驅》，頁六十一。
4. 黃宏基，〈我如何認識了計梅真老師〉，收錄於陸象賢主編，《魂繫台北——紀念台灣郵電工人運動先驅》，頁四十五。
5. 黃宏基，〈我如何認識了計梅真老師〉，收錄於陸象賢主編，《魂繫台北——紀念台灣郵電工人運動先驅》，頁四十四—四十五。
6. 曹欽榮、林芳微等採訪整理，《流麻溝十五號：綠島女生分隊及其他》（台北：書林出版，二〇一二），頁三一八。
7. 徐瑋瑩，《落日之舞：台灣舞蹈藝術拓荒者的境遇與突破（一九二〇—一九五〇）》（台北市：聯經，二〇一八），頁三三六—三三八。

參考書目

官方檔案

保密局檔案 B_17_0013_0030

保密局檔案 B_17_0013_0054

保密局檔案 T0653_B_07_0006

專書

上海社會科學院歷史研究所現代史研究室，《上海工人運動歷史資料》第三冊。上海市：上海書店出版社，二〇一六年。

小林多喜二，《小林多喜二選集》。北京：人民文學出版社，一九五八年。

中國勞工運動史編纂委員會編，《中國勞工運動史》。台北：中國勞工福利社，一九五九年。

古瑞雲（周明），《台中的風雷——跟謝雪紅在一起的日子裡》。台北：人間出版社，一九九〇年。

台北市文獻委員會編，《戒嚴時期台北地區政治案件相關人士口述歷史》。台北：台北市文獻委員會，一九九九年。

台灣省文獻委員會編，《台灣地區戒嚴時期五〇年代政治案件史料彙編（二）》。南投：台灣省文獻委員會，一九九八年。
何明修，《支離破碎的團結：戰後台灣煉油廠與糖廠的勞工》。新北市：左岸文化，二〇一六年。
何容、齊鐵恨、王炬，《台灣之國語運動》。台北：省教育廳，一九四八年。
李建平，《桂林抗戰文藝論》。台北：秀威資訊，二〇一三年。
沈牧樺，《戰後台灣天主教基層修會的勞工牧靈實踐：以古尚潔與馬赫俊神父為核心的考察》，國立清華大學社會學研究所碩士論文，二〇一五年。
沈鵬年，《行雲流水記往（下）》。台北市：秀威資訊，二〇一一年。
林孝庭，《意外的國度：蔣介石、美國、與近代台灣的形塑》。新北市：遠足文化，二〇一七年。
林書揚，《林書揚文集（四）勞動者，團結起來！》。台北市：人間出版社，二〇一二年。
林聲洲、孫窮理、陳婉芳、程彩倫、蔡志杰，《勞工看的台灣史第一冊——台灣戰後十五年的歷程》。高雄市：高雄市政府勞工局，二〇〇〇年。
保羅・弗雷勒（Paulo Freire）著，方永泉譯，《受壓迫者教育學》。新北市：巨流圖書，二〇〇三年。
范雅鈞，《戰後台灣勞工運動史料彙編（三）工運組織與工運事件》。台北市：國史館，二〇〇八年。
夏衍，《夏衍全集》第九卷。浙江：浙江文藝出版社，二〇〇五年。
徐瑋瑩，《落日之舞：台灣舞蹈藝術拓荒者的境遇與突破（一九二〇—一九五〇）》。台北市：聯經，二〇一八年。

晏星，《中華郵政發展史》。台北：台灣商務印書館，一九九四年。
張茂桂，《社會運動與政治轉化》。台北：國家政策研究中心，一九八九年。
張泰祥主編，《中華民國五十年來民眾團體》。台北：中華民國民眾團體活動中心，一九六一年。
張執一，《張執一文集上》。北京：華文出版社，二〇〇六年。
張淑雅，《韓戰救台灣？解讀美國對台政策》。新北市：衛城出版，二〇一一年。
曹欽榮、林芳微等採訪整理，《流麻溝十五號：綠島女生分隊及其他》。台北：書林出版，二〇一二年。
陳正茂，《台灣早期政黨史略：一九〇〇—一九六〇》。台北市：秀威資訊，二〇〇九年。
陳芳明，《謝雪紅評傳：落土不凋的雨夜花》。台北：前衛出版社，一九九一年。
陳景通等受訪、曹欽榮等採訪，《重生與愛：桃園縣人權歷史口述文集》。桃園縣：桃園縣政府文化局，二〇一四年。
陳程政主編、徐國淦撰稿，《工運春秋：工會法制八十年》。台北市：行政院勞工行政委員會，二〇一一年。
陳翠蓮，《重構二二八：戰後美中體制、中國統治模式與台灣》。新北市：衛城出版，二〇一七年。
陳翠蓮、吳乃德、胡慧玲，《百年追求：台灣民主運動的故事》。新北市：衛城出版，二〇一三年。
陸象賢，《九三述懷》。台北：財團法人中華基金會，二〇〇九年。
陸象賢主編，《魂繫台北——紀念台灣郵電工人運動先驅》。自印本，二〇〇二年。

曾永賢，《從左到右六十年——曾永賢先生訪談錄》。台北市：國史館，二〇〇九年。
曾健民，《一九四五・破曉時刻的台灣：八月十五日後激動的一百天》。台北：聯經出版社，二〇〇五年。
黃信彰，《工運・歌聲・反殖民：盧丙丁與林氏好的年代》。台北市：台北市政府文化局，二〇一〇年。
黃惠禎，《左翼批判精神的鍛接：四〇年代楊逵文學與思想的歷史研究》。台北市：秀威資訊，二〇〇九年。
楊翠等作、陳銘城主編，《秋蟬的悲鳴：白色恐怖受難文集第一輯》。新北市：國家人權博物館籌備處，二〇一二年。
楊逵，《送報伕》。台北：遠景出版社，一九九七年。
劉建修，《一九五〇年代白色恐怖檔案》。自編自印，二〇一四年。
蔣闊宇，《殖民地時期台灣勞工抗爭史》，國立台灣大學台灣文學研究所碩士論文，二〇一四年。
調查局編印，《台灣光復後之「台共」活動》。檔案管理局藏，一九七七年。
蕭友山、徐瓊二著，陳平景譯，《台灣光復後的回顧與現狀》。台北市：海峽學術出版社，二〇〇二年。
簡萬坤等作，《走過長夜——政治受難者的生命故事〔輯三〕：喚不回的青春》。新北市：國家人權博物館籌備處，二〇一五年。
藍博洲，《台灣好女人》。台北市：聯合文學，二〇〇一年。
藍博洲，《春天：許金玉和辜金良的路》。新北市：台灣人民出版社，二〇一七年。

藍博洲，《消失在歷史迷霧中的作家身影》。台北市：聯合文學，二〇〇一年。

藍博洲，《尋訪被湮滅的台灣史與台灣人》。台北市：時報出版，一九九四年。

蘇新，《憤怒的台灣》。台北：時報文化，一九九三年。

期刊論文

王振寰、方孝鼎，〈國家機器、勞工政策與勞工運動〉，《台灣社會研究季刊》第十三期，一九九二年，頁一—二十九。

王啟震，〈郵工運動在台灣〉，《中華郵工》第三期，上海：中華民國郵務工會全國聯合會，一九四八年五月十日。

吳叡人，〈三個祖國：戰後初期台灣的國家認同競爭，一九四五—一九五〇〉，收錄於蕭阿勤、汪宏倫編，《族群、民族與現代國家：經驗與理論的反思》，台北：中央研究院社會學研究所，二〇一六年，頁二十三—八十二。

吳叡人，〈國家建構、內部殖民與冷戰——戰後台灣國家暴力的歷史脈絡〉，收錄於李禎祥等編，《人權之路二〇〇八新版：台灣民主人權回顧》，台北：陳文成基金會，二〇〇八年，頁一六八—一七三。

吳聰敏，〈台灣戰後的惡性物價膨脹〉，《國史館學術集刊》第十期，二〇〇六年，頁十七—十八。

林至潔採訪，〈張金爵女士訪問紀錄〉，收錄許雪姬、黃美滋、薛化元等編，《「戒嚴時期政治案件」專題研討會論文暨口述歷史紀錄》，台北：財團法人戒嚴時期不當叛亂暨匪諜審判案件補償基金會，二〇〇三年，頁二九〇—二九一。

林傳凱，〈「大眾傷痕」的「實」與「幻」——探索「一九五〇年代白色恐怖『見證』」的版本歧異〉，《歷史台灣》第八期，二〇一四年十一月，頁三十五—八十一。

林聲洲採訪，〈張金爵女士訪談紀錄〉，收錄於《台灣地區政治受難人互助會會員及其相關人物口述歷史訪談計畫期末報告》，二〇一四年。

胡清雅、黃雅慧、倪文婷、許孟祥採訪，〈李金火先生訪談紀錄〉，收錄於《台灣地區政治受難人互助會會員及其相關人物口述歷史訪談計畫期末報告》，二〇一四年。

胡清雅、黃雅慧、倪文婷採訪，〈李熒台先生訪談紀錄〉，收錄於《台灣地區政治受難人互助會會員及其相關人物口述歷史訪談計畫期末報告》，二〇一四年。

胡清雅、黃雅慧、倪文婷採訪，〈劉建修先生訪談紀錄〉，收錄於《台灣地區政治受難人互助會會員及其相關人物口述歷史訪談計畫期末報告》，二〇一四年。

胡慧玲、林世煜採訪，〈張金爵——省工委風雲之女〉，收錄於《白色封印：人權奮鬥：白色恐怖一九五〇》，台北：國家人權博物館籌備處，二〇一三年，頁一〇五—一五九。

郭耀中，〈跟著「國界」駐紮歷史：「白色恐怖」訪調內外的摺疊政治〉，《台灣社會研究季刊》第一〇三期，二〇一六年，頁二二七—二三六。

陸衛平，〈陸象賢傳〉，《南洋中學校友通訊》第六十期，二〇一八年三月，頁八—九。

黃宏基，〈黃宏基事件調查表〉（一九九六年八月二十五日），收錄於台灣省文獻委員會編，《台灣地區戒嚴時期五〇年代政治案件史料彙編（二）》，南投：台灣省文獻委員會，一九九八年，頁一三六—一三七。

廖家敏，〈時代之輪的生命擠壓——從白色恐怖之庶民勞動者的生命經驗談起〉，《台灣社會研究季刊》第一〇三期，二〇一六年，頁二〇一—二一三。

管美蓉、王文隆，〈蔣中正與遷台初期的教育改造（一九四九—一九五四）：以「課程標準」與「大學聯考」為例〉，收錄於黃克武編，《遷台初期的蔣中正》，台北：中正紀念堂管理處，二〇一一年，頁三—四十一。

趙剛，〈跳出妒恨的認同政治，進入解放的培力政治——串聯尼采和工運（或社運）的嘗試思考〉，《台灣社會研究季刊》第三十期，一九九八年，頁一一七—一六一。

歐素瑛，〈演劇與政治：簡國賢的戲夢人生〉，《台灣學研究》第十六期，二〇一三年，頁一八一—二〇六。

蔡平里，〈紅樓殘夢之三十四：紅樓懷古 追憶老頑童〉，《建中校友》第四十六期會刊，二〇一七年十二月，頁四十—四八。

薛月順，〈台灣入境管制初探——以民國三十八年陳誠擔任省主席時期為例〉，《國史館學術集刊》第一期，二〇〇一年十二月，頁二二五—二五六。

蘇瑤崇，〈論台灣省行政長官公署「軍事占領體制」與其問題〉，《台灣文獻》第六十卷第二期，二〇〇九年，頁一—四十二。

蘇瑤崇，〈戰後台灣米荒問題新探（一九四五—一九四六）〉，《中央研究院近代史研究所集刊》第八十六期，二〇一四年十二月，頁九十五—一三四。

國家圖書館出版品預行編目(CIP)資料

激進1949：白色恐怖郵電案紀實/陳柏謙編著. -- 初版. -- 新北市：黑體文化出版：遠足文化事業股份有限公司發行, 2022.06

面；　公分. --（黑盒子；4）

ISBN 978-626-95866-9-1（平裝）

1. 白色恐怖 2. 勞工運動 3. 口述歷史

733.2931　　111007128

黑體文化

讀者回函

黑盒子4

激進1949：白色恐怖郵電案紀實

作者・陳柏謙編著、台灣地區政治受難人互助會策劃｜責任編輯・張智琦｜封面設計・黃子欽｜出版・黑體文化｜副總編輯・徐明瀚｜總編輯・龍傑娣｜社長・郭重興｜發行人兼出版總監・曾大福｜發行・遠足文化事業股份有限公司・讀書共和國出版集團｜電話：02-2218-1417｜傳真・02-2218-8057｜客服專線・0800-221-029｜讀書共和國客服信箱service@bookrep.com.tw｜官方網站・http://www.bookrep.com.tw｜法律顧問・華洋國際專利商標事務所・蘇文生律師｜印刷・中原造像股份有限公司｜排版・菩薩蠻數位文化有限公司｜初版・2022年6月｜初版二刷・2023年6月｜定價・500元｜ISBN・978-626-95866-9-1

※特別感謝台灣地區政治受難人互助會提供本書之歷史資料和部分圖片，並協助聯繫政治受難人。